Andreas Hellgermann

kompetent.
flexibel.
angepasst.

Zur Kritik neoliberaler Bildung

Andreas Hellgermann

kompetent.
flexibel.
angepasst.

Zur Kritik neoliberaler Bildung

Edition ITP-Kompass, Bd. 25
Münster 2018

Bibliografische Information der Deutschen Nationalbibliothek:
Die Deutsche Nationalbibliothek verzeichnet diese Publikation in der Deutschen Nationalbibliographie; detaillierte bibliographische Daten sind im Internet über http://dnb.dnb.de abrufbar.

Andreas Hellgermann

kompetent.
flexibel.
angepasst.

Zur Kritik neoliberaler Bildung

Umschlaggestaltung: David Hellgermann
Satz und Layout: David Hellgermann

Druck: Books on Demand GmbH, Norderstedt

ISBN: 978-3-9816982-8-2

Zum Autor:
Andreas Hellgermann (*1960), Dr. theol., arbeitet als Lehrer an einem Berufskolleg in Münster und engagiert sich im Arbeitskreis ReligionslehrerInnen im Institut für Theologie und Politik (ITP). Seine Arbeitsschwerpunkte sind Befreiungspädagogik, Paulo Freire, Neoliberalismus und Politische Theologie.

Für Kuno

Inhaltsverzeichnis

Vorab

Der folgende Text ist ein Versuch zu verstehen, was heute in dem Bereich geschieht, den man im Allgemeinen die „Bildung“ nennt. Dabei liegt ein Hauptaugenmerk auf der Schule. Das hat einerseits damit zu tun, dass ich Lehrer bin. Andererseits mit der Tatsache, dass entscheidende Dinge, die die Gegenwart und Zukunft unserer Gesellschaft betreffen, in der Schule geschehen, trotz einer überall präsenten Aufforderung zu einem lebenslangen Lernen auch vor und nach der Schule. Eine Kritik der neoliberalen Bildung muss sich mit Schule auseinandersetzen, gerade weil die Schule sich in die Gesellschaft hinein ausdehnt. Das „Lebenslange Lernen“ ist keine Floskel und es ist nicht davon auszugehen, dass mit ihm eine emanzipatorische Absicht verbunden ist.

Eine Auseinandersetzung mit dem neoliberalen Kapitalismus, seinen Subjekten und den Möglichkeiten von Veränderung kommt um das Thema Bildung und damit um die Schule nicht herum. Schon längst ist es so, dass die neoliberale Schule sich an Stellen eingenistet hat, an denen man sie kaum vermuten würde: selbstverständlich in der außerschulischen beruflichen Fortbildung, aber auch in Bildungszusammenhängen, denen man noch immer eine emanzipatorische Absicht unterstellen würde.

In der Schule bin ich erst seit dem Jahr 2005, für jemanden, der 1960 geboren ist, noch gar nicht so lange. Seitdem unterrichte ich die Fächer Deutsch und Katholische Religionslehre an einem Berufskolleg. Der Wiedereintritt in die Schule hatte zu einem Staunen geführt, vor allem über das, was anders geworden war. Bildungsfragen waren für mich zu dem Zeitpunkt relativ fern, lediglich vermittelt über die Diskussionen um PISA und den Schulbesuch der eigenen Kinder.

Und doch war dieser späte Eintritt in die Schule in gewisser Weise ein Geschenk. Das Referendariat „nötigte“ mich zu einer Auseinandersetzung auch auf einer theoretischen Ebene. Von der Inhalts- zur Kompetenz- und Handlungsorientierung lautete die Losung in der Bildungslandschaft. Und das als „Paradigmenwechsel“. Die Kritik an der Schule, die zu dem proklamierten Paradigmenwechsel geführt hatte, mochte durchaus plausibel gewesen sein, aber die neuen Vorschläge waren wenig überzeugend und auf eine merkwürdige Art und Weise mit den politisch-ökonomischen Veränderungen der 1990er und vom Anfang der 2000er Jahre verbunden. Es schien lohnenswert, dem etwas genauer nachzugehen und nicht alles einfach so mitzumachen. Der naheliegende und vorrangige „Gesprächspartner", den ich schon aus dem Studium kannte, war Paulo Freire, der brasilianische Befreiungspädagoge. Die erneute Lektüre Freires wurde ein wunderbares theoretisches und zugleich höchst praktisches Hilfsmittel, nicht nur, um als „junger" Lehrer im Schulalltag klarzukommen, sondern auch, um die Prozesse, die abliefen, besser zu verstehen. Der folgende Text ist der Versuch, dies nachzuzeichnen.

Die größte Irritation, von Beginn meiner Lehrtätigkeit an bis heute, löste die Tatsache aus, dass in pädagogischen Ausbildungen so wenig von den Problemen dieser Welt auftaucht (dem Klimawandel, der Ausbeutung von Mensch und Natur, den ungerechten und ungerechter werdenden Verhältnissen, in denen wir leben ...) und dass die Begriffe Emanzipation, Autonomie und Solidarität, von denen ich dachte, sie müssten doch die zentralen Kategorien von Bildung sein, entsorgt schienen. Diese Begriffe waren für viele geradezu „altmodisch". Ein Blick in unsere Welt zeigt, dass daran festzuhalten nicht von gestern, sondern mehr als notwendig ist.

Im folgenden Text wird vom Neoliberalismus die Rede sein, zu viel vielleicht, aber das ist unabdingbar, um die Verbindung von Bildung, Ökonomie und Politik, wie sie sich spätestens seit den 1990er Jahren zeigt, etwas besser verstehen zu können. Der Neoliberalismus ist eine bestimmte Phase einer Entwicklung und Veränderung des Kapitalismus und sitzt noch immer erstaunlich fest im Sattel. Dies ist so, obwohl Rechtsruck und Autoritarismus ebenso in einem Widerspruch hierzu zu stehen scheinen wie die damit verbundenen wirtschaftspolitischen Maßnahmen (Abkehr von Freihandelsverträgen oder die Einführung von Schutzzöllen). Hier ist nicht der Ort, sich damit präziser auseinanderzusetzen, vor allem, weil es um Schule, Bildung und pädagogische Fragen gehen soll. Doch zumindest muss darauf hingewiesen werden, dass es für Neoliberale selten ein Problem damit gegeben hat, autoritäre und nationalistische Ausrichtungen zu integrieren. Das ist von Chile über Reagan und Thatcher bis hin zu Erdogan erkennbar. Darüber hinaus ist die Standortkonkurrenz im Weltmaßstab immer nationalistisch geprägt und der gegenwärtige Rechtsruck fällt nicht vom Himmel, sondern wächst auf einer dafür vorbereiteten Grundlage. Genau darum, um diese Grundlage, muss es also gehen. Margaret Thatcher hatte schon 1981 gesagt: „Economics are the method; the object is to change the heart and the soul." Es ist zu befürchten, dass viele Herzen und Seelen erreicht worden sind und ein Weg hinaus langwierig und mühselig sein wird. Ohne Bildung wird er nicht zu beschreiten sein.

Deshalb kann all das Lehrerinnen und Lehrer nicht unberührt lassen. Zudem glaube ich, dass auch der konkrete Unterrichtsalltag einfacher, leichter und befriedigender für LehrerInnen und SchülerInnen wird, wenn sie versuchen diese Prozesse zu verstehen. Sich immer wieder klarzumachen, dass wir mit unseren Schülerinnen und Schülern in einer gemeinsamen Welt leben, sie verstehen und verändern wollen, ist – trotz aller Versuche konstruktivistischer Ansätze, uns diese gemeinsame Welt auszutreiben – praktischer und konstruktiver als die nächste neue Methode, die schon am folgenden Schultag eingesetzt werden kann. Sich vor Augen zu führen, dass wir als LehrerInnen nicht nur mit, sondern auch von unseren Schülerinnen und Schülern lernen, ist erleichternd, befreiend, nimmt den Druck von unseren Schultern und vermag uns das eine oder andere Mal in unseren Schulsituationen ein klein wenig demütiger zu machen. Auf Emanzipation, Autonomie und Solidarität zu setzen, ist dabei kein Hinderungsgrund.

Der Text ist in einem Zeitraum von ca. vier Jahren entstanden. Er ist eine Art „historische Rekonstruktion" der Entwicklungen in der Bildungslandschaft und zugleich der Versuch, eine Möglichkeitswirklichkeit zu eröffnen. Dabei greift er auf andere Texte und Beispiele zurück, die – obwohl in die Jahre gekommen – 2018 erstaunlich und erschreckend aktuell sind. Gerade diese Aktualität fordert uns auf, dem etwas entgegenzusetzen. Der Text beginnt und endet in der Schule und hier tatsächlich im Unterricht, insofern er den Versuch darstellt, aus der Kritik an neoliberaler Bildung Ansätze einer politischen Didaktik, oder, um es mit Paulo Freire zu sagen, einer befreienden Pädagogik zu entwickeln. Diese aber sollte über die Schule in die Welt hinausgehen. An manchen Stellen gibt es aktuelle Bezüge, die nun schon etwas zurückzuliegen scheinen. Beim letzten Durchgang hatten sie noch immer Gültigkeit und werden diese vermutlich nicht so schnell verlieren. Wenn doch, das heißt, wenn es denn Veränderungen gäbe, die uns sagen ließen: Das haben wir hinter uns gelassen, würde es den Autor freuen. Wenn dieser Text einen Beitrag dazu leisten könnte – auch!

1. In Zeiten der Individualisierung

„Also gut, fangen wir an.
Aber lesen Sie nicht nur. Tun Sie etwas."
(Jean-Luc Nancy)

Wissen wir, was wir tun? Der Blick in die Welt zeigt uns zuallererst das, was wir sehen wollen oder auch was wir zu sehen gelernt haben. Was nicht, bleibt außen vor. Dieser Blick in die Welt hat mehrere Ausgangspunkte und einer davon ist die Schule oder etwas weiter gefasst das, was wir mit dem Begriff Bildung meinen. In Zeiten der Individualisierung wird uns gesagt, dass dieser Blick ganz grundsätzlich unterschiedlich von dem Blick meines Nachbarn ist und dass dies ein erkenntnistheoretisches Problem sei. Denn wir bauen uns unsere Welt in unserem Kopf und so ist sie dann auch. Das nennt man Konstruktivismus.[1]

Dem entspricht Schule. Lernen geschieht, wenn wir in unserem Gehirn irgendwie diese Welt, ein Wissen von ihr, eine Fähigkeit konstruieren. Dieses Wissen oder diese Fähigkeit ist dann das, was wir gelernt haben. Allerdings gibt es noch ein Problem dabei, denn die Welt gibt es ja gar nicht, weil wir im-

---

1 Der Begriff Konstruktivismus ist in bildungstheoretischen Diskussionen sowie in der LehrerInnenausbildung zu einer Selbstverständlichkeit geworden. Dies kritisch aufzuarbeiten wäre sinnvoll, ist aber an dieser Stelle nicht möglich. In der LehrerInnenausbildung gilt eine gegebene Anbindung an den Konstruktivismus oftmals als gesetzt: von einem „pragmatisch-konstruktiven Didaktikverständnis" über interaktionistisch-konstruktivistische Positionen bis hin zum „radikalen Konstruktivismus". Interessant wäre an angehende LehrerInnen die Frage zu richten, wie denn die Position des jeweiligen Ausbildungsseminares zu verstehen sei. Dass es noch einen ganz anderen Konstruktivismus gibt, den der russischen Revolutions- und Nachrevolutionszeit, steht auf einem ganz anderen Blatt und wird bei den Auseinandersetzungen mit dem Konstruktivismus in der Pädagogik leider oft übersehen.

mer nur unsere jeweils eigene Welt konstruieren, so dass es so viele Welten gibt, wie es Konstrukteure von Welten gibt.

Sicherlich ist diese Darstellung eine grobe Vereinfachung, aber korrespondiert sie nicht mit dem Lebensgefühl vieler Menschen in der Postmoderne: jeder für sich, auf Gedeih und Verderb? Vereinzelung ist nicht nur ein gefühlter Zustand. Möglicherweise lassen sich gerade die großen Events unserer Tage – Olympia, Fußball-WM, Stadionkonzerte oder Festivals – als ein Hinweis auf diese Vereinzelung lesen. Vielleicht stellen sie lediglich den verzweifelten Versuch einer Antwort dar, da sie doch über den Charakter eines kurzfristig erkauften Gemeinschafts-Erlebnisses, eines geborgten Wir-Gefühls und die damit verbundenen Emotionen kaum hinauskommen.

Ja, unser Entwurf von Welt hat gewaltige Risse bekommen. Die schöne neue Welt, von der viele nach 1989 geträumt haben, der globalisierte Welthandel, der allen, auch den Armen in den Ländern des globalen Südens, Wohlstand verheißen hatte, zeigt gegenüber all dem in den 1990er Jahren Verkündeten seit einiger Zeit Brüche, die eine wachsende Zahl von Menschen ahnen lässt, dass irgendetwas nicht stimmt. Und doch folgt meistens der beruhigende Hinweis, eigentlich sei alles gut. In Ordnung. Wir müssen nur an ein paar Stellschrauben drehen. Das Grundmodell passt. Seit 2001 müssen wir vor allem den weltweiten Terrorismus in den Griff bekommen, der das an sich funktionierende Ganze bedroht, ja, unseren Lebensstil angreift. Und die Finanzkrisen. Und den Klimawandel. Und Peak everything.[2] Und dann wären da noch mehr als 800 Millionen hungernde Menschen.[3] Wenn wir klare Ziele definieren und die richtigen Maßnahmen ergreifen, sollten wir die Probleme doch lösen können.

Aber die Gemeinschaftserlebnisse und das so konstruierte Wir-Gefühl tragen nicht; das so oft gehörte „alles gut" scheint ein Pfeifen im Walde. Denn das Zurechtkommen am Tag nach den großen Erlebnissen ist wieder ein vereinzel-

---

2 Wenn man unter „peak oil" das globale Ölfördermaximum versteht, das je nach Berechnung schon bald erreicht oder längst überschritten sein soll, so verstehen manche unter „peak everything" die Überschreitung der Fördermaxima fast aller Rohstoffe, die für den ökonomischen Wachstumsprozess ausgebeutet werden.

3 815 Millionen hungernde Menschen und alle zehn Sekunden ein sterbendes Kind ist die Angabe der Welthungerhilfe am Ende des Jahres 2017. Dass die acht reichsten Menschen der Welt mehr besitzen als die ärmere Hälfte der Weltbevölkerung, ergänzt diesen Zynismus: „Alles gut"?

tes und vereinzelndes Durchkommen, Klarkommen und Bewältigen des Alltags. Insofern passt das, was in der Schule gelernt wird, gut in unsere Wirklichkeit: Die unterschiedlichen Welten, die wir in unserem Kopf produzieren, entsprechen den unterschiedlichen Welten, in denen wir leben. Dieses neue Lernen ist weit entfernt von dem ehemals so wohlklingenden humanistischen Bildungsideal[4] und zielt nun darauf ab, Situationen zu bewältigen. In diesem Zusammenhang ist die Frage, ob wir wissen, was wir tun, mehr als berechtigt.

Und damit muss es um pädagogische Fragen gehen, um Lernen und Lehren in und außerhalb der Schule. Über Bildung wird wieder öffentlich diskutiert – auch in Bundestagswahlkämpfen – und die letzte Phase dieser Diskussionen steht für alle immer noch in Verbindung mit dem Begriff PISA. Wir erinnern uns, dass die Bundesrepublik Deutschland schlecht abgeschnitten hatte und viel gefordert wurde, um international mithalten zu können. Es geht nicht um PISA und die Folgen. In diesem Text soll nicht gejammert werden. Er predigt keine Rückbesinnung auf verstaubte Bildungsideale, aber er wird auch nicht das forsche Vorwärtsreformieren, das überall stattfindet, Modellprojekte preist und Reform für Reform in die Schulen schiebt, als Möglichkeit propagieren.

Im Folgenden wird der Versuch unternommen, Schule und Bildung in den Zeiten des Neoliberalismus zu verstehen[5] und Möglichkeiten aufzuzeigen, wie Lehrerinnen und Lehrer arbeiten können.[6] Vor allem aber soll klar werden, warum das eine die Voraussetzung für das andere ist: dass Lehrerinnen und Leh-

---

4 Wilhelm von Humboldt zur Erinnerung: „Der wahre Zweck des Menschen ... ist die höchste und proportionirlichste Bildung seiner Kräfte zu einem Ganzen. Zu dieser Bildung ist Freiheit die erste und unerläßliche Bedingung." (Bildung und Sprache, 5) und: „Bloß weil ... sein Denken und sein Handeln nicht anders, als nur vermöge eines Dritten, nur vermöge des Vorstellens und des Bearbeitens von etwas möglich ist, dessen eigentlich unterscheidendes Merkmal es ist, Nicht-Mensch, d. i. Welt zu seyn, sucht er, soviel Welt, als möglich zu ergreifen, und so eng, als er nur kann, mit sich zu verbinden." (ebd. 25).

5 Um sich einen grundlegenden Überblick zu verschaffen, kommt man um die Arbeit von Freerk Huisken, Erziehung im Kapitalismus, nicht herum. Der Text ist zwanzig Jahre alt und 2016 neu überarbeitet worden, so dass zum Beispiel PISA und die Folgen Berücksichtigung finden. Insofern spricht für dieses Buch, dass es umfassend ist.

6 ... und auch viele andere. Das Wort LehrerIn darf ruhig weiter gefasst werden. Vieles, was für die konkrete Schule gilt, zeigt sich auch in anderen Bildungszusammenhängen: von der Vorschulerziehung über die Sozialarbeit bis hin zu den unterschiedlichen Formen außerschulischer, auch politischer „Weiterbildung".

rer nur dann gut arbeiten können, wenn sie verstehen, wie Schule und Bildung in Zeiten des Neoliberalismus funktionieren. Wenn es in der Schule nicht um die Emanzipation unserer Schülerinnen und Schüler geht, worum denn dann? Und wenn Schule lediglich Menschen produzierte, die gelernt hätten durchzukommen, die MeisterInnen darin wären, Situationen zu bewältigen, was wollten wir mit solch einer Bildung anfangen? Wenn aber Autonomie, Emanzipation und Solidarität grundlegenden Anliegen dieser Bildung sind, dann können sie Sinn und Bedeutung für Bildungsprozesse nur entfalten, wenn das Ganze, innerhalb dessen dies alles geschieht, nicht außen vor bleibt. Oder anders formuliert: Wir wissen nur, was wir tun und tun können, wenn wir es mit einem Bezug auf das Ganze tun.

Was mit dem für manche möglicherweise ungenauen Begriff „Neoliberalismus" genau gemeint ist, soll im ersten Teil des Textes erläutert werden. Ein wesentlicher Aspekt ist die Verbetriebswirtschaftlichung unseres ganzen Lebens. In der Schule (wie in vielen anderen sozialen Organisationsformen) erkennt man sie schon rein äußerlich an dem ungebremsten Einzug von Management-Tools aller Art: Qualitätssicherungssysteme, Dokumentationsnotwendigkeiten, Beratungsprozeduren und Zielvereinbarungen. Ziele vereinbaren und Maßnahmen definieren ist ein Credo dieser Weltsicht. Aber schon 1956 hat der fast in Vergessenheit geratene Technik- und Medienkritiker Günter Anders Begrenztheit und Zerstörungspotential eines solchen Weltzuganges dargestellt:

> „In der Tat hat die grobe Zerspaltung unseres Lebens in ‚Mittel' und ‚Zwecke'... mit der Wirklichkeit nichts zu tun. Unser von Technik erfülltes Dasein zerfällt nicht in einzelne, säuberlich gegeneinander abgegrenzte Wegstücke, von denen sich die einen durch das Straßenschild ‚Mittel', die anderen durch das ‚Zwecke' ausweisen. Legitim ist diese Aufteilung nur bei Einzelhandlungen und isolierten maschinellen Prozeduren. Dort, wo es ums ‚Ganze' geht, in der Politik oder in der Philosophie, nicht."[7]

Auf zwei Punkte weist dieses Zitat hin. Wenn es um unsere Wirklichkeit geht, und hier um einen Bereich von Wirklichkeit, die Bildung, dann können wir diese Wirklichkeit nur dort angemessen in den Blick bekommen, wo es auch ums Ganze geht. Und wenn das so ist, dann kommen wir natürlich um die Philoso-

---

7 Anders, Die Antiquiertheit des Menschen, 99f.

phie, aber auch um die Politik nicht herum, dann geht das nur, wenn die politische Dimension bedeutsam wird.

Damit befinden sich die Pädagogen in einer guten Tradition. Denn für Comenius, den Begründer der modernen Didaktik, war maßgebend für alle Bildungsprozesse: „Alle alles ganz zu lehren!“[8] Man könnte den Eindruck haben, dass dieser Satz in Vergessenheit geraten ist. Ich glaube, er hat seine Gültigkeit noch immer nicht verloren. Schon durch die Forderung von Comenius kann Bildung sich nicht einverstanden erklären mit dem Status quo, in dem wir so selbstverständlich leben. Ihre Aufgabe ist nicht, lediglich dafür Sorge zu tragen, diesen Status quo aufrecht zu erhalten und all den in ihm Agierenden Kenntnisse, Fähigkeiten und Fertigkeiten zu vermitteln, um möglichst gut klarzukommen. Sicherlich muss die Schule ihren Beitrag zur gesellschaftlichen Reproduktion leisten und die Wirklichkeit, wie sie ist, ist der Ausgangspunkt all unseres Handelns. Aber Bildung ist etwas darüber hinaus, jedoch nicht als Zusatz, als Plus oder Kür, sondern dieses „Darüber-Hinaus“ ist in ihrem Kern verankert. „Alle alles ganz“ trifft auf eine Wirklichkeit, in der es gerade nicht so ist. Der Zustand der Welt ist nicht hinzunehmen. Jeder Akt des Lernens, der durch Emanzipation und Solidarität begründet ist, mündet in einer anderen Möglichkeit, in einer Alternative, die aus unserer Wirklichkeit erwächst, in ihr wurzelt, sie zum Ausgangspunkt von Bildung, also Gestaltung im eigentlichen Sinne des Wortes macht. „Die Veränderung der Welt“, so der brasilianische Befreiungspädagoge Paulo Freire, „geht einher mit der Dialektik zwischen der Anklage der unmenschlichen Situation und der Ankündigung ihrer Überwindung – also im Grunde der Ankündigung unseres Traumes.“[9] Gäbe Bildung diesen Traum auf, verriete sie sich selbst.

---

8 Johann Amos Comenius (1592-1670), Pädagoge, Theologe, Philosoph, arbeitet das, was immer wieder in der berühmten Formel verdichtet worden ist, in seiner „Großen Didaktik – Die vollständige Kunst allen Menschen alles zu lehren“ aus dem Jahr 1657 aus sowie am Ende seines Lebens in der sogenannten „Pampaedia – Allerziehung“. Die Grundformel der Pampaedia lautet: omnes, omnia, omnino (excoli) – alle, alles, ganz (in Rücksicht auf das Ganze): „So geht es hier also darum, daß dem ganzen Menschengeschlecht, das Ganze, allumfassend < ... Omnes, Omnia, Omnino> gelehrt werde.“ (Ebd. 12) Es gibt auch die Formel omnia, omnibus, omnino. Ich werde im Text durchgängig die einfache Form „alle alles ganz“ verwenden.

9 Freire, Pädagogik der Autonomie, 73.

2. Erziehung und Bildung im Neoliberalismus

„Die Entwicklung von Wissen und die Entwicklung der Zivilisation sind nur dann dasselbe, wenn wir ‚Wissen' so verstehen, daß alle Anpassungen des Menschen an die Umgebung, die auf vergangener Erfahrung beruhen, mit eingeschlossen sind. Nicht alles Wissen in diesem Sinn ist Teil unseres Intellekts, noch ist unser Intellekt die Gesamtheit unseres Wissens. Unsere Gewohnheiten und Fertigkeiten, unsere gefühlsmäßigen Einstellungen, unsere Werkzeuge und unsere Einrichtungen – sie alle sind in diesem Sinne Anpassungen an die vergangene Erfahrung, die sich durch selektive Ausmerzung weniger geeigneten Verhaltens ergeben haben. Sie sind eine ebenso unentbehrliche Grundlage für erfolgreiches Handeln wie unser bewußtes Wissen."[10]

Wenn Lernen immer geschieht, also kein Privileg der Schule ist, dann müssen wir uns die Rahmenbedingungen dieses „Immer" genau anschauen. Für LehrerInnen mag das ungemütlich sein, zeigt es doch, wie sehr sie in einer Konkurrenzsituation stehen – nicht nur mit den Eltern. Genau genommen wünschen sich viele LehrerInnen ja sogar, dass eine Trennlinie zwischen Bildung und Erziehung deutlich zu ziehen wäre: Eltern sollten für die Erziehung zuständig sein, die Schulen für die Bildung. Allerdings haben auch viele Eltern das Gefühl, dass ihnen die Erziehung ihrer Kinder „entgleitet", und die Hoffnung, wenigsten in der Schule auf die eine oder andere engagierte Lehrerin zu treffen, die hier „nachbessert". So, wie auf der einen Seite Erziehung und Bildung eine gesamtgesellschaftliche Aufgabe geworden sind, werden andererseits viele Ak-

10 Von Hayek, Die Verfassung der Freiheit, 35. Dieses Zitat aus einem der grundlegenden Texte des Neoliberalismus enthält ein Programm, das sich in Bildung und Erziehung wiederfinden lässt. Man mag hier und da zustimmen. Entscheidend aber sind Grundausrichtung und Lücken des Textes. Das sollte in diesem zweiten Teil deutlich werden und könnte durch einen Blick zurück am Ende dieses Teils überprüft werden.

teure zurückgelassen, die sich eher hilflos und ohnmächtig vorkommen. Gerade Lehrerinnen und Lehrer denken häufig: Was soll denn noch alles meine Aufgabe sein? Sie stehen im Fadenkreuz vieler Erwartungen und Zuschreibungen. Die Versuche, all dem gerecht zu werden, sind zum Scheitern verurteilt.

Dennoch gibt es die Möglichkeit, sich nicht durch dieses Hamsterrad jagen zu lassen. Wir müssen den Versuch unternehmen, diese Situation zu verstehen. Und dafür ist es notwendig, ein paar Schritte zurückzutreten. Insofern sind die weiteren Überlegungen keine Momentaufnahme, sondern wollen Entwicklungen seit den 90er Jahren des letzten Jahrhunderts aufgreifen, um so einen Handlungsspielraum zu bekommen. LehrerInnen müssen den schon häufig in Fortbildungen gehörten – ausgesprochenen oder unausgesprochenen – Satz, dass man ja an den Rahmenbedingungen nichts ändern könne, nicht klaglos hinnehmen. Denn „was die Sozialwelt hervorgebracht hat, kann die Sozialwelt mit einem solchen Wissen gerüstet auch wieder abschaffen. Eines jedenfalls ist sicher: nichts ist weniger unschuldig, als den Dingen einfach ihren Lauf zu lassen."[11]

Schaut man sich die Entwicklungen in der Schule an, so stellt man fest, dass sie eigenartig zeitversetzt gegenüber einer gesamtgesellschaftlichen Entwicklung sind. Zunächst lassen sich Veränderungen in der Schule sehr schnell wahrnehmen, insofern sie an den SchülerInnen (aber auch LehrerInnen) zu erkennen sind. „Die Schüler und Schülerinnen sind auch nicht mehr das, was sie mal waren", eine Alltagswahrnehmung, die natürlich so wahr ist wie jede Binsenweisheit. Auch gibt es im kurzen Wechsel neue Methoden oder Schlagworte, die – vor allem durch die jungen LehrerInnen, die gerade aus der Ausbildung kommen – den Alltag in Klasse und Lehrerzimmer prägen. Auf dieser Ebene scheint Veränderung in der Schule sehr schnell zu gehen. Demgegenüber brauchen manche Veränderungsprozesse lange Zeiträume. Das ist LehrerInnen bekannt und mag auch ein Grund dafür sein, warum die von außen übergestülpten Maßnahmen von vielen nicht ernst genommen werden. Denn auch der neue Bildungsplan bzw. die neuen Begriffe in der Schule scheinen alles beim Alten zu lassen. Das aber ist eine gefährliche Einschätzung, wird doch die Langsamkeit zugleich zum Garanten für eine sehr lang dauernde Gültigkeit.

---

11 Bourdieu et al., Das Elend der Welt, 429.

Der schleichende Prozess lenkt gerade von seinem grundlegenden Charakter ab, der kaum wahrgenommen wird. Schule wird nicht von heute auf morgen auf den Kopf gestellt, schon gar nicht dadurch, dass immer wieder schnelle Reformen angemahnt werden oder von einem Paradigmenwechsel gesprochen wird. Und dennoch finden massive Veränderungen statt, die – so paradox dies klingen mag – langfristig gesellschaftliche Verhältnisse absichern und damit einen unverhandelbar erscheinenden Status quo aufrechterhalten. Als Macht- und Herrschaftsverhältnisse verhindern sie somit das, was Schule auch sein kann: ein Beitrag zu Emanzipation und Solidarität, eine Ermöglichung von Kritik und eine Arbeit an der „Verwirklichung unseres Traums".

Will man die Logik dieser Veränderungsprozesse in der Schule und ihren scheinbaren Widerspruch zu einer tatsächlichen Aufrechterhaltung – und damit Nicht-Veränderung – eines gesamtgesellschaftlichen Status quo verstehen, so ist dies nur möglich unter Berücksichtigung genau dieses gesamtgesellschaftlichen Kontextes. Für ihn gelten noch immer die Dogmen des neoliberalen globalen Kapitalismus, mit dem wir nun schon seit mehr als dreißig Jahren leben, der unangefochten scheint und doch anfängt zu bröckeln. So wie einerseits von einem Marktfundamentalismus gesprochen werden kann, der die unterschiedlichsten ökonomischen, politischen und sozialen „Reformen" aus einer Marktlogik heraus begründet, verblasst andererseits der Glaube an die alles regelnden Kräfte des Marktes. Ja, in Krisenzeiten wird er von seinen glühendsten Vertretern durch massive staatliche Interventionen wie zum Beispiel bei der Rettung von Banken kurzfristig außer Kraft gesetzt, bevor ein neuer Reformschub auf der Agenda steht. Das lässt sich an anderer Stelle genau nachlesen.[12]

Man könnte natürlich sagen, dass von „Neoliberalismus" zu sprechen ungenau und zu plakativ ist, um ein komplexes ökonomisches Geschehen zu beschreiben und daraus Überlegungen für ein pädagogisches Anliegen abzuleiten. Deshalb muss dieser Begriff auf dieses Anliegen hin präzisiert werden, zunächst mit dem Hinweis, dass Neoliberalismus auch eine Herrschaftsform ist, eine Form der Produktion von Subjekten, eine bestimmte Art und Weise, Mensch zu sein. Als solche ist sie in ihrem Kern ökonomisch fundiert. Inso-

12 Ausführlich: Stützle, Austerität als politisches Projekt; mit Bezug zu Griechenland: Roth, Griechenland: Was tun?

fern spezifische Subjekte produziert werden, sind Bildung und Erziehung ein zentrales Moment.[13] Das gilt es, im Folgenden zu verstehen. Gerade weil Risse sichtbar werden, ist es wichtig, sich genau anzuschauen, wie Schule und Bildung sich in den letzten dreißig Jahren neoliberal ausgerichtet haben und wie diese veränderte Grundausrichtung jetzt erst beginnt, ihre volle Wirkmächtigkeit zu entfalten. Damit werden die neoliberalen Dogmen entgegen der öffentlichen Wahrnehmung langfristig abgesichert und aufrechterhalten. Inwiefern also bleibt dieser Begriff brauchbar, um einen Zusammenhang zu beschreiben, der für das Verstehen von Bildung notwendig ist?

Der Begriff Neoliberalismus soll in Form einer eher allgemeinen und auf unsere Problemdiskussion zugeschnittenen Definition verwendet werden. Dabei ist zu berücksichtigen, dass ökonomische Prozesse sich nicht einfach mit einem zum Schlagwort gewordenen Begriff, sondern nur mit einer Theorie verstehen lassen. In diesem Zusammenhang ist es notwendig, auch die Momente eines Prozesses zu erfassen, die nicht allein ökonomisch verstehbar sind. Drei Aspekte zur Begriffsklärung und seiner weiteren Verwendung können an dieser Stelle für PädagogInnen hilfreich sein.[14]

1. Zunächst sollte unter „Neoliberalismus" der Ansatz einer ökonomischen Theorie verstanden werden, die sich in der ersten Hälfte des 20. Jahrhunderts in Anlehnung an den klassischen Liberalismus und in Opposition zu einem

---

13 Hierzu: AK ReligionslehrerInnen, Wer sitzt uns in der Schule gegenüber? In: dies., Religionsunterricht unter freiem Himmel, 12-13.

14 Literaturhinweise für ein allgemeines Verständnis von Neoliberalismus: Schreiner, Unterwerfung als Freiheit; viele Beispiele aus dem Leben im neoliberalen Kapitalismus von der Bildung über Ratgeberliteratur bis hin zu Castingshows, die auch gut für die Schule geeignet sind; ders., Warum Menschen sowas mitmachen; gute Darstellung unterschiedlicher Theorieansätze, um zu verstehen, wie Neoliberalismus funktioniert, ebenfalls brauchbar für die Schule; sowie Harvey, Kleine Geschichte des Neoliberalismus; welche Rolle die Mont Pelerin Society beim „Aufstieg" des Neoliberalismus gespielt hat, ist nachzulesen in dem Aufsatz von Plehwe/Walpen, Wissenschaftliche und wissenschaftspolitische Produktionsweisen im Neoliberalismus; um einen Überblick über die (Theorie-) Geschichte des Neoliberalismus im 20. Jahrhundert in ihren unterschiedlichen Facetten zu bekommen: Foucault, Die Geburt der Biopolitik; und fast ein „Schulbuch": Friedrich, Lexikon der Leistungsgesellschaft, 26 kurze Texte von A bis Z, hervorragend geeignet als Unterrichtseinstiege; sowie für einen ersten Überblick über Bildung und Neoliberalismus der Aufsatz von Kuno Füssel, Was Bildung ist...

auf staatliche Eingriffe setzenden Keynesianismus entfaltet. Spätestens in den 1970er Jahren begann sich diese Theorie an den Universitäten zu etablieren und durchzusetzen. Ihre bedeutendsten Vertreter waren Milton Friedman und August von Hayek. Wenn auch verkürzend, so kann man sagen, dass ihre „Dogmen" mit den Schlagworten Liberalisierung, Privatisierung und Deregulierung spätestens in den 1990er Jahren für politisch-ökonomisches Handeln weltweit maßgebend wurden. In dem Glauben an die Effizienz des Marktes wurden staatliche bzw. öffentliche Einrichtungen in private Unternehmen verwandelt und Bildung, Gesundheit und Soziales wurden einem am Markt orientierten unternehmerischen Handeln unter der Maßgabe des „Um- und Rückbaus" des Sozialstaates unterworfen. Ein später und – wie zu befürchten ist – sicher nicht letzter Schritt in dieser Logik ist der Verkauf eines vollständigen Schulsystems (in Liberia) an einen US-amerikanischen Investor.[15]

2. Ein zweiter bedeutender Aspekt lässt sich mit dem britischen Geographen David Harvey benennen. Für ihn stellt Neoliberalismus den Versuch einer Wiederherstellung von „Klassenmacht" bzw. „Macht der ökonomischen Eliten" dar, nachdem in der Nachkriegszeit sowohl Bemühungen um gesellschaftlichen Ausgleich, z. B. durch Gewerkschaften, als auch ein Erstarken linker Bewegungen – im Anschluss an die 68er Generation, aber auch an die Befreiungsbewegungen der Nachkolonialzeit – für sie zu einem tendenziellen Machtverlust geführt hatten. Zudem galt es, aus den ökonomischen Krisen im Verlauf der 1970er Jahre nicht geschwächt hervorzugehen.[16] Dazu war die „Zerschlagung der Verhandlungsmacht der Lohnabhängigen durch Schwächung ihrer Organisationen und extreme Vereinzelung der arbeitenden Menschen"[17] ein Baustein.

Allein diese beiden Aspekte mussten Auswirkungen auf Erziehung und Bildung haben, sei es durch veränderte Organisationsformen oder durch neu erhobene Anforderungen.

---

15 Hierzu: Geschäftsmodell Schule, die tageszeitung, 30.08.2016; http://www.taz.de/!5331763/, 14.09.2017.

16 Exemplarisch als Bestätigung Harveys steht der berühmt gewordene Satz von Warren Buffet, einem der acht reichsten Männer (es sind alles Männer!) der Welt: „There's class warfare, all right, but it's my class, the rich class, that's making war, and we're winning." – im Interview mit Ben Stein in der New York Times vom 26.11.2006.

17 Füssel, Was Bildung ist …

3. Hinzu kommt ein dritter Aspekt, der durch den Philosophen Michel Foucault deutlich gemacht wurde. Neoliberalismus, so seine These, ist nicht allein ein ökonomisches Programm, sondern damit verbunden eine spezifische Herrschaftsform, in der Menschen auf eine bestimmte Weise regiert werden und, so könnte man sagen, die spezifische Subjekte, eine bestimmte Art und Weise des Subjektseins hervorbringt. Diese Regierungsform setzt auf Formen der Verinnerlichung von Herrschaft, möglichst unter Verzicht auf äußere Gewalt und Zwang – was nicht heißen soll, dass der Neoliberalismus generell auf Formen äußerer Gewalt verzichten würde.

Dies mag als Begründung dafür, im Folgenden von „Neoliberalismus" zu sprechen, genügen. Der Begriff ist somit nicht endgültig festgelegt, sondern wird entfaltet, mit Bedeutung gefüllt und auf seine Brauchbarkeit überprüft. Darüber hinaus ist er ein politischer Kampfbegriff und spielt als solcher eine entscheidende Rolle in den Auseinandersetzungen um die Zukunft dieser Welt. Somit bezeichnet er die gegenwärtige Form einer kapitalistischen Grundordnung, mit der wir es in diesen Auseinandersetzungen zu tun haben.

Bildungs- und Erziehungsaspekte sind in dieser Gemengelage von Bedeutung. Hier drei Beispiele, die zunächst unvermittelt nebeneinander zu stehen scheinen, sich aber exemplarisch in die Entwicklung der letzten 20 Jahre einordnen lassen. Als Auftakt die Erinnerung an das Schröder-Blair-Papier, das wegweisend war für das Aufgeben klassischer Sozialdemokratie und damit zu einem entscheidenden Baustein für die Abschaffung der Errungenschaften des europäischen Sozialstaates wurde. Interessant dabei ist, welche Rolle das Bildungsthema spielt und inwiefern hier eine Umdeutung vollzogen wird. Dieses Papier betont das lebenslange Lernen und reduziert es zugleich auf den Aspekt der Ausbildung. Bildung, die eine emanzipatorische Qualität haben könnte, kommt darin nicht mehr vor. Der Fokus ist auf den Arbeitsmarkt gerichtet, die Wettbewerbsfähigkeit der jeweiligen nationalen Ökonomie steht im Vordergrund. Zwischen den Zeilen, aber noch nicht im Text, ist schon das Stichwort „employability" zu lesen und die Vermehrung von Humankapital wird Zielvorstellung sozialdemokratischer Investitionen: „Daher besteht die wichtigste Aufgabe der Modernisierung darin, in Humankapital zu investieren, um sowohl den einzelnen als auch die Unternehmen auf die wissensgestützte Wirtschaft der Zukunft vorzubereiten."[18] Man könnte an andere programmatische „Aufforderungspapiere" der 1990er Jahre erinnern, die ebenfalls eine bildungspolitische Neuausrichtung vorbereitet haben.[19] Die folgenden Beispiele sollen genügen, um den Erziehungsaspekt dieser Neuausrichtung zu beleuchten.

1. Das erste Beispiel schließt unmittelbar an das Schröder-Blair-Papier an: die Agenda 2010 der rot-grünen Regierung im Jahre 2003 zur Reform des Arbeitsmarktes, von der noch nichts zurückgenommen wurde, die vielmehr Pate steht für andere europäische Staaten. Der grundlegende Ansatz dieses Modells, das als Erfolgsmodell propagiert wird und verheerende Folgen für weite Teile Europas gehabt hat, besteht in der Überwindung der Arbeitslosigkeit durch Veränderung der Strukturen der Unterstützung, die das Schwergewicht nicht auf die Veränderung ökonomischer Strukturen legt, sondern auf die Bereitschaft bzw. Fähigkeit des/der Einzelnen, überhaupt arbeiten zu können bzw. zu wollen. Es ist ein Befähigungsprogramm, das mit dem Slogan „Fördern und Fordern" plakativ auf den Punkt gebracht wird. Hier steht die Individualisierung des Problems einer strukturellen Arbeitslosigkeit im Vordergrund

---

18 In: Der Weg nach vorne für Europas Sozialdemokraten. Ein Vorschlag von Gerhard Schröder und Tony Blair (London, 8. Juni 1999), http://www.glasnost.de/pol/schroederblair.html, 14.08.2017

19 Diese werden oftmals von bundesrepublikanischen oder europäischen Unternehmerverbänden geschrieben. Nur drei Beispiele: Zunächst die Papiere des ERT (European Round Table of Industrialists). Eines davon: Education for Europeans. Towards the Learning Society aus dem Jahr 1994, das dann im „Weißbuch zur allgemeinen und beruflichen Bildung" von der Kommission aufgegriffen und fortgesetzt wird – mit dem gleichlautenden Titel: Towards a Learning Society; in der BRD: 1995 die Denkschrift der Bildungskommission NRW: Zukunft der Bildung – Zukunft der Schule (hierzu: Dieter Michels, Die große Mimesis: Blick in den Maschinenraum des Bildungsdiskurses – Zur Aktualität der NRW-Bildungsdenkschrift von 1995, in: AK ReligionslehrerInnen, Religionsunterricht unter freiem Himmel, 31-54); sowie die Positionspapiere des BDA: Schule in der modernen Leistungsgesellschaft (1998), Für eine neue Bildungsoffensive (2000), Führungskraft Lehrer (2001). Rückblickend lässt sich sagen: Die Botschaft ist angekommen. (Einen zusammenfassenden Überblick über die europäische Entwicklung der 1990er Jahre findet man bei Hirtt, Im Schatten der Unternehmerlobby.) Aktuell gibt es die Grundsatzposition des BDA „Bildung 2030 im Blick" (März 2017). Es genügt wenig Fantasie, um sich vorzustellen, was die entscheidenden Punkte sind: Vorbereitung auf MINT-Fächer in der KiTa, Praxisnähe, Employability und Unternehmergeist, Kompetenzorientierung, Digitalisierung, Wirtschaft 4.0 und Lebenslanges Lernen.

und hier wird die Entwicklungsmöglichkeit und -notwendigkeit des je einzelnen Menschen zum Grundprinzip nicht mehr solidarischen Handelns und Verhaltens. Das „Erfolgsprogramm Fördern und Fordern" gilt für Arbeitslose, für SchülerInnen, auch für Geflüchtete, mittlerweile eigentlich für alle. „Fördern und Fordern" ist zu einem geflügelten Wort geworden, als sei damit die Frage nach strukturellen Ungerechtigkeiten, ja, nach struktureller Gewalt auf eine ganz neue Weise nicht mehr zu stellen. Es ist logisch, dass mit diesem Schritt Bildungs- und Erziehungsfragen eine tendenziell neue und unlösbare Aufgabe aufgebürdet worden ist.

2. Der Blick in die weite Welt lässt Parallelen erkennen. Spätestens seit der Vergabe des Friedensnobelpreises im Jahre 2006 an Muhammad Yunus und die von ihm gegründete Grameen Bank gelten Mikrokredite als Mittel der Wahl, um den Ärmsten der Armen eine ökonomische Möglichkeit zu überleben und zu leben bereitzustellen. Allerdings ist dieses Modell äußerst fragwürdig geworden, vor allem durch die massenhaften Selbstmorde von Menschen in Indien (und anderen Ländern), die durch Mikrokredite immer weiter in eine Verschuldungsfalle geraten sind, aus der sie keine Möglichkeit zu entrinnen mehr finden konnten. Eine fundierte Kritik an dem Modell führt an dieser Stelle natürlich zu weit,[20] aber es ist wichtig zu verstehen, dass dieses Modell auch darauf abzielt, Erziehungseffekte innerhalb der Mikrokreditgruppen zu erzeugen, die natürlich von bestimmten ökonomischen Grundannahmen geprägt sind. Im Zentrum der Mikrokredite steht das Prinzip der Vergabe dieser Kredite an Frauen, die sich in Gruppen zusammenschließen, um sich im Umgang mit erhaltenen oder noch zu bekommenden Krediten zu unterstützen. Es lässt sich zeigen, dass die Unterstützung darauf hinausläuft, die Kredite um jeden Preis zurückzuzahlen und sich gegenseitig dabei so zu überwachen, dass keine der Frauen in der jeweiligen Gruppe sich ihrer Verantwortung entzieht. Nicht die Solidarität um der gegenseitigen Hilfe willen steht im Zentrum der Gruppe, sondern die Individualisierung der Verantwortung durch die Überwachung der Gruppe und die Verinnerlichung einer bestimmten ökonomisch orientierten Entwicklungsmöglichkeit des/der Einzelnen als eine moralische Kategorie. Aber auch nicht die Emanzipation – nicht einmal die ökonomische –, sondern die Aner-

---

20 Ausführlich und lesenswert hierzu: Klas, Die Mikrofinanz-Industrie.

kennung der Einbindung der Einzelnen in die gegebenen Strukturen und damit die Verinnerlichung des Status quo ist dominierend.

3. Ein drittes Beispiel aus einem ganz anderen Bereich soll deutlich machen, inwiefern hier eine spezifische Perspektive, die schon in den ersten beiden Beispielen erkennnbar ist, immer wieder handlungsweisend und alltagsdominierend wird. Es lohnt sich, diesem Beispiel zu Beginn einen etwas größeren Raum zu geben. Denn gerade der Bereich der Gesundheit und Pflege, mit dem unsere immer älter werdende Gesellschaft zunehmend konfrontiert wird, ist ein Feld, auf dem diese Prozesse überdeutlich zu beobachten sind.[21] Hier steht nicht die zunehmende ökonomische Verwertung im Zentrum, sondern das Prinzip der Individualisierung von strukturellen Problemen. Es geht um das Beratungsangebot durch kollegiale Fallberatung – vielen auch aus der Schule bekannt –, das von Trainern und Coaches im Arbeitsleben der AltenpflegerInnen installiert wird. Wie das im Alltag funktionieren kann und worauf es hinausläuft, zeigt folgendes Praxisbeispiel aus der Fachzeitschrift „Altenpflege".

> „Der jungen Altenpflegerin A bereitete es jedes Mal große Schwierigkeiten, nach der Grundpflege von Frau Z das Zimmer verlassen zu können. Immer wieder wurde A von der Bewohnerin zurückgerufen, um noch etwas zu erledigen: Fenster auf oder zu, Heizung wärmer oder kälter, Kopfteil des Bettes höher oder tiefer. Freundliche Hinweise der Kollegin, dass andere Bewohner bereits warteten, wurden geflissentlich überhört.
>
> Zunächst stellte A die Schlüsselfrage: ‚Wie kann ich schneller nach getaner Arbeit das Zimmer verlassen?' Im Verlauf der Beratung stellte A erst anhand der Lösungsvorschläge… fest, dass ihre Schlüsselfrage das eigentliche Problem nicht erfasst hatte. Sie konnte nämlich mit den vorgeschlagenen Lösungen nichts anfangen, weil sie ihr zugrundeliegendes Problem nicht erkannt hatte. Was zunächst so aussah, als wenn sie nur ein paar Tipps von erfahrenen Kollegen benötigen würde, um die Situation befriedigender meistern zu können, entpuppte sich als Schwierigkeit, ihre hohen Berufsideale in der Realität umzusetzen und mit Nähe und Distanz angemessen umgehen zu können.
>
> In dem Fall kam die Gruppe nicht mit den 75 Minuten aus, weil das Problem zu komplex war. Die Schlüsselfrage musste nach der ausführlichen Befragung neu formu-

---

21 Das Beispiel ist insofern kein Zufall, als der Autor regelmäßig die Fachzeitschrift „Altenpflege" liest und über die konsequente Durchneoliberalisierung eines ganzen Berufsfeldes genauso regelmäßig die Hände über dem Kopf zusammenschlägt. Hier: Ursula Beckmann, Das Wissen nutzen, in: Altenpflege 8, 2014.

> liert werden: ‚Wie kann ich nach getaner Arbeit das Zimmer mit gutem Gewissen verlassen?' Und ganz am Ende der Beratung musste A erkennen, dass auch diese Frage nicht den Kern ihres Problems getroffen hatte, so dass die Gruppe hier noch einmal überlegte, wie denn die ‚richtige' Schlüsselfrage hätte lauten müssen, z. B.: ‚Wofür bin ich als Pflegekraft zuständig, was ist meine Aufgabe bzw. was gehört nicht dazu? Wie kann ich mit meinem Mitleid und meiner eigenen Hilflosigkeit umgehen?"[22]

Zunächst scheint eine ökonomische Sichtweise keine Rolle zu spielen. Mit Hilfe ihrer KollegInnen erkennt die junge Altenpflegerin, dass sie offensichtlich eine individuelle Schwäche hat, die Professionalität im Beruf verhindert. Aber gerade an dieser Stelle verbirgt sich hinter „Professionalität" eine Perspektive auf die gegebene Situation, die die Handhabbarmachung und Verwertung einzelner Handlungen (durch die Verknüpfung mit einem Zeitfaktor) als die für die Situation gültige oberste Priorität ansieht. Reibungslose Bewältigung wird zu der entscheidenden individuellen Leistung jenseits psychologisch konnotierter Schwächen oder (zeitlich) uferlosem Mitgefühl. Darüber hinaus wird – durchaus vergleichbar mit den Selbsthilfegruppen in Bangladesh und anderen Ländern des Südens – Kollegialität entkernt durch die Offenlegung individueller Schwächen mit dem Ziel einer fortschreitenden Selbstverbesserung.

Alle drei Beispiele kennzeichnet in ihrer Verschiedenheit etwas Gemeinsames, das zunächst nur zur Verdeutlichung dessen dient, was man ein ökonomisch fundiertes Erziehungsprojekt[23] nennen könnte: die Verengung des Blicks auf individuelle Akteure, aber nicht, weil wir alle Individuen sind, autonome Wesen, die selbstbestimmt und nicht fremdbestimmt handeln, sondern weil sich im individuellen Akteur ein bestimmter Typus zeigt, dessen Handeln auf ökonomische Verwertbarkeit ausgerichtet ist und darauf abzielt, durch die Be-

---

22 Ebd.

23 Dabei ist „Projekt" auch einer von den Begriffen, die unsere Alltagssprache überfluten. Projekte gibt es wie Sand am Meer: von denen in der Schule, über die Zerlegung des Arbeitslebens in einzelne Teile bis hin zum eigenen Kind oder einer Liebesbeziehung, die mit diesem Begriff in Verbindung gebracht werden. Das Projekt als das nach vorn „Geworfene" trifft hier das Gemeinte gut, insofern ausgehend von der Ökonomie, Erziehung (und Bildung) „hinausgeworfen" und zu einem Entwurf oder auch einer Unternehmung des Ökonomischen wird. Dies geschieht an vielen Orten und durch viele verschiedene Akteure.

wältigung einer Situation einen Ertrag zu erzielen, der wiederum zum Baustein eines Veränderungs- und (Selbst-)Optimierungsprozesses wird, und dies fortlaufend. Genau in diesem Sinne geschieht hier Erziehung, aus der eine folgenschwere Verengung resultiert, die im krassen Gegensatz zu all dem steht, was Comenius Grundsatz „alle alles ganz“ an pädagogischer und gesellschaftlicher Phantasie provoziert. Diese Verengung zeigt sich notwendig auch in der Schule. Sie zeigt sich in einem Dreischritt: erstens in einer bestimmten Perspektive auf ein Problem (Situationsbewältigung), zweitens in einer Individualisierung der Grundstruktur und drittens in dem Verlust einer überindividuellen Perspektive durch die Fokussierung auf das Subjekt.

Exkurs: Wer sind die Akteure neoliberaler Bildung?

Im Hintergrund all dessen muss man sich keinen Masterplan vorstellen und es wäre eine wissenschaftliche Untersuchung wert, den Prozess mit seinen Akteuren und in seinen Wechselwirkungen präzise nachzuzeichnen. Für die Bildung, wie für andere gesellschaftliche Bereiche auch, kann man versuchen eine Vorstellung davon zu gewinnen, wie denn ideologische Veränderungsprozesse in einer Gesellschaft Fuß fassen, Raum bekommen, sich ausweiten und dann hegemonial werden. Das ist nur denkbar aufgrund sich verändernder materieller Bedingungen, in denen Ideen und Vorstellungen einen Weg finden, an genau diese materiellen Möglichkeiten anzuknüpfen und wirkmächtig zu werden. An welchen Punkten das für neoliberale Positionen in Bezug auf Bildungs- und Erziehungsfragen geschehen konnte, wird in den folgenden Kapiteln hoffentlich deutlich werden.

Dass es eine Vielzahl von konkreten Akteuren gibt, liegt auf der Hand. Die meisten von ihnen werden das Etikett „neoliberaler Akteur im Bildungswesen“ zurückweisen, einige, weil sie ihre Arbeit und ihr Handeln nicht als neoliberal verstanden wissen wollen, andere, weil sie diesen Begriff aus verschiedenen Gründen nicht verwenden wollen, aber sehr wohl und sehr bewusst das tun, was bereits mit den oben genannten Kriterien als „neoliberal“ gekennzeichnet werden kann. Die Orte, an denen es diese Akteure gibt, sind weit gestreut. Sie reichen von den verschiedenen Institutionen der EU über die Unternehmerverbände, die Universitäten, Bildungsministerien und Bezirksregierungen, freiberufliche BeraterInnen, Coaches, SupervisorInnen, selbstverständlich auch Medien. Die Bertelsmannstiftung ist einer der ganz großen Akteure.

Wenn es denn stimmt, dass der Neoliberalismus unsere Gesellschaft auf vielfältige Weise durchdrungen hat, dann wäre es vermessen zu glauben, dass wir unbefangen und unberührt davon Subjekte sein und handeln könnten. In diesem Sinne meint „neoliberale Bildung“ das Geflecht all dessen, was eine Grundstruktur formiert, die auf vielfältige Weise Bildung dominiert. Wir tragen unbewusst – als davon nicht unberührte Subjekte – dazu bei. Kritik neoliberaler Bildung bedeutet zu versuchen, diese Grundstruktur offenzulegen. Neoliberale Bildung in Reinform wird uns dabei nicht begegnen.

Genaugenommen ist der Begriff ein Oxymoron, insofern im Bildungsbegriff selbst immer schon mehr und ganz anderes steckt, als neoliberale Bildung will. Aber auch der Bildungsbegriff ist umkämpft. Die hier vertretene Position zweifelt daran, dass die unterschiedlichen Positionen gleichberechtigt nebeneinander stehenbleiben können. Wäre das nicht so, dann bräuchten wir diese Auseinandersetzung nicht zu führen.

2.1 Ein Paradigmenwechsel

Wir sollten uns nicht täuschen (lassen). In der Bildungslandschaft hat tatsächlich ein Paradigmenwechsel stattgefunden.[24] Die Veränderung, die er – vielleicht schleichend – mit sich brachte, ist an vielen Stellen zu sehen. Sie verläuft parallel zu anderen Prozessen in unserer Gesellschaft. Zugleich wird sie als solche auch in der Ausbildung von LehrerInnen sowie in veränderten Lehrplänen klar formuliert. Bildung, das ist spätestens seit den 2000er Jahren das erklärte Ziel von bundesrepublikanischen BildungsministerInnen, maßgebenden BildungstheoretikerInnen an den Universitäten, der europäischen Kommission

24 In Baden-Württemberg wurde diese Veränderung mit dem Bildungsplan 2004 euphorisch als „kopernikanische Wende im Bildungssystem“ begrüßt! (in: Zentrale Projektgruppe Katholische Religionslehre: Was ist kompetenzorientierter Religionsunterricht? https://lehrerfortbildung-bw.de/u_gewi/religion-rk/gym/bp2004/fb1/1_theorie/was_ist_kompetenzorientierter_ru.pdf, 7)

und dem europäischen Parlament, muss einen Positionswechsel vollziehen und Kompetenzen in das Zentrum rücken.[25]

Einem Außenstehenden mag dies nicht gerade wie eine bedeutsame Veränderung vorkommen, geschweige denn problematisch erscheinen. Man könnte fragen: Ist es denn nicht gut, wenn gebildete Menschen kompetent sind in dem, was sie tun, aber in ihrer Jugend auch gelernt haben ihr Leben zu bewältigen? Und ist das so neu, ist das nicht schon immer das Ziel von Schule gewesen? SchülerInnen lernen bestimmte Fähigkeiten: Lesen, Schreiben, Rechnen, später ein Handwerk oder an der Universität eigenständig wissenschaftlich zu arbeiten. Das ist sicher richtig, aber der Paradigmenwechsel hin zu einer Kompetenz- und Handlungsorientierung bedeutet und bewirkt mehr und anderes – und zwar gut begründet.

Wir wissen sehr genau, dass eine bestimmte Form von Bildung, Unterricht und Lernen in der Schule nicht mehr zeitgemäß ist. Diese Form ist jedem bekannt: Der Lehrer bzw. die Lehrerin besitzt das Wissen und gibt es auf eine bestimmte Weise an die SchülerInnen weiter. Die SchülerInnen nehmen das Wissen auf und werden so gerüstet für all das, was sie später im wirklichen Leben zu tun haben. Wir alle kennen solch eine Wissensvermittlung sehr gut, Ältere als vergangene Normalität, Jüngere als eine Form von Lernen, die selbstverständlich noch immer im Bildungswesen zu finden ist. Dafür gibt es einen Begriff oder ein Bild, das diese Lernform auf den Punkt bringt: den Nürnberger Trichter. Das Gehirn, der Kopf wurde als das Aufnahmeorgan angesehen und den LehrerInnen kam die Aufgabe zu, dieses Organ angemessen zu befüllen. Dabei legten die Lehrpläne fest, womit. Wenn man in diesem Bild bleibt, dann ist auch der dafür verwendete Begriff treffend: Inhalt! Wir haben es mit Inhalten zu tun, die in irgendetwas hineinmüssen, in diesem Fall mit Lern- bzw. Bildungsinhalten.

Eine Kritik an diesem Prinzip des Lernens ist prinzipiell sehr einfach: Es funktioniert nicht besonders gut! Dieser Satz scheint evident, weil er auf vielfältigen Erfahrungen beruht. Die Paukerei für Prüfungen war nie sonderlich

---

25 Es sollte daran erinnert werden, dass schon der Vertrag über die Europäische Union („Vertrag von Maastricht") 1992 Bildung als berufliche Bildung festgelegt hat und damit eine Grundorientierung vorgibt. (Amtsblatt Nr. C 191 vom 29/07/1992 S. 0001 - 0110).

nachhaltig. Das meiste war innerhalb kürzester Zeit wieder vergessen. Obendrein ist es eine sehr unlebendige Weise des Lernens: LehrerInnen stehen vorn an der Tafel, schreiben etwas an, SchülerInnen schreiben es ab und lernen es dann, meistens durch irgendwelche Formen von Wiederholung. Diese Kritik ist sympathisch und für die meisten nachvollziehbar. Aber schon an dieser Stelle wird es wichtig, genau zu sehen, was und wie kritisiert wird. Der Nürnberger Trichter hat schon immer fortschrittliche PädagogInnen auf den Plan gerufen, die neue und andere Formen von Schule und Unterricht propagiert und ausprobiert haben. Die Geschichte der Reformpädagogik bietet dafür prominente Beispiele. Vieles ist in den ganz normalen Schulalltag eingeflossen und lässt sich gut in die bestehenden Bildungsverhältnisse integrieren. Manches lässt sich nicht einfach integrieren, weil die Kritik tiefergehend ist. Dies ist immer dann der Fall, wenn das Bildungssystem nicht nur als Binnensystem in seinen inneren Funktionsweisen kritisiert wird und verbessert bzw. reformiert werden soll, sondern die Kritik an Schule und Bildung als Teil einer Kritik an den herrschenden gesellschaftlichen Verhältnissen verstanden wird. Paulo Freire, der brasilianische Befreiungspädagoge, steht für diese Kritik am Nürnberger Trichter. Er nennt ihn die „Bankiersmethode". Das dahinterstehende Bild ist das der Einlagerung von Wissen in die Köpfe der SchülerInnen. Dabei geht es für ihn nicht im Kern um die Frage, ob das denn gut funktioniere. Vielmehr ist die Bankiersmethode ein Herrschaftsmittel, das im diametralen Gegensatz zu dem steht, worum es in Bildung zentral gehen muss: Emanzipation. Genau dieser Anknüpfungspunkt wäre notwendig.

Zunächst soll gezeigt werden, welche Kritik am Nürnberger Trichter denn auf eine Forderung nach einem Paradigmenwechsel hinauslaufen könnte.

2.2 Eine neoliberale Kritik am Nürnberger Trichter

Schaut man in die Vielzahl pädagogischer Lehrbücher, so gibt es für die AutorInnen und KritikerInnen einer Wissens- bzw. Inhaltsweitergabe einen grundlegend anderen Anknüpfungspunkt als den Freires, herkömmliche Lehr- und Lernmethoden und damit die „normale" Schule der 70er und 80er Jahre des letzten Jahrhunderts in Frage zu stellen. Ausgangspunkt hierfür: Die Welt hat sich grundlegend verändert. Wir leben nicht mehr in einer Zeit mit klaren Weltbildern, mit einem definierbaren Wissen und mit der Möglichkeit, ein ganzes Arbeitsleben an einem Ort zu verbringen. Die Welt ist ins Fließen geraten, wir sind inmitten sich ständig verändernder Prozesse, ja wir selbst sind Teil dieser Prozesse, müssen uns auch ständig verändern, müssen uns – so eine gängige Forderung der „Visionäre des Neuen" – sogar immer wieder „neu erfinden". Der Soziologe Ulrich Beck hatte diese Situation 1986 „Risikogesellschaft" genannt.[26] Die Subjekte dieser Risikogesellschaft werden reflexiv, das heißt, es entsteht eine neue Form der Verunsicherung und der daraus resultierenden Bezugnahme auf das eigene Ich. Die Sicherheiten bröckeln und die Notwendigkeit dieser Form von Selbstreflexivität wird permanent. Das Ich muss lernen, immer wieder mit neuen Situationen klarzukommen, sich immer wieder neu zu justieren und von alten Verhaltensweisen Abschied zu nehmen.

Dies ist ein zentraler Punkt, warum festes Wissen nicht mehr ausreichen kann, um den Anforderungen einer solchen Gesellschaft zu genügen, ja, in ihr erfolgreich sein zu können.

Was für das Individuum gilt, gilt ebenfalls für die Gesellschaft. Auch in ihr schwindet alles Festgefügte und die Digitalisierung leistet einen entscheidenden Beitrag zu unserem Umgang mit Wissen und somit auch zu den Anforderungen an das Lernen und Lehren. Das, was man wissen kann, ist exponentiell gewachsen und die Zugänge zu diesem Wissen stehen jedem immer und überall zur Verfügung. So zumindest die Glaubenssätze derjenigen, die die globalisierte und digitalisierte Wissensökonomie zur Norm und zum Ziel in der Postmoderne bzw. im Postfordismus erheben. Postmodern sei diese Gesellschaft spätestens seit den 1980er Jahren, insofern sie Grundzüge der Moderne aufgegeben habe. Damit schreiben sie sich Pluralisierung, Individualisierung, den Verlust der großen Erzählungen und die Preisgabe der Wahrheit als Errungenschaften auf ihre Fahnen. Sie sei postindustriell bzw. postfordistisch, weil die Ökonomie nicht mehr auf einer industriellen Produktion basiere, sondern in einem viel stärkeren Maße dienstleistungsorientiert und darüber hinausgehend wissensbasiert sei.[27] All das muss sich zwangsläufig auch an den Orten nieder-

26 Beck, Risikogesellschaft.

27 Hier zeigt sich zugleich die Borniertheit dieser Vorstellung von Ökonomie, die in ei-

schlagen, an denen gebildet und erzogen wird, also die Subjekte geformt werden, die dieses Gesellschaftsmodell tragen oder zumindest in ihm bestehen sollen.

Wenn die Menge an zu wissendem Wissen nicht mehr eingeholt werden kann, wenn – damit verbunden – dieses alte Modell von Schule nicht mehr funktioniert, dann kann in der Wissensgesellschaft nicht mehr das Wissen im Vordergrund stehen. Vielmehr muss vor allem in der Schule der Fokus auf den Aneignungsprozessen liegen. Wenn sich diese Gesellschaft in einem permanenten Fluss befindet, in dauerndem Umbruch, so muss der Umgang genau damit geübt, gelernt, ja, verinnerlicht werden. Und Schülerinnen und Schüler müssen darauf vorbereitet werden, dass diese Prozesse in der Schule nicht abgeschlossen, sondern lediglich eingeleitet werden können.

Anders formuliert: Die einfache Weitergabe von Wissen funktioniert nicht mehr, ist zumindest nicht effektiv und effizient. Diese Form der Kritik geht einher mit Erkenntnissen auf einer anderen Ebene. Es ist wohl kein Zufall, dass gerade die Gehirnforschung in diesem Zusammenhang immer wieder bemüht wird und dass damit verbunden bestimmte erkenntnistheoretische Modelle zur Begründung neuer didaktischer Ansätze und zur Unterstützung dieses Paradigmenwechsels herangezogen werden. Die Gehirnforschung und der Konstruktivismus als die paradigmatische Erkenntnistheorie einer wissensbasierten Postmoderne sollen deutlich machen, dass Lernen immer und ganz grundsätzlich die Konstruktion von Wissen und nicht dessen Übernahme ist.[28] Damit

---

nem globalen Zusammenhang weit davon entfernt ist, postindustriell zu sein. Die neuen Dienstleistungsökonomien haben die Orte der Produktion lediglich in ein für sie unsichtbares Außen verlagert.

28 Es gibt gute Gründe, den Konstruktivismus als eine geeignete oder angemessene Erkenntnistheorie für ein emanzipierendes Lernen abzulehnen. Zunächst einmal ist wichtig sich klarzumachen, dass eine Didaktik, also eine bestimmte Theorie vom Lehren und Lernen, immer – zumindest implizit – mit einer Erkenntnistheorie bzw. erkenntnistheoretischen Grundannahme verknüpft ist. Die konstruktivistische Grundannahme, dass sich das Lernen als eine innere Konstruktion vollzieht, korrespondiert mit den bürgerlich-individualistischen Subjektvorstellungen der Postmoderne, und die Frage, wo denn Verstehen und Erkenntnis geschehen, ist nicht unbedeutend. Dass man Paulo Freire – anders, als manche das wollen – nicht unter die Konstruktivisten wird einreihen können, macht folgendes Zitat deutlich. Auf die Unterscheidung „zwischen ‚dem Bewußtsein zugänglich sein' und ‚in das Bewußtsein eintreten'" komme alles an: „... die Gegen-

kann die Weitergabe von Wissen als ein Inhalt nicht im Zentrum des Lernens und des Lehrens stehen. Etwas anderes muss notwendigerweise viel wichtiger werden: die Fähigkeit, sich selbst in der jeweils erforderlichen Situation das „know-how", das Wissen und die Kompetenzen anzueignen, die die Rahmenbedingungen dem Subjekt als Aufgabe zuweisen. Durch den propagierten Paradigmenwechsel gerät genau dies in den Fokus pädagogischer Bemühungen.

Der hier nur angerissene Prozess hat in den letzten dreißig Jahren stattgefunden, nicht gradlinig, aber doch mit einer erstaunlichen Konsequenz – im Wechselspiel mit einer sich verändernden kapitalistischen Ökonomie nach 1989. Dieser Prozess ließe sich als ein komplexes Zusammenspiel der oben genannten Akteure und Kräfte beschreiben, aus dem eine Ausrichtung auf eine spezifische Form von Erziehung und Bildung hin erkennbar wird. Es leistet einen entscheidenden Beitrag dazu, die neoliberale Ökonomie in ihrer jetzigen Form aufrechtzuerhalten und voranzutreiben, die von den PolitikerInnen nach Margaret Thatcher propagierte Alternativlosigkeit anzuerkennen, seine Krisen jeweils neu zu bewältigen und durch das dazu passende Subjekt eine langfristige Absicherung zu gewährleisten. Dabei gelingt es, die unterschiedlichen Interessen der einzelnen Akteure – Lehrerinnen und Lehrer, Eltern, WissenschaftlerInnen, wohlmeinende Reformer und pädagogische Hardliner, aber auch halbwegs gutmütige BildungspolitikerInnen, die nicht notwendig mit dem Gesamtinteresse dieses „Projektes" übereinstimmen – auf erstaunliche Weise in diesen Prozess zu integrieren.

Natürlich ist die Kritik, die dem Paradigmenwechsel zugrunde liegt, nicht falsch, in mancherlei Hinsicht sogar banal und lange bekannt. Aber es fehlt Entscheidendes, so dass sie einerseits falsch wird, zum anderen aber nicht einmal zu den nach innen versprochenen Verbesserungen für LehrerInnen und SchülerInnen in der Schule führt.

---

stände, die mich umgeben, sind meinem Bewußtsein einfach zugänglich, aber nicht in ihm aufbewahrt. Ich werde ihrer gewahr, aber sie sind nicht in mir." (Freire, Pädagogik der Unterdrückten, 61) Dies markiert den Ausgangspunkt der Kritik am Konstruktivismus sowie den Anknüpfungspunkt einer anderen Erkenntnistheorie des Lehrens und Lernens.

2.3 Die Ökonomisierung von Bildung

Im Lokalteil einer Regionalzeitung stand im Juni 2015 folgender Artikel: „Knigge des Bewerbungsgesprächs". Es wird darüber berichtet, wie ein Mitarbeiter der LBS den Schülerinnen und Schülern der neunten Klasse in der Verbundschule eines kleinen Ortes im Münsterland Verhaltenshinweise gibt, damit die jungen Menschen den richtigen „Eindruck" vermitteln, „der entscheidend für die berufliche Laufbahn sein kann." Zusammen mit dem Referenten wird auch der „Ernstfall" geübt. Folgende Passage ist besonders aufschlussreich: Der LBS-Mann erläutert, „mit welchen Fragen die Bewerber rechnen müssen und was sie selber hinterfragen sollten. Auch das Allgemeinwissen werde geprüft. ‚Die Schüler sollten viel Zeitung lesen' ... ‚Fragen dazu kommen ganz sicher im Bewerbungsgespräch vor.'"[29] Perfide und entlarvend ist an dieser Stelle die Art und Weise der Argumentation: Möge doch bitte keiner kommen und behaupten, dass Bildung in unserer Gesellschaft keine Rolle mehr spiele und sich in der Schule nur noch alles um Ausbildung drehe! Selbstverständlich ist Allgemeinbildung immer noch wichtig, denn auch in Bewerbungsgesprächen könnten Fragen gestellt werden, mit denen das Allgemeinwissen der BewerberInnen überprüft würde und dann könnte sich – bei gleicher beruflicher Eignung – derjenige mit dem besseren Allgemeinwissen durchsetzen. Allgemeinwissen dient so nicht mehr der Orientierung in der Welt, sondern nur noch dem Bestehen in der Konkurrenz um einen Ausbildungsplatz!

Wenn wir den Paradigmenwechsel verstehen wollen, müssen wir etwas verstehen, das mittlerweile von vielen als Problem beklagt wird: die fortschreitende Ökonomisierung von Bildung. Häufig hört man den Einwand, die Wirtschaft dominiere alles. Es müsse doch auch Bereiche geben, die nicht sofort ökonomisch besetzt würden. Diese Forderung geht problemlos einher mit der scheinbar entgegengesetzten, die von der Schule selbstverständlich alles verlangt, damit das eigene Kind den besten Startplatz in die Welt der Erwachsenen hat, die gleichgesetzt wird mit der Welt der Erwerbsarbeit. Auch als Partythema sind Bildungsfragen beliebt, besonders dann, wenn die Kinder im Schulalter sind. Die Frage ist interessant, wer diejenigen sind, die sich auf Parties über die zu

29 Westfälische Nachrichten vom 20. Juni 2015, Lokalteil Ostbevern.

schnelle Verzweckung von Bildung und die daraus resultierenden Nachteile für ihre Kinder beschweren, und welche Forderungen sie in den entsprechenden beruflichen und gesellschaftlichen Positionen, die sie darüber hinaus innehaben, an das Bildungssystem stellen.[30]

Die Klage über die Ökonomisierung führt zu der logisch erscheinenden Forderung: Wirtschaft darf nicht alles dominieren. Auch etwas anderes zählt: Kunst, Philosophie, vielleicht auch die Religion und, ja, Werte. Die Forderung von Grenzen und Werten verweist auf ein kaum angemessenes Verständnis der Problematik.

Wenn sich in Schulen und auch Universitäten, im Verständnis von Lehren und Lernen dieser Paradigmenwechsel vollzieht, dann ist das, was hier geschieht, nur im Zusammenhang gesamtgesellschaftlicher also auch politisch-ökonomischer Prozesse zu verstehen. Und wenn es sich um eine Ökonomisierung pädagogischer Prozesse handelt, dann geschehen diese nicht rein äußerlich, sondern greifen den Kern von Bildung an.

Ein Ausgangspunkt neoliberaler Veränderungsprozesse findet sich in der oben dargestellten Kritik an einer bestimmten Art und Weise von Schule und Unterricht und den dort stattfindenden Lernprozessen. Für Lehr-Lernprozesse war die Ebene des Verhaltens bislang nicht in der Weise thematisiert und in den Fokus gerückt worden, wie das innerhalb der in der Folge des Paradigmenwechsels angestoßenen Veränderungsprozesse geschehen ist. Aus der Kritik am Wissen-vermittelnden-Unterricht, also der Inhaltsorientierung, ergibt sich die Forderung nach einer Kompetenz- und Handlungsorientierung, in der

30 Überdeutlich wird dieser Punkt, wenn man sich anschaut, auf welche Schulen denn die CEOs und Manager aus dem Silicon Valley, die die Digitalisierung vorantreiben, Smartphones und vieles andere mehr bauen (lassen), ihre Kinder schicken und wie es bei Ihnen zu Hause mit der Nutzung digitaler Medien aussieht. Die beliebteste ist die Waldorfschule, in der es LehrerInnen, Tafeln, Kreide, aber keine durchdigitalisierten Klassenräume gibt. Man kann davon ausgehen, dass die Manager wissen, warum sie das tun. Das ist weder verwunderlich noch sonderlich neu. Hierzu: A Silicon Valley School That Doesn't Compute, http://www.nytimes.com/2011/10/23/technology/at-waldorf-school-in-silicon-valley-technology-can-wait.html, 14.08.2017; oder: Steve Jobs Was a Low-Tech Parent, https://www.nytimes.com/2014/09/11/fashion/steve-jobs-apple-was-a-low-tech-parent.html, 4.08.2017. Das zu wissen, setzt die Wahlkampfparole der FDP aus dem Bundestagswahlkampf 2017 „Digitalisierung first – Bedenken second" noch einmal in ein ganz anderes Licht!

der Kompetenzbegriff[31] eine zentrale Funktion innehat. In ihm bündelt sich all das, was die veränderte gesellschaftliche und ökonomische Situation an Anforderungen bereithält. Und es lässt sich zeigen, dass dieser Kompetenzbegriff kompatibel ist mit den ökonomischen Grundannahmen, die im Zentrum aktuell vorherrschender Wirtschaftstheorien stehen.

Inwiefern treffen sich nun der Kompetenzbegriff auf der einen und bestimmte Entwicklungen im ökonomischen Denken des 20. Jahrhunderts auf der anderen Seite? Dazu ein kurzer Rückblick in die Welt der Ökonomie des 20. Jahrhunderts.[32] Nach der Weltwirtschaftskrise in den 1930er Jahren hält der Keynesianismus als dominierende ökonomische Grundvorstellung und Antwort auf eben diese Krise Einzug in das ökonomische Denken und Handeln. Mit ihm verbunden sind entsprechende Maßnahmen, staatliche Eingriffe wie zum Beispiel Konjunkturprogramme, die zu der bis in die 70er Jahre hinein erfolgreichen Nachkriegsökonomie geführt haben. (Ein Stichwort hierfür ist „nachfrageorientierte Ökonomie" – die Wirtschaft produziert das, wofür es in der durch entsprechenden Mangel bzw. Nachholbedarf bestimmten Nachkriegszeit eine Verwendung gibt.) Parallel dazu entwickelte sich aber eine liberale oder auch neoklassische Kritik, die zwar anerkennen musste, dass diese Art von Ökonomie über einen langen Zeitraum funktioniert hatte, jedoch alle möglichen Formen staatlicher Eingriffe für falsch hielt. Spätestens nach dem Einsetzen von Wirtschaftskrisen (zum Beispiel durch entsprechende Überproduktionen und damit verbundenem Sinken der Nachfrage) in den 1970er Jahren wurde dieses Denken dominant und hielt seinen Siegeszug mit Ronald Reagan und Margaret Thatcher in den 1980er Jahren. Ein knappes Jahrzehnt davor, nach dem 11. September 1973 in der Diktatur Pinochets, erhielten neoliberale Ökonomen in Chile die Möglichkeit, an und in einer ganzen Gesellschaft auszu-

---

31 Eine Auseinandersetzung mit dem Kompetenzbegriff aus philosophischer Sicht ist zu finden in: Gelhard, Kritik der Kompetenz.

32 Um der Frage nach der Bildung im Kontext neoliberaler Theorie gründlicher nachzugehen, wäre es sinnvoll, bei Milton Friedman, dem Mentor der Chicago Boys, und August von Hayek nachzulesen. Nur so viel: Für beide spielt Bildung eine große Rolle. Beide widmen der Frage nach der Rolle der Regierung in der Erziehung in den zentralen Texten ein Kapitel. Bei beiden liegt der Schwerpunkt auf der Erziehung (In: Friedman, Capitalism and freedom: The Role of Gouvernment in Education, S. 85-107 und Hayek, Die Verfassung der Freiheit: Erziehung und Forschung, 493-516).

probieren, was an der Universität von Chicago theoretisch ausgearbeitet wurde, möglichst weitgehend und unter dem Schutz der Militärs, quasi unter Laborbedingungen. Zeitgleich entwickelte sich New York zum Modellprojekt neoliberaler Urbanität. Interessant hierbei, dass sich damit ein Typus etablierte, über den in eine Gesellschaft hinein ökonomische Vorstellungen jenseits demokratischer Prozesse umgesetzt werden: der Berater. Die sogenannten „Chicago-Boys" kamen direkt von der US-amerikanischen Universität in Schlüsselpositionen in den entsprechenden Ministerien im Schatten der Militärjunta. Chile ist ein Beispiel dafür, wie langfristig solche Prozesse angelegt sind und wie durchdringend sie eine Gesellschaft prägen. Und es ist kein Zufall, dass Proteste in Chile nach 2011 ihren Ausgangspunkt im Bildungssystem haben. Das chilenische Bildungssystem ist auf extreme Weise privatisiert worden und die SchülerInnen und StudentInnen beginnen davon ausgehend mit ihrer Kritik an und ihrem Protest gegen das neoliberale Modell Chiles.

Im Zentrum dieses Weltverständnisses steht ein Menschenbild, das von Gary Becker, einem maßgebenden Ökonomen des Neoliberalismus, 1976 folgendermaßen beschrieben wurde: „In der Tat bin ich zu der Auffassung gekommen, daß der ökonomische Ansatz so umfassend ist, daß er auf alles menschliche Verhalten anwendbar ist ... seien es wiederkehrende oder seltene Entscheidungen ... handle es sich um emotionale oder nüchterne Ziele, reiche oder arme Menschen, Männer oder Frauen, Erwachsene oder Kinder, kluge oder dumme Menschen, Patienten oder Therapeuten, Geschäftsleute oder Politiker, Lehrer oder Schüler."[33]

Grundlegend für diese Auffassung vom Menschen ist eine Veränderung der Auffassung von dem, was Ökonomie ist: Es geht nun nicht mehr in erster Linie um Dinge, Produktionsverfahren, Berechnungen etc., sondern im Kern ist Ökonomie eine Wissenschaft vom menschlichen Verhalten! Dies ist in der neoklassischen Theorie auf verschiedene Weisen zum Ausdruck gebracht worden: „Die Ökonomie ist die Wissenschaft, die das menschliche Verhalten als eine Beziehung zwischen Zwecken und knappen Mitteln untersucht, die alternative Verwendungen haben."[34]

---

33 Becker, Der ökonomische Ansatz zur Erklärung menschlichen Verhaltens, 7.

34 L.C. Robbins, Essay on the Nature and Significance of Economic Science, zitiert

Das Interessante ist, dass damit einer Verbindung zu allen anderen Wissenschaften vom menschlichen Verhalten bspw. der Pädagogik ein Raum eröffnet wird, der nun immer weiter gefüllt werden kann. Dreh- und Angelpunkt hierfür ist die aus dieser Grundauffassung resultierende „Humankapitaltheorie": „Das besondere Kennzeichen des Humankapitals besteht darin, daß es ein Teil des Menschen ist. Es ist *human*, weil es im Menschen verkörpert ist, und *Kapital*, weil es ein Quelle zukünftiger Befriedigung oder zukünftiger Erträge oder eine Quelle von beidem ist."[35]

Damit wird all das, was der Mensch bekommt, als Ertrag bzw. Einkommen aus seinem Kapital betrachtet, und alle Veränderungen sind Investitionen zur Vergrößerung des vorhandenen Kapitals – eben des Humankapitals. Dementsprechend sind Bildung und Erziehung auf der individuellen und auf der gesellschaftlichen Ebene immer als Investitionen in das vorhandene und zu vergrößernde Humankapital anzusehen. Hier treffen sich der Kompetenzbegriff und die Humankapitaltheorie auf ideale Weise. Bei dem, was in Schule, Ausbildung und Universität gelernt wird, geht es jetzt nicht mehr darum, die Welt zu verstehen, sich in ihr orientieren und sie verändern zu können, sondern darum, Fähigkeiten und Fertigkeiten zu entwickeln, die wie jedes andere Kapital auch eingesetzt werden können, um entsprechende Erträge aus gegebenen Situationen zu erzielen.[36]

Spätestens zu Beginn des 21. Jahrhunderts wird die Humankapitaltheorie von der OECD aufgegriffen und zur Basistheorie ihrer Untersuchungen und Empfehlungen, so zum Beispiel bei PISA.[37] Interessant hierbei ist, dass PISA

---

nach: Foucault, Die Geburt der Biopolitik, 328.

35 Teodor W. Schultz, Investment in Human Capital, zitiert nach Foucault, a.a.O. 329.

36 Darüber hinaus liegt der Fokus der Ökonomie auch weiterhin auf dem Verhalten. In diesem Zusammenhang spielt Design eine große Rolle. Diskussionen über pädagogische Fragestellungen werden in Design-Zusammenhängen geführt. Orte dieser Diskussionen sind zum Beispiel die Stanford University und in Deutschland das Hasso Plattner Institut in Potsdam. Dabei gibt es zwei Aspekte, die kritisch verfolgt werden sollten. Zum einen „Design Thinking" als neues „Zauberwort" für Manager, Unternehmer, aber auch Pädagogen. Zum anderen die vielfältigen Designmöglichkeiten in Bezug auf das Nutzerverhalten (user behavior) und die Erforschung dessen. Auch das sind Bildungsfragen, in denen es um Humankapital(-verwertung) geht. Schon längst nicht mehr nur am Horizont steht das digitale Subjekt.

37 Vgl. Keeley, OECD Insights: Humankapital.

in der Öffentlichkeit als eine pädagogische Untersuchung angesehen und die OECD, eine Wirtschaftsorganisation mit ökonomischen Interessen, nicht wahrgenommen wurde. Sie verbindet diesen ökonomischen Ansatz mit der Vorstellung, dass Lernen in den verschiedensten Zusammenhängen zu einer Kompetenzvermehrung im weitesten Sinne führt und diese Kompetenzen, auf dem Markt zum eigenen Wohlergehen eingesetzt, eine individuelle Nutzenmaximierung ermöglichen. Zugleich ist diese Bildung ein entscheidender Faktor im Standortwettbewerb konkurrierender Staaten.

Dem entspricht die Vorstellung der OECD von Humankapital: „Das Humankapital ist der Bestand an Fähigkeiten und Kenntnissen, die der einzelne besitzt oder – normalerweise durch Bildung und Ausbildung – (weiter-) entwickelt und sodann als Gegenleistung für ein Einkommen auf dem Arbeitsmarkt anbietet". Dieses Humankapital wird verstanden als „in Individuen verkörperte Kenntnisse, Fähigkeiten, Kompetenzen und Eigenschaften, die die Erzeugung persönlichen, gesellschaftlichen und ökonomischen Wohlergehens ermöglichen".[38] Dahinter steht die alte und mehr denn je als gültig angesehene Idee von Adam Smith, dass die „unsichtbare Hand des Marktes" die egoistischen Einzelinteressen letztendlich zum Wohlergehen aller ausgleicht.

Gegenüber den Klassikern der ökonomischen Theorie von Smith über Ricardo zu Marx wird eine Wende vollzogen. Galt für Marx noch, dass die Arbeitskraft (und nicht die Arbeit) auf dem Markt zu einer Ware, der Elementarform der kapitalistischen Produktionsweise, geworden ist[39], und war dies der Ansatzpunkt, um zu verstehen, wie Ausbeutungsverhältnisse funktionieren, so wird diese Möglichkeit durch die Humankapitaltheorie ausgeblendet.

---

38 OECD 2001 und 2002 zitiert nach: Nicht, Müller, Kompetenzen als Humankapital.

39 Zur Erinnerung: „Der Reichtum der Gesellschaften, in welchen kapitalistische Produktionsweise herrscht, erscheint als eine ‚ungeheure Warensammlung', die einzelne Ware als seine Elementarform. Unsere Untersuchung beginnt daher mit der Analyse der Ware." (Marx, MEW Bd. 23, 49) Arbeitskraft ist der „Inbegriff der physischen und geistigen Fähigkeiten, die in der Leiblichkeit, der lebendigen Persönlichkeit eines Menschen existieren und die er in Bewegung setzt, sooft er Gebrauchswerte irgendeiner Art produziert." (Ebd. 181) Der Geldbesitzer findet die Arbeitskraft auf dem Markt als Ware. Das ist die wesentliche Bedingung dafür, „daß ihr Besitzer, statt Waren verkaufen zu können, worin sich seine Arbeit vergegenständlicht hat, vielmehr seine Arbeitskraft selbst, die nur in seiner lebendigen Leiblichkeit existiert, als Ware feilbieten muß." (Ebd. 183).

Stattdessen wird aus der Ware Arbeitskraft eine Investition, aus der ein Einkommen erzielt wird. Die Höhe des Einkommens hängt nun in fundamentaler Weise von der Größe und Art der Investition ab, wobei in die Investition völlig unterschiedliche Dinge, eben auch Bildung, eingehen.[40] Auch gesamtgesellschaftlich wird Bildung zu einem Investitionsgegenstand und hieraus erklärt sich dann das „natürliche“ Interesse einer Wirtschaftsorganisation (der OECD) an den Investitionsmöglichkeiten und -notwendigkeiten in diesem Bereich. PISA hatte keinen Bildungsschock ausgelöst, sondern auf einen Investitionsstau verwiesen!

Was ist – aus dieser Perspektive – das Verdienst des Kompetenzbegriffs? In ihm treffen eine ökonomische und eine pädagogische Vorstellungswelt aufeinander, vermittelt durch einen spezifischen Begriff von Kompetenz[41]. Wenn im Zentrum der dargestellten ökonomischen Betrachtungsweise das Verhalten von Menschen steht, so gilt das auch für eine Kompetenz- und Handlungsorientierung in der Pädagogik, die nicht mehr die Wissensweitergabe im Fokus hat, sondern vielmehr das Erlernen von Fähigkeiten, Fertigkeiten und damit Handlungsmöglichkeiten, die darauf abzielen, eine gegebene Situation erfolgreich zu bewältigen. Die zumindest für den deutschen pädagogischen Raum maßgebende Definition von Kompetenz aus dem Jahr 2001 macht dies überdeutlich. Sie stammt von Franz E. Weinert. Weinert war Psychologe und nicht Pädagoge und sein Kompetenzbegriff ist im Kern ein psychologischer. Diese Definition findet sich wieder in bundesrepublikanischen Lehrplänen, KultusministerInnenkonferenzbeschlüssen und LehrerInnenausbildungen. Sie hat einen wichtigen Beitrag zu den bildungspolitischen Diskussionen seit 2001 geleistet. In ihr werden Kompetenzen beschrieben als „die bei Individuen verfügbaren oder

40 Eine gute Darstellung dieser Differenz findet sich bei Foucault, Die Geburt der Biopolitik, 300-330.

41 Ein Ausgangspunkt bzw. Bezugspunkt für die Einführung dieses Begriffs in die Bildungsdiskussion stellt die Linguistik von Noam Chomsky in den 1960er Jahren dar. Chomsky verwendet den Begriff als Gegenbegriff zur Performanz und unterscheidet zwischen Kompetenz als dem gesamten (unbewussten) Wissen eines Sprechers (gewissermaßen die prinzipielle Sprachfähigkeit) und Performanz als der real stattfindenden Sprachverwendung, das Sprechen selbst. Kompetenz bei Chomsky ist also so etwas wie Hintergrundwissen, Performanz die Fähigkeit, etwas umzusetzen. Damit ist Performanz nahe an dem, was wir heute unter Kompetenz verstehen.

durch sie erlernbaren kognitiven Fähigkeiten und Fertigkeiten, um bestimmte Probleme zu lösen, sowie die damit verbundenen motivationalen, volitionalen [absichts- und willensbezogenen] und sozialen Bereitschaften und Fähigkeiten, um die Problemlösungen in variablen Situationen erfolgreich und verantwortungsvoll nutzen zu können".[42]

Es ist offensichtlich, dass es sich hierbei nicht um Schulwissen in einem traditionellen Sinne handelt, aber auch nicht einfach um Fähigkeiten, wie sie seit jeher in der Schule gelernt werden – so die Technik des Schreibens –, sondern um Fähigkeiten mit einem spezifischen Fokus: Problemlösungen zu finden und mit diesen Situationen zu bewältigen. Dabei geht es dem Psychologen Weinert nicht nur um das prinzipielle Vorhandensein dieser Fähigkeiten, sondern auch darum, Motive zu entwickeln, die vorhandenen Fähigkeiten einsetzen zu wollen. Diese Vorstellung von Kompetenz ist nicht folgenlos, auch wenn manch einer sagen mag, dass sie zunächst wenig schulalltagsbestimmend geworden sei. Hier soll zunächst auf zwei Aspekte hingewiesen werden: Die Definition von Kompetenz eröffnet zum einen sehr tiefgreifende Möglichkeiten, im pädagogischen Raum in das Subjekt einzugreifen, zum anderen zeigt sich eine Engführung auf den Bereich der Problemlösung. Und damit werden auch jenseits der Frage, welche Bedeutung denn das Wissen für den Bildungsprozess hat, Fähigkeiten, die man in einem unreflektierten Alltagssprachgebrauch durchaus als „Kompetenzen" bezeichnen kann, reduziert auf all das, was einer Problemlösung dient. Die Vielzahl der uns Menschen zur Verfügung stehenden kulturellen Äußerungen und Handlungsmöglichkeiten werden aus nur solch einer Perspektive betrachtet: Das Nutzenkalkül[43] und die „grobe Zerspaltung unseres Lebens in ‚Mittel' und ‚Zwecke'" (Anders) hätten gesiegt. In Bezug auf unser Eingangsbeispiel – den „Bewerbungsknigge" – ließe sich sagen: Natürlich benötigen SchülerInnen Allgemeinwissen! Denn dieses kann zum Mittel werden, den Zweck – die Erlangung eines Ausbildungsplatzes – zu erreichen und damit die Bewerbungssituation erfolgreich zu bewältigen! Als ein *allgemeines* Wissen wird es nicht mehr gebraucht.

42 zitiert nach: Klieme, Was sind Kompetenzen und wie lassen sie sich messen?, 11f.

43 „Es ist das Nutzenkalkül, das den Krieg anrät, das die Ausbeutung des Anderen kalkuliert, und das die Zerstörung der Natur als Nutzenvorteil vorgaukelt." (Hinkelammert, Der Schrei des Subjekts, 390).

2.4 Bildungsökonomisierung politisch

In einer globalisierten Welt genügt es nicht, sich Bildungspolitik als „Zankapfel" zwischen bundesrepublikanischen Ländern vorzustellen. Sicher gibt es Differenzen. („Das nordrhein-westfälische Abitur ist nichts wert." – „Am schlausten sind die Bayern." – „In Sachsen funktioniert G-8.") Aber die großen Linien werden zunehmend von der EU gezeichnet und fließen in die Mitgliedsstaaten ein. Dass Kompetenzen einen ganz anderen Stellenwert in diesem Zusammenhang bekommen haben, geht einher mit der Zielvorstellung, die sich die Europäische Union gesetzt hatte: zur größten wissensbasierten Ökonomie weltweit zu werden und im internationalen Konkurrenzkampf hier die Führungsposition einzunehmen![44]

Auch wenn die Verlautbarungen von EU-Institutionen (Rat, Parlament, Kommission) zu Bildungsfragen wenig bekannt sind (Hat es hierzu in den letzten 15 Jahren schon einmal eine LehrerInnenfortbildung gegeben?), so finden deren Grundannahmen dennoch Eingang in die öffentlichen Diskussionen und sind Teil eines Bildungsdiskurses, der ganz selbstverständlich die Vielzahl von Gesprächen, die um diesen Komplex Lernen kreisen und allgtäglich geführt werden, prägen.

An zwei prominenten Positionen der letzten Jahre soll dies deutlich gemacht werden: Richard David Precht und – etwas weniger bekannt – der ehemalige Kulturstaatsminister unter Rot-Grün, Julian Nida-Rümelin, zwei Philosophen, die es nach 2013 mit dem Thema Schule immer wieder in die Talkshows geschafft haben. Beide kritisieren die gegenwärtige Schule bzw. Gesamtbildungssituation, haben jedoch unterschiedliche Schwerpunkte. Nida-Rümelin vertritt eine Position, die sich an einem humanistischen Bildungsideal orientiert und vermisst eine tragfähige Leitidee. Precht betont die Veränderungen des Ler-

---

44 Festgeschrieben in der sogenannten Lissabon-Strategie als eine auf zehn Jahre ausgerichtete Strategie (EUROPÄISCHER RAT März 2000 LISSABON). Diese Zielformulierung wird im Jahr 2009 mit allen daraus resultierenden Bildungskonsequenzen wiederholt: „ … dass aber wesentliche Herausforderungen noch zu bewältigen sind, wenn Europa sein Ziel erreichen soll, zum wettbewerbsfähigsten und dynamischsten wissensbasierten Wirtschaftsraum in der Welt zu werden" (Schlussfolgerungen des Rates vom Mai 2009, 119/2). Dass die EU weiterhin weit davon entfernt ist, diesen Anspruch einzulösen, ist offensichtlich.

nens und damit verbunden des Wissens über das Lernen. Beide beteuern, dass Bildung etwas Eigenständiges sein müsse und nicht durch ökonomische Interessen überlagert werden dürfe. Liest man etwas genauer, so stellt man fest, wie sehr die Zielvorstellungen beider mit einer neoliberalen Ausrichtung der Europäischen Union kompatibel sind. Nida-Rümelin entwickelt das Ideal einer sozialdemokratischen Arbeitsgesellschaft, in der es keine Hindernisse mehr gibt, das ganze Leben dem Kapitalverwertungsprozess zur Verfügung zu stellen: „Dies wird der neue Normalfall sein: Mütter und Väter in Vollzeit, die Kinder ganztags in Bildungseinrichtungen, keine Kritik an Müttern mit zwei, drei oder auch vier Kindern mehr, die weiter Vollzeit arbeiten."[45] Precht lehnt eine ökonomische Perspektive auf Bildung ab: „Wer die Veränderungen in der Gesellschaft durch mehr und besser gebildete Menschen nur unter dem Gesichtspunkt der Ökonomie betrachtet, denkt unweigerlich zu kurz".[46] Im gleichen Atemzug verweist er auf Modelle eigenständigen und freien Lernens, auf Integration und Inklusion, weil nur so die internationale Wettbewerbsfähigkeit aufrecht erhalten werden könne: „Als eine Nation, deren Wohlstand nicht auf Rohstoffen, sondern auf Know-how basiert, brauchen wir in Zukunft jedes Gehirn, das wir haben."[47] Dabei scheut er sich nicht, auch auf der individuellen Ebene Wettbewerb als zentrales Motiv für Lernen zu propagieren. „Wettbewerb, Konkurrenz und Teamgeist sind entscheidende Motivationen für viele Kinder und Jugendliche."[48]

Schon hier zeigt sich, wie leicht eine Kritik, die „wunde Punkte" benennt, jedoch nie den Blick auf das Ganze richtet, in die Gegebenheiten integriert werden kann. Oder anders: Precht und Nida-Rümelin formulieren die Kritik, die das Bildungssystem braucht, um gerade nicht in Frage gestellt zu werden.[49]

---

45 Nida-Rümelin, Philosophie einer humanen Bildung, 16.

46 Precht, Anna, die Schule und der liebe Gott, 194.

47 Ebd. 121.

48 Ebd. 132.

49 Eine aktuellere Variante dieser Form der Kritik findet sich in der Übertragung der Resonanz in die Pädagogik durch die Zusammenfügung beider Begriffe: Resonanzpädagogik, das Buch von Hartmut Rosa und Wolfgang Endres, in dem der Bedeutung der Resonanz für die Pädagogik in Interviewform nachgegangen wird. Man weiß schon vorher, was man nachher auch weiß: dass ohne Resonanz Lehr- Lernprozesse schwieriger sind. Auch dies Buch enthält eine Form der Kritik, die angenehm und erträglich bleibt. Es gibt

Auch für sie stehen an oberster Stelle internationaler Wettbewerb und „employability“, die einen bestimmten Menschentypus benötigen. Dieser wird als Bildungsideal formuliert und ist zugleich Ergebnis einer Subjektproduktion, die nicht nur, aber doch zentral in der Schule stattfindet: der lebenslang lernende Selbstunternehmer, der über die Flexibilität verfügt, an allen Orten im ökonomischen Prozess zum Einsatz zu kommen und dessen Fähigkeit, Situationen zu bewältigen, nicht durch von außen kommende Disziplinierungen, sondern durch Verinnerlichung und Einübung stetig gewachsen ist. Dabei wird dieser Typus nicht nur für den Erwerbsarbeitsprozess propagiert, sondern sowohl zur Bewältigung des Privatlebens gefordert, als auch dort permanent eingeübt: Das ganze Leben wird zu einer Situation oder zur Aneinanderreihung von Situationen, die es erfolgreich zu bewältigen gilt.

Im Jahr 2006 hat das Europäische Parlament die „Schlüsselkompetenzen für ein lebensbegleitendes Lernen“ und damit zugleich einen spezifischen Menschentypus beschlossen. Eine genauere Lektüre dieses Beschlusses lohnt auch heute noch, vor allem, um zu verstehen, wie sehr hier Vorstellungen entwickelt wurden, die seitdem in der Schule zu unhinterfragten Selbstverständlichkeiten geworden sind.

> „Die Globalisierung stellt die Europäische Union vor immer neue Herausforderungen, so dass alle Bürger eine breite Palette an Schlüsselkompetenzen benötigen, um sich flexibel an ein Umfeld anpassen zu können, das durch raschen Wandel und starke Vernetzung gekennzeichnet ist.
> Bildung mit ihrer doppelten – sowohl sozialen als auch wirtschaftlichen – Rolle spielt eine entscheidende Rolle bei der Gewährleistung, dass die Bürger Europas die Schlüsselkompetenzen erwerben, die sie benötigen, um sich diesen Veränderungen flexibel anzupassen.“ [50]

Ausgangspunkt ist die Beschreibung der gegebenen Situation, die akzeptiert wird, als sei sie eine Naturnotwendigkeit und nicht das Ergebnis eines geschichtlichen Prozesses. Aus ihr ergeben sich gewissermaßen notwendig die

---

ein Nachwort von Reinhard Kahl, der im weiteren Verlauf dieses Textes noch auftauchen wird.

50 EMPFEHLUNG DES EUROPÄISCHEN PARLAMENTS UND DES RATES vom 18. Dezember 2006, 394/13; dabei ist der Parlamentsbeschluss weniger Initial als Dokument eines stattfindenden Prozesses.

Ziele des Bildungsprozesses: ein flexibles, anpassungsfähiges Subjekt, das auf alle sich verändernden Herausforderungen reagieren kann. Dazu benötigt der europäische Idealbürger Schlüsselkompetenzen. Kompetenzen, Flexibilität und Anpassungsfähigkeit werden hier aufeinander bezogen. Kompetenzen sind die Fähigkeiten, die gebraucht werden, um sich den Gegebenheiten anzupassen, Flexibilität ist die Fähigkeit, die Gegebenheiten (das „Umfeld") richtig „lesen" zu können und die „richtigen" Kompetenzen an der „richtigen" Stelle zum Einsatz zu bringen. Anpassungsfähigkeit ist die Zielvorstellung und somit normatives Zentrum. Diese normative Orientierung wird gebraucht, insofern spezifische Kompetenzen (die Fähigkeit, kritisch zu sein oder Widerstand zu leisten) und flexibles Verhalten sich andernfalls auch gegen das Umfeld wenden könnten. Dabei geht es nicht nur um das jeweils gegebene Umfeld, sondern die Anpassung sanktioniert auch die durch das Umfeld initiierten Veränderungsprozesse. Anpassung und Situationsbewältigung stehen keineswegs in einem Widerspruch, sondern bedingen sich gegenseitig. Hinter alldem steht der ökonomische Gesamtprozess, der durch den Begriff „Globalisierung" gekennzeichnet wird.

Die Aufgabe von Bildung ist die „Gewährleistung" des Erwerbs der hierfür notwendigen Kompetenzen. Sie werden im fortlaufenden Text des Parlamentsbeschlusses beschrieben. Zu ihnen gehören alle selbstverständlichen Fähigkeiten, die in der Schule gelernt werden müssen, und zu ihnen gehört eine spezifische Begründung, aus der hervorgeht, welche Rolle bzw. Aufgabe dem einzelnen EU-Bürger zugewiesen wird. Hier am Beispiel von Gesundheit:

> „Soziale Kompetenz steht im Zusammenhang mit persönlichem und gesellschaftlichem Wohlergehen, welches ein Verständnis dafür verlangt, wie der Einzelne die eigene körperliche und seelische Gesundheit am besten sicherstellen kann – wobei dies als Nutzen für den Einzelnen selbst und für die ganze Familie sowie für das engere soziale Umfeld betrachtet werden sollte –, und erfordert auch Kenntnisse, wie ein gesunder Lebensstil dazu beitragen kann."[51]

Zwei Aspekte werden überdeutlich: Bildung ist, wie wir oben gesehen haben, primär auf den Nutzen hin orientiert, und umfassendere gesellschaftliche Zusammenhänge kommen nicht in den Blick. Die Orientierung an Kompetenzen

---

51 Ebd. 394/17.

ermöglicht eine durchgehende Individualisierung und damit Zuschreibung von jeglicher Form von Verantwortung. Hier zeigt sich eine veränderte Vorstellung von Gesellschaft, für die das Bekenntnis von Margaret Thatcher, gleichsam als Losung, prototypisch steht: „And, you know, there is no such thing as society. There are individual men and women, and there are families. And no government can do anything except through people, and people must look to themselves first."[52] Diese Gesellschaft benötigt weder Emanzipation, weil es sie – eine Gesellschaft, von der oder innerhalb der Befreiung notwendig wäre – ja gar nicht gibt, noch Solidarität, insofern die wesentliche Aufgabe des Individuums ist, auf das zu schauen, was es zuerst angeht: „ ... and people must look themselves first." Eine dementsprechende Pädagogik muss notwendig beim Einzelnen ansetzen und ihm den Aufbau der Kompetenzen ermöglichen, die erforderlich sind, um auf dem Markt zu bestehen. Dies muss eine Pädagogik des Verhaltens sein, eine Pädagogik der Individualisierung, eine Pädagogik der Verantwortungszuschreibung und dort, wo Interessen zur Stärkung gebündelt werden müssen, eine Pädagogik nicht der Gemeinschaftlichkeit, sondern des Teams. Denn das Team ist die quasi-natürliche Einheit derjenigen, die im Wettbewerb mit anderen stehen.

Aus all dem resultiert der Typus Mensch, der in idealer Weise für diese Fähigkeiten steht, nicht mehr herausragend und nur vereinzelt vorkommend, sondern vielmehr als Standard für die Ökonomie, die die Europäische Union dominiert. Er ist derjenige, der investiert und abhängig von seinen Investitionen, wie wir oben gesehen haben, Erträge erhält. Es ist der Typus des Unternehmers bzw. der Unternehmerin, der am klarsten das verkörpert, was als Zielvorstellung dieser Grundorientierung für lebensbegleitendes Lernen deutlich wird. Deshalb gehören „Eigeninitiative und unternehmerische Kompetenz" zu den Basiskompetenzen des Parlamentsbeschlusses des EU-Parlaments aus dem Jahr 2006, der den grundlegenden Kompetenzen des EU-Idealbürgers die notwendigen Weihen verleiht. Hier der vollständige Wortlaut:

---

52 Dieses Zitat ist aus einem Interview vom 23.09.1987, wiedergegeben in: Woman's Own, October 1987. Später wurde immer wieder darauf hingewiesen, dass dies kein korrektes Zitat sei. Das ist für den Zusammenhang hier unwichtig, da es genau in der gegebenen Form immer wieder öffentlich „zitiert" wurde.

> **„Eigeninitiative und unternehmerische Kompetenz**
> Definition:
> Eigeninitiative und unternehmerische Kompetenz ist die Fähigkeit des Einzelnen, Ideen in die Tat umzusetzen. Dies erfordert Kreativität, Innovation und Risikobereitschaft sowie die Fähigkeit, Projekte zu planen und durchzuführen, um bestimmte Ziele zu erreichen. Unternehmerische Kompetenz hilft dem Einzelnen nicht nur in seinem täglichen Leben zu Hause oder in der Gesellschaft, sondern auch am Arbeitsplatz, sein Arbeitsumfeld bewusst wahrzunehmen und Chancen zu ergreifen; sie ist die Grundlage für die besonderen Fähigkeiten und Kenntnisse, die diejenigen benötigen, die eine gesellschaftliche oder gewerbliche Tätigkeit begründen oder dazu beitragen. Dazu sollte ein Bewusstsein für ethische Werte und die Förderung einer verantwortungsbewussten Unternehmensführung gehören.
> Wesentliche Kenntnisse, Fähigkeiten und Einstellungen im Zusammenhang mit dieser Kompetenz
> Zu den notwendigen Kenntnissen zählt die Fähigkeit, Chancen für persönliche, berufliche und/oder gewerbliche Tätigkeiten zu erkennen, einschließlich der „größeren Zusammenhänge", in denen Menschen leben und arbeiten, sowie ein umfassendes Verständnis der Funktionsweise der Wirtschaft und der Chancen und Herausforderungen, mit denen ein Arbeitgeber oder eine Organisation konfrontiert wird. Der Einzelne sollte sich außerdem der ethischen Stellung von Unternehmen bewusst sein und wissen, wie diese durch fairen Handel oder soziale Unternehmensführung eine Vorbildfunktion ausüben können.
> An Fähigkeiten gefordert ist aktives Projektmanagement (wozu beispielsweise die Fähigkeit zur Planung und Organisation, zum Management, zur Führung und Delegation, Analyse, Kommunikation, Einsatzbesprechung, Beurteilung und Aufzeichnung gehört), erfolgreiches Auftreten und Verhandeln sowie die Fähigkeit, sowohl eigenständig als auch im Team zu arbeiten. Eine wesentliche Kompetenz ist die Fähigkeit zur Einschätzung der eigenen Stärken und Schwächen sowie die Bewertung von Risiken und die Bereitschaft, gegebenenfalls Risiken einzugehen.
> Eine unternehmerische Einstellung ist gekennzeichnet durch Initiative, vorausschauendes Aktivwerden, Unabhängigkeit und Innovation im privaten und gesellschaftlichen Leben sowie im Beruf. Dazu gehört auch Motivation und Entschlossenheit, Ziele, sowohl persönlicher Art als auch gemeinsame Ziele mit anderen, auch bei der Arbeit, zu erreichen."[53]

Schlagwortartig listet der Beschluss die grundlegenden Fähigkeiten auf: „Projektmanagement" und „erfolgreiches Auftreten und Verhandeln", die Einschät-

---

53 A.a.O 394/17f.; dass der Beschluss eine ganze Palette von Kompetenzen aufführt und beschreibt (auch Kultur und Soziales betreffend), muss nicht eigens ausgeführt werden, verweist aber auf den umfassenden Anspruch.

zung von Risiken und die Bereitschaft, diese einzugehen. „Initiative, vorausschauendes Aktivwerden, Unabhängigkeit und Innovation“ sind natürlich unabdingbar. Und es braucht „Motivation und Entschlossenheit, Ziele ... zu erreichen.“ Auf diesem Hintergrund ist für die EU der Kompetenzbegriff zentral. Die Etablierung des Typus „Selbstunternehmer“[54] wird über den Kompetenzbegriff verknüpft mit der europaweiten Möglichkeit der Einordnung von Kompetenzen und Qualifikationen und einer größtmöglichen Durchlässigkeit des Arbeitsmarktes. Dazu dient der „Europäische Qualifikationsrahmen für lebenslanges Lernen“[55] mit acht Kompetenzniveaus, die eine EU-weite Vergleichbarkeit herstellen sollen. Zielvorstellung ist der mobile, lebenslang lernende Arbeitnehmer, der aber als solcher nicht mehr benannt wird, weil er – im Idealfall – selbst zum Unternehmer geworden ist.

Dieser Typus, seine Lebenseinstellung und sein „Geist“, entspricht dem, was für Luc Boltanski und Ève Chiapello 1999 der „neue Geist des Kapitalismus“ ist. Sie untersuchen Managementliteratur und man kann davon ausgehen, dass diese andere Diskurse, auch den Bildungsdiskurs, beeinflusst hat. Auf jeden Fall konnte sie neue Berufsvorstellungen prägen, aus denen im nächsten Schritt Anforderungen an Bildungsprozesse resultierten, die dann in einem Beschluss, wie dem aus dem Jahr 2006, wiederzufinden sind. Die Veränderung der Berufsmoral im 20. Jahrhundert, so Boltanski und Chiapello, stellt an dessen Ende den Begriff der Aktivität in den Vordergrund, „ohne dass zwischen einer persönlichen oder gar spielerischen Aktivität und einer Berufstätigkeit sorgsam unterschieden würde. Etwas in Angriff nehmen, etwas unternehmen, sich verändern sind Begriffe, die gegenüber einer oft mit Tatenlosigkeit gleichgesetzten Stabilität zunehmend positiv bewertet werden.“[56]

Die Kompetenzbeschreibung des Beschlusses beinhaltet all das, was Schule mittlerweile prägt, und steht sowohl für die Vorstellungswelt als auch für die Begrifflichkeiten, innerhalb derer sich Bildung entfaltet. Dabei sollte klar sein,

---

54 Ausführlich hierzu: Bröckling, Das unternehmerische Selbst.

55 Europäische Kommission, Der Europäische Qualifikationsrahmen für lebenslanges Lernen (EQR). In diesem Zusammenhang geht es natürlich auch darum, nichtformales und informelles Lernen zu validieren, wozu es im Jahr 2012 eine EMPFEHLUNG DES RATES gibt.

56 Boltanski/Chiapello, Der neue Geist des Kapitalismus, 209f.

dass nicht jede/r BürgerIn der EU tatsächlich „UnternehmerIn" werden kann. Vielmehr geht es hier um eine Grundhaltung, um eine Lebenseinstellung, die die neoliberale Ausrichtung der Europäischen Union absichert und auch auf einer ideologischen Ebene möglichst unangreifbar macht. Gegenüber der fordistischen Industriegesellschaft, in der es klar erkennbare Klassengegensätze gab, werden diese in der postfordistischen Wissensgesellschaft schon in der schulischen Bildung zunehmend unsichtbar, insofern nun jeder zum Unternehmer seiner ökonomischen Möglichkeiten, seines Lebens und seiner selbst wird und damit gesellschaftliche Gegensätze nicht mehr auf strukturelle Ungerechtigkeiten, sondern auf individuell unterschiedliche Leistungen zurückzuführen sind.[57] Mit dem Begriff „unternehmerische Einstellung" wird die Haltung beschrieben, die hierfür vom Einzelnen gefordert wird bzw. die er sich in einem lebenslangen Lernprozess aneignen soll. Die Kompetenzdefinition von Weinert findet sich vollständig in dieser Kompetenzbeschreibung wieder. Der „unternehmerischen Einstellung" eigen ist die unhinterfragte Anerkennung der gesellschaftlichen Rahmenbedingungen, aus der die spezifische Form einer Problemlösungsstrategie hervorgeht. Probleme und Lösungen werden individualisiert.

Dies lässt sich am Beispiel des Klimawandels gut deutlich machen. Gründe sind aus solch einer Perspektive der zu hohe CO2-Ausstoß einzelner Unternehmen, die Zahl der individuellen Flugreisen oder der persönliche Konsum. Dementsprechend werden als Lösungen die freiwillige Reduktion von CO2 auf der Seite der (einzelnen) UnternehmenInnen und die Änderungen des Konsumverhaltens des Verbrauchers (fairer Handel, Umweltbewusstsein, Sparsamkeit) propagiert. Auch die Realisierung der ethischen Dimension ökonomischen Handelns wird dem einzelnen zugewiesen und zeigt sich, bis hin zur Übernahme einer Vorbildfunktion, in der ethischen Ausrichtung eines Unternehmens, nicht in den ökonomischen Rahmenbedingungen. Damit aber ist der Status quo der Wirklichkeit als Norm gesetzt. Was aber, wenn nicht nur das Handeln einzelner Unternehmen problematisch ist (weil sie die falschen Produkte herstellen, nicht umweltgerecht produzieren, zu geringe Löhne zahlen),

57 David Harvey hatte darauf hingewiesen, dass Neoliberalismus Klassenkampf von oben bedeutet. Wenn nun der/die Einzelne aufgefordert wird zum Selbstunternehmer zu werden, so ist gerade diese Verschleierung ein Moment dieses Klassenkampfes von oben, wie er von Buffet proklamiert wurde.

sondern, wie dies gegenwärtig sogar für ökonomische Laien offenkundig ist und zumindest zu allgemeinem „Unbehagen" führt, Gesellschaften auseinanderdriften, die Schere zwischen Armut und Reichtum größer wird und die ökologischen Grundlagen unseres Zusammenlebens zerstört werden? Wenn also offensichtlich wird, dass hier nicht lediglich ein individuelles Fehlverhalten vorliegt oder eine falsche unternehmerische Einzelentscheidung, sondern eine an unbegrenztem Wachstum orientierte Wirtschaftsweise, ja das kapitalistische Modell selbst zum Problem geworden ist? Genau damit würde der von der EU als Zielvorstellung propagierte Typus des Unternehmers und die ihn hervorbringenden gesellschaftlichen Rahmenbedingungen den Kern des Problems ausmachen. Und die dominant gewordenen Bildungsvorstellungen würden ihren spezifischen Beitrag dazu leisten, das Problem zu verkennen, gerade weil sie den Blick auf ein Ganzes, auf einen gesellschaftlichen Zusammenhang durch eine auf Individualisierung und auf Kompetenzen hin orientierte Bildung geradezu systematisch verstellen würden.

Die neoliberale Europäische Union, ihre Interessenvertreter und Profiteure werden die eingenommenen Positionen nicht ohne Weiteres verlassen. Dies zeigt sich in der Fortsetzung der in den letzten zwanzig Jahren beschrittenen Wege. Im Juni 2016 verabschiedete die EU-Kommission eine „umfassende europäische Kompetenzagenda". Diese „soll gewährleisten, dass Bürgerinnen und Bürger vom frühesten Kindesalter an ein breites Spektrum von Kompetenzen erwerben, so dass das Humankapital Europas optimal genutzt wird, was wiederum Beschäftigungsfähigkeit, Wettbewerbsfähigkeit und Wachstum in Europa fördert."[58] Am Horizont dieser Entwicklung steht, wie könnte es anders sein, das digitale Subjekt als Unternehmer.[59] Sich diesem Programm – der damit verbundenen Sprache, den damit verbundenen Assoziationen und Vorstellungen von Bildung – kritiklos zu unterwerfen, würde aus einer pädagogischen Perspektive, wie Paulo Freire sagt, bedeuten, „unseren Traum" aufzugeben!

---

58 EU-Kommission, Zehn Maßnahmen zur Verbesserung der Kompetenzen der Menschen in Europa, Pressemitteilung 10.06.2016 (http://europa.eu/rapid/press-release_IP-16-2039_de.htm, 27.03.2018).

59 „Zukunft des Lernens: Kommission will digitale Kompetenzen und Unternehmergeist stärker fördern" (https://ec.europa.eu/germany/news/20180117-zukunft-des-lernens_de, 28.02.2018).

2.5 Pädagogischer Alltag: Macht

Wie funktioniert all das im pädagogischen Alltag? Zwei Aspekte sollen beschrieben werden, die in Bildungseinrichtungen auf das Engste miteinander verflochten sind: Individualisierung und Machtausübung.

Viele kennen die Schule noch anders, als sie heute ist. Schule war ein Ort der Disziplinierungen und der äußeren Kontrolle, ein Ort, an dem ganz offen Macht ausgeübt wurde, und zwar in einer direkten und zum Teil sehr unmittelbaren Form: Du hast dies zu lernen, jenes zu tun und wenn nicht, dann gibt es folgende Strafe.[60] Immer wieder gab es Lehrerinnen und Lehrer, die ihre Macht missbrauchten und umschlagen ließen in Formen von Herrschaft und Unterdrückung. Schule war nur selten der Ort der freien Entfaltung des Individuums gemäß seinen Fähigkeiten, Möglichkeiten und Talenten. Die Einflussnahme auf die SchülerInnen erfolgte durch die Anordnung im Klassenraum, über die Vorgaben, was und wie zu lernen sei, und durch disziplinarische Maßnahmen.

Das alles ist nicht mehr so. Bis in die äußeren Formen hinein hat sich das Leben in der Schule verändert. Die Tische im Klassenraum sind in Gruppen angeordnet, der Frontalunterricht ist verpönt und die individuellen SchülerInnen haben ihr eigenes Lerntempo. Im Schulgesetz steht die individuelle Förderung an oberster Stelle. Ja, wenn die Qualitätssicherung die Schule durchforstet und zu viel Frontalunterricht und zu wenig Binnendifferenzierung entdeckt, dann gilt es, nachzubessern und Konzepte zu entwickeln und in Zielvereinbarungen mit der Schulaufsichtsbehörde Besserung zu geloben.

Doch obwohl es deutlich sichtbare Veränderungen gibt, obwohl eine schier unglaubliche Methodenvielfalt in die Schule eingezogen ist, obwohl Beratungsinstrumente zur individuellen Betreuung zur Verfügung stehen und die Vermittlung von lediglich inhaltlichen Wissensbeständen zum erklärten Feind der Schule geworden ist und keinesfalls „träges Wissen" erzeugt werden darf, gibt es Bulimielernen vor den Prüfungen, Erwartungshorizonte vor Klausuren, verschulte Bachelorstudiengänge und Abfragemarathons allerorten: Standardisierungen, wohin das Auge schaut. Und dieser Prozess setzt sich in alle Teile der

60 Vgl. Foucault, Überwachen und Strafen, wo er sich vor allem mit Disziplinartechniken auseinandersetzt.

Gesellschaft über die Dokumentations-, Evaluations- und Bewertungsmaschinerie fort. Tut sich hier nicht ein Widerspruch zwischen Individualisierung und Standardisierung auf?

„Die Mädchen in der Szene sind so individuell, dass sie wieder alle gleich sind in diesem Duell."[61] Dieser Satz aus dem Song eines Berliner Rappers ist interessant, weil er uns zumindest einen Hinweis darauf gibt, wie denn der vermeintliche Widerspruch aufgelöst werden könnte. In der bunten postmodernen Welt ist Individualität ein hohes Gut und dennoch sind wir umgeben von einer Welt der Angleichung, kulturellen Einebnung und Konformität. Folgt man dem Satz des Rappers, ist nicht Individualität das Problem, aus dem eine erschreckende Homogenität (nicht Gleichheit, das ist etwas völlig anderes) entsteht, sondern das von ihr scheinbar nicht mehr zu trennende Duell, der Mechanismus des Vergleichs, in dem wir uns ständig befinden. Die offen sichtbare und allen Kindern von Beginn ihres Schul-, ja Vorschullebens auf unterschiedliche Weise mitgegebene Botschaft lautet: Du befindest dich im Wettbewerb! Und es kann sein, dass deine Individualität im entscheidenden Moment den Ausschlag dafür gibt, dass du es bist. Aber wie vergleicht man Individualität? Wie schafft man es, eine Qualität in eine quantitative Größe umzuformen? In einer durchdigitalisierten Gesellschaft ist das ganz einfach, und wenn nicht wir, dann haben unsere Schülerinnen und Schüler diesen Mechanismus schon längst verinnerlicht: Qualität wird geliked. Wir werden geliked.[62]

Das ist das Offensichtliche. Weniger offensichtlich ist ein Zweites. Der Ort des (Vielfach-)Duells entwickelt einen unsichtbaren Mechanismus, nach dem sich diejenigen richten müssen, die geliked werden wollen. Dieser Mechanismus ist der Horizont der Erwartung derjenigen, die vielleicht bereit sind zu liken. Was hier geschieht, ist eine permanente Einübung und sie ist tatsächlich nicht so weit entfernt von der Schule, an der die „likes" (die hier anders heißen) umso mehr werden, je besser die Erwartungshorizonte erahnt und erfüllt werden können. Individualisierung wird gefeiert und Bildungseinrichtungen nehmen sie für sich als „Fortschritt" in Anspruch. Mit ihr verbindet sich auch

---

61 Die Jungs übrigens auch – das sollte nicht vergessen werden. Prinz Pi, Königin von Kreuzberg, auf dem Album: Rebell ohne Grund (2011).

62 Hierzu auch: Hellgermann, Selbstermächtigung oder Unterwerfung.

die Abkehr von vergangenen Formen der Disziplinierung, die für Schule typisch waren. Dennoch hat Schule sich nicht von Macht, Herrschaft und Disziplinierungen verabschiedet. Allerdings ist es wichtig, die Veränderungen zu verstehen.

Macht ist nichts Schlechtes. Und Lehrerinnen und Lehrer sind tagtäglich mit Macht konfrontiert und zwar in doppelter Weise: insofern sie Macht ausüben und insofern sie Machtmechanismen unterworfen sind. Aber die Funktionsweisen von Macht müssen gerade in der Schule verstanden und durchschaut werden, um sich nicht in den „Maschen der Macht"[63] zu verfangen und um das Zusammenspiel von Neoliberalismus und Macht zu durchschauen.

Wie wäre das möglich? Oder anders gefragt: Was ist Aufklärung?

> „Aufklärung ist der Ausgang des Menschen aus seiner selbst verschuldeten Unmündigkeit. Unmündigkeit ist das Unvermögen, sich seines Verstandes ohne Leitung eines anderen zu bedienen. Selbstverschuldet ist diese Unmündigkeit, wenn die Ursache derselben nicht am Mangel des Verstandes, sondern der Entschließung und des Mutes liegt, sich seiner ohne Leitung eines anderen zu bedienen. Sapere aude! Habe Mut dich deines eigenen Verstandes zu bedienen! ist also der Wahlspruch der Aufklärung."

Das berühmte Zitat von Kant hat immer noch Gültigkeit, auch für die Schule. Aus ihm ließe sich die Kritik am Frontalunterricht begründen und ein leidenschaftliches Plädoyer für selbstorganisiertes Lernen formulieren. Aus ihm ließe sich auch die Notwendigkeit für die Erlangung von Motiven plausibel machen, die gebraucht werden, um in einem pädagogischen Setting Kompetenzen zu erweitern. KonstruktivistInnen könnten Kant in ihre Ahnenreihe einsortieren als denjenigen, der Wissen immer nur als selbst konstruiertes Wissen gelten lässt: Bediene dich deines eigenen Verstandes und der ist nicht wie der all der anderen. Vielleicht ist das alles nicht ganz falsch, aber auf dieser Fährte laufen wir Gefahr, einen Aspekt zu übersehen, der den genannten Deutungsversuchen verborgen bleibt: die Frage der Macht.

Wenn die Bildungspolitik nach dem Paradigmenwechsel all das proklamiert: selbstbestimmtes Lernen, eigene Lernwege, LehrerInnen als LernbegleiterInnen und SchülerInnen, die ihr Wissen eigenständig konstruieren, gibt sie dann

---

63 Foucault, Die Maschen der Macht.

ihre Macht ab zu Gunsten autonomer Prozesse, in denen die Selbstbestimmung zu ihrem ureigensten Recht käme und Freiheit zu dem Begriff würde, dem der (Neo-)Liberalismus seinen klangvollen Namen verdankt? Würde damit die Regierung und Lenkung der Individuen aufgegeben? Wohl kaum. Aber um das zu verstehen, muss man zunächst verstehen, dass und wie sich Macht verändert hat und wie sich die Formen der Regierung der Subjekte und damit die Subjekte selbst verändert haben. Der französische Philosoph Michel Foucault hat hierzu wichtige Hinweise gegeben.

Ende der 70er Jahre des letzten Jahrhunderts war er eingeladen einen Vortrag über Kants „Was ist Aufklärung?“ zu halten. Und er machte zu Beginn seines Vortrags deutlich, dass sein Beitrag, mit dem er meinte, das Anliegen Kants angemessen aufzugreifen, nur lauten könne: Was ist Kritik? Zu ahnen ist an dieser Stelle schon, wie zentral diese Frage für Bildungsprozesse ist. Denn so selbstverständlich das Adjektiv „kritisch“ in schulischen Zusammenhängen ist, so sehr wissen wir, dass damit die Frage Foucaults: Was ist Kritik? nicht ansatzweise zu ihrem Recht kommt. Denn obwohl auch selbstkritisches Verhalten LehrerInnenbasiskompetenz ist, die im Referendariat nach jedem Unterrichtsbesuch eingeübt wird, ist von einer grundlegenden Kritik an den gesellschaftlichen Verhältnissen, mögen sie in Zeiten globaler Finanzkrisen, des bevorstehenden Klimakollapses oder humanitärer Katastrophen im Mittelmeer noch so notwendig sein, in Lehrerzimmern wenig zu spüren. Damit ist nicht gesagt, dass es nicht LehrerInnen gibt, für die die Wahrnehmung dieser Realität auch für den Unterricht leitend ist, wohl aber, dass für Schule als Ganzes und auch für die den Schulen folgenden Universitäten diese kritische Haltung gegenüber der Wirklichkeit nicht tragend ist und sich zunehmend nicht in Lehrplänen wiederfindet. Folgt man Foucault, so könnte dies viel zu tun haben mit einer neuen, sich mehr und mehr durchsetzenden Regierungsform. Insofern ist seine erste und grundlegende Antwort auf die Frage: Was ist Kritik? Nicht dermaßen regiert werden wollen! „‚Wie ist es möglich, daß man nicht derartig, im Namen dieser Prinzipien da, zu solchen Zwecken und mit solchen Verfahren regiert wird – daß man nicht so und nicht dafür und nicht von denen da regiert wird?‘“[64] Wo klangvolle Begriffe neue Formen selbstbestimmten Ler-

64 Foucault, Was ist Kritik, 11f.

nens propagieren, wäre mit Foucault zu fragen, inwiefern hier Macht ausgeübt wird, neue Formen der Macht, die unsichtbarer, zumindest anders sind als die uns offensichtlich erscheinenden, weniger direkt, verborgener und versteckter in Verfahren und Prozeduren, zugleich sehr effektiv und auf das vermeintliche Gegenteil abzielend.

Michel Foucault hat sich in seiner Arbeit durchgehend für Macht interessiert und dabei die Veränderungen von Macht mitbekommen, ja Machtmechanismen aufgespürt, die sich erst nach seinem Tod 1984 deutlicher entfalten sollten. Foucault hat sich für den Neoliberalismus zu einem Zeitpunkt interessiert, als dieser Begriff einer breiten Öffentlichkeit noch unbekannt war. Er hat Macht beobachtet, wie sie sich in spezifischen Zusammenhängen entwickelt hat: in Gefängnissen und anderen Anstalten und in Kontexten, in denen Wissen produziert wird.[65] Und er hat sich immer für Politik interessiert, war politisch aktiv, nicht in Parteien, sondern in außerparlamentarischen Zusammenhängen. Machtsysteme zu verstehen, war für ihn eine zutiefst politische Angelegenheit. Dies muss auch für jede Theorie des Lehrens und Lernens gelten. Wenn sie der Frage der Macht ausweicht, wird sie diese Prozesse nicht verstehen. Sie kann lediglich das durch die gesellschaftlichen Verhältnisse vorgegebene Lehren und Lernen reproduzieren.

Macht und Politik gehören zusammen, auch in Bezug auf die Verflechtungen und handlungsleitenden normativen Vorgaben, die im pädagogischen Kontext selten angemessen reflektiert werden. Für Foucault ist Macht wichtig, weil Machtzusammenhänge Subjekte hervorbringen, die von diesen Machtzusammenhängen, Machtmechanismen, Machtprozeduren nicht loszulösen sind. Dabei, das ist noch einmal zu betonen, ist Macht keine Kategorie, die von vornherein moralisch – und damit negativ – zu bewerten wäre. Macht ist gegeben und ein machtfreier Raum nicht vorstellbar. Gerade PädagogInnen müssen darum wissen.

Das ist umso notwendiger, als die Schule für alle Beteiligten den Eindruck vermittelt, dass Macht sich auf dem Rückzug befindet und Eigenständigkeit, Selbstorganisation und Selbstbestimmung zu den zentralen Kategorien im Lernportfolio der kompetenz- und handlungsorientierten SchülerInnen gewor-

65 Vgl. Foucault, Überwachen und Strafen.

den sind. Aber noch immer werden durch Macht Subjekte geprägt und die Pädagogik muss sich fragen, wie die Subjekte eines neuen Bildungsparadigmas aussehen und wie die entsprechenden pädagogischen Verfahren wirken, auch dann, wenn sie das Gegenteil von dem vermitteln wollen, was sich nachher als ihr Effekt zeigt. Denn gerade weil Macht immer gegeben ist, ist sie doch nie losgelöst von dem Gesamtzusammenhang, in dem sie funktioniert.

Dies soll an einem einfachen Beispiel deutlich gemacht werden: In der Schule gibt es mittlerweile völlig selbstverständlich und alltäglich Gruppenarbeit. Das genauso alltägliche und damit verbundene Problem für LehrerInnen ist die Bewertung und Benotung dieser Gruppenarbeit. Die gleiche Gesamtnote für alle ist ungerecht, für die Faulen in der Gruppe zu gut und für die Fleißigen zu schlecht. Dementsprechend kommen zunehmend Verfahren ins Spiel, die versuchen die Bewertung und Benotung gerecht und transparent zu machen. Und wer, wenn nicht die SchülerInnen selbst, wüsste besser, wer, wie viel, wie intensiv und wie gut zum Gesamtergebnis der Gruppe beigetragen hat? Also kann man ihnen die Gruppengesamtnote als eine Gesamtpunktzahl geben und diese kann im Anschluss in einem transparenten Gruppenprozess gerecht und den Einzelleistungen entsprechend an die GruppenteilnehmerInnen verteilt werden, so dass die Leistungsträger eine Zweiplus, die schwächeren SchülerInnen aber dementsprechend nur ein Ausreichend bekommen. Bezüglich des Verfahrens lassen sich viele methodisch ausgefeilte Varianten ausprobieren und überlegen und dann im anschließenden Feedback mit den SchülerInnen zusammen auswerten. Gerecht und transparent, oder?[66]

Was hierbei gerade nicht gesehen wird, ist, bei aller vermeintlichen Transparenz, die Intransparenz und Verschleierung von Macht. Die bekannte Vergabe von Noten ist ein eindeutiges Verfahren, bei dem zwar nicht immer die Kriterien für die Noten offensichtlich sind, aber die Machtpositionen: LehrerInnen vergeben die Note und im Akt der Benotung liegt ein eindeutiges Machtgefälle vor. In dem vorgestellten Beispiel der Bewertung einer Gruppenarbeit wird genau dieses Machtgefälle verborgen. LehrerInnen werden zu ModeratorInnen eines Verfahrens, das zumindest in seinem offensichtlichsten Teil von den

---

66 Es gibt bei dieser Methode eine interessante Zuspitzung: Wenn man darauf achtet, dass die Gesamtpunktzahl nicht auf alle gleich verteilt werden kann, dann muss eine

SchülerInnen selbst übernommen zu werden scheint. Der Akt der Bewertung wird auf sie verlagert und bei häufigerem Üben verinnerlicht. Unter dem Verweis auf mehr Transparenz wird hier der Baustein für eine spezifische Subjektproduktion geliefert. Dieses Subjekt ist eines, das in jeder Situation im Wettbewerb steht und sich nicht mehr in der Gruppe verstecken kann. Damit wird die Möglichkeit von Solidarität schon im Ansatz unterlaufen. Während eine gute Gruppennote herauszuschinden noch den „Schwächeren" nützte, ohne den besseren SchülerInnen zu schaden, führt der Einsatz für eine gute Note des „Schwachen" nun automatisch zu einer Verschlechterung der „Stärkeren". Und insofern Macht sich so hinter einer gerecht und transparent erscheinenden Benotung verbirgt, erschwert sie das Auffinden möglicher Angriffspunkte für einen an dieser Stelle selbstverständlich gegen LehrerInnen zu richtenden Akt der Emanzipation. Stattdessen verinnerlichen die Subjekte Bewertungsstrategien und Ergebnisse und verurteilen sich selbst.

Foucault gibt Hinweise, wie Macht verstehbar wird, gerade in sich verändernden Zusammenhängen. Das Beispiel der Gruppenarbeit hätte ihm wahrscheinlich gefallen.

Die Ausübung von Macht ist nicht eindeutig, nicht immer deutlich zu erkennen. Es gibt, wie Foucault sagt, die „Maschen der Macht", Netze, in denen man sich verfangen kann, Felder mit Wirkungen auf die Subjekte, nicht immer oder sogar nur selten den sichtbaren Herrscher, der befiehlt und sagt: Tu dies! Wenn du es nicht tust, werde ich dich bestrafen. Um das deutlich zu machen, verwendet Foucault den Begriff Dispositiv: „…ein entschieden heterogenes Ensemble, das Diskurse, Institutionen, architekturale Einrichtungen, reglementierende Entscheidungen, Gesetze, administrative Maßnahmen, wissenschaftliche Aussagen, philosophische, moralische oder philantropische Lehrsätze, kurz: Gesagtes ebensowohl wie Ungesagtes umfasst."[67] Ein Feld also, das um einen bestimmten Begriff kreist, ein bestimmtes Thema, das, worum es in diesem Feld immer wieder geht. Diesem Begriff kommt in dem entsprechenden Feld die zentrale Regulierungsrolle zu. Im Sinne Foucaults ließe sich das Feld der Bildung und Erziehung als solch ein Dispositiv kennzeichnen. LehrerInnen agie-

Differenzierung stattfinden!

67 Foucault, Dispositive der Macht, 119f.

ren in diesem spezifischen Feld, verwenden spezifische Begriffe und wenden Verfahren an, durch die sie immer wieder auf die mit ihnen konfrontierten Subjekte einwirken, aber auch selbst entsprechenden Einwirkungen ausgesetzt sind: Lehrerinnen und Lehrer werden durch all das, was sie tun – aktiv oder passiv –, zu „LehrerInnen". Und dabei ist diese Figur nicht eindeutig festgelegt, sondern formt sich selbst in einer spezifischen historischen Situation aus, steht inmitten eines solchen Machtdispositivs.

Wenn richtig ist, dass wir in einer Zeit der Individualisierung leben, wenn also stimmt, dass spezifische Formen vereinheitlichender Disziplinierungen zumindest in den Hintergrund getreten sind, was auch im Schulalltag erkennbar wird, dann muss gefragt werden, wie denn Machtausübung und Individualisierung zusammenpassen. Liegt hier nicht eine Form vor, die in ihrer Grundstruktur eher gegen die Einwirkungen von Macht immun ist?

Für Foucault gibt es diesen Gegensatz nicht. Um zu erklären, wie Macht individualisierend, vereinzelnd funktioniert, beschreibt er einen Machttypus, der scheinbar keine Rolle mehr spielt, weil die Trägerin dieses Machttypus – die Kirche – in unserer Gesellschaft diese Machtform nicht mehr aufrechterhalten kann, und nennt sie Pastoralmacht. Die Pastoralmacht ist eine „sanfte Macht".[68] Der Pastor ist der „Hirte", der seine „Herde" beaufsichtigt und sich um sie sorgt, und er kennt seine Schafe, jedes einzeln. Ihm wird die Aufgabe zugewiesen, keines verloren zu geben, sich um jedes zu kümmern. Damit er das kann, ist dieses „Kennen" von größter Bedeutung. Der Ort, an dem er sie kennenlernt, genau, bis in ihre tiefsten Geheimnisse hinein: die Beichte. Über Jahrhunderte hinweg war die Beichte der zentrale Ort, an dem der Hirte sich um die Seele seiner Schafe kümmern konnte, sie ausgeforscht und durch das Kennen auf sie eingewirkt hat. In der Beichte wurde Besserung gelobt und wurden Maßnahmen der Veränderung vereinbart. Dies geschah immer fernab von allen anderen nur zwischen dem Hirten und dem zu diesem Zweck aus der Herde herausgegriffenen Einzelnen.

Was Foucault nun behauptet, ist, dass die Pastoralmacht, die sich über die Jahrhunderte hinweg bewährt hat, nicht verschwunden ist, sondern an anderen Orten außerhalb der Kirche noch immer funktioniert, ja sogar typisch ge-

---

68 Hierzu vor allem: Steinkamp, Die sanfte Macht der Hirten.

worden ist für das Funktionieren unserer (post)modernen Gesellschaften. Die Pastoralmacht ist als spezifische Machtform „säkularisiert" worden und findet sich wieder in den verschiedensten Einrichtungen und Organisationen, von der Sozialarbeit bis hin zu modernen Unternehmen. Der Pastor hat ein säkulares Pendant bekommen; PsychotherapeutInnen, BeraterInnen, Coaches und auch die LehrerInnen bekommen diese zusätzliche Rolle gegenüber ihren „Schäfchen" zugewiesen, denn die Schule ist eine dieser Institutionen, in der die Pastoralmacht beerbt werden konnte.[69]

Diese Machtform ist deshalb so geeignet, weil sie eine individualisierende Macht ist, weil die Ausübung von Macht geradezu in dieser Individualisierung wohnt. Die tatsächliche oder vermeintliche Sorge um den Einzelnen wird zum zentralen Motiv: Lenkung und Leitung durch Individualisierung, genau das kennen wir aus der Schule. Zentrale Veränderungsansätze umkreisen diesen Aspekt, individuelle Förderung und differenzierende Maßnahmen zeigen, ob die LehrerInnen ihr Handwerk verstehen. Dabei wird zunehmend die Form des Unterrichts als eine ideale angesehen, in der LehrerInnen kaum mehr in Erscheinung treten und der Unterricht durch kluge Lehr-Lernarrangements von selbst läuft. Der Ort der direkten Einwirkung auf die SchülerInnen findet eher in Beratungsgesprächen statt, in denen individuelle Lernzuwächse festgestellt, Hindernisse diagnostiziert und neue Maßnahmen definiert werden. Und dies muss selbstverständlich aufwendig dokumentiert werden.

Es gibt eine erstaunliche, bis ins Äußere hinein sichtbare Parallele zur Beichte vergangener Tage: den Beichtspiegel. Vielleicht erinnern sich ältere LeserInnen noch an dieses Instrument aus katholischen Jugendtagen. Der Beichtspiegel war ein kleiner Katalog, eine Art „Abhakliste", mit dem man sich auf die Beichte vorbereiten konnte und mit Hilfe von Vorgaben möglicher Sünden und Verfehlungen sein Gewissen überprüfen konnte, bevor man dieses rituali-

---

69 Dies korrespondiert mit dem Hinweis Althussers: „Aus diesem Grunde halten wir es für gerechtfertigt, die folgende These vorzubringen, trotz aller damit verbundenen Risiken. Wir glauben, dass der schulische ideologische Staatsapparat derjenige ideologische Staatsapparat ist, der in den reifen kapitalistischen Formationen eine beherrschende Position einnimmt – als Ergebnis eines gewalttätigen politischen und ideologischen Klassenkampfes gegen den früheren [die Kirche] beherrschenden ideologischen Staatsapparat." (Althusser, Ideologie und ideologische Staatsapparate, 65).

siert mit dem Beichtvater besprach. Die Überprüfungslisten und Evaluierungsinstrumente in der Schule – für Schüler und Schülerinnen, aber ebenso beliebt für ReferendarInnen – haben oftmals genau diese Form und dienen der Vorbereitung solcher Gespräche.

In Anlehnung an Foucaults Bild der Pastoralmacht als einer individualisierenden, das Individuum lenkenden und leitenden Macht lassen sich genug Beispiele dafür finden, wie diese zum Einsatz kommt: Fördern und Fordern in der Arbeitsagentur, Beratungsgespräche in der LehrerInnenausbildung, Zielvereinbarungen im Personalgespräch. Dieses Instrument ist zu einem Standardinstrument der „Menschenführung" geworden. Dabei ist es wichtig, sich klarzumachen, dass die Zielvorstellung des Selbstunternehmers gerade nicht im Gegensatz dazu steht. Allein der Versuch, Menschen aus der Arbeitslosigkeit direkt in die Selbstständigkeit zu führen, macht dies deutlich. Schule bereitet auf all das vor. Und: Schule erzieht die Subjekte, die gelernt haben, sich immer wieder dieser Machtform zu unterwerfen.

Wie tut sie das? Wo setzt eine individualisierende Macht an und warum funktioniert das so gut? Warum kann die Eröffnung neuer Möglichkeiten zu einer Einengung werden? Oder ganz konkret: Warum führt die Bereitstellung eines Lehr-Lernarrangements so selten zu der – zumindest von manchen – erhofften Befreiung des Lernens, sondern eher zu einer Verinnerlichung der von außen vorgegebenen Erwartungen?

Hierzu eine kleine Geschichte: „Da es dem König aber wenig gefiel, dass sein Sohn, die kontrollierten Straßen verlassend, sich querfeldein herumtrieb, um sich selbst ein Urteil über die Welt zu bilden, schenkte er ihm Wagen und Pferd. ‚Nun brauchst du nicht mehr zu Fuß zu gehen', waren seine Worte. ‚Nun darfst du es nicht mehr', war deren Sinn. ‚Nun kannst du es nicht mehr', deren Wirkung."[70]

Wer ist der König? Die Lehrerinnen und Lehrer? Aber der König ist immer das Zentrum der Macht. Und doch sind LehrerInnen an der Funktion „König" beteiligt, auch wenn im Sinne Foucaults ein Zentrum so nicht mehr gegeben ist. In der Schule stellen sie Wagen und Pferd zur Verfügung. Die SchülerInnen verlernen zwar schon in anderen Zusammenhängen das Querfeldeinherumtreiben,

---

70 Anders: Die Antiquiertheit des Menschen, 97.

sie kommen schon mit viel „Wagen und Pferd“ zur Schule. Ihnen sind bereits viele Dinge zuteilgeworden, die ihr Verhalten normieren und ihre Erfahrungen vorstrukturieren: Fahrzeuge, Computerspiele, Fernsehprogramme ... Das stimmt sicherlich. Aber die Schule sollte nicht für sich in Anspruch nehmen, sich im Gegensatz hierzu zu befinden. Auch sie stellt Wagen und Pferd bereit und eröffnet nur selten ein tatsächliches Herumtreiben. Sie steht – um es mit Foucault zu sagen – inmitten eines Macht-Dispositivs. Die Geschichte verdeutlicht sehr anschaulich die Funktionsweise dieses Macht-Dispositivs. In ihr gibt es drei Schritte, die aufeinander folgen. Dem Königssohn wird eine Möglichkeit bereitgestellt, die an sein Begehren[71] anschließt. Die Inanspruchnahme dieser zur Verfügung gestellten Form hat eine Wirkung, die auf eine elegante und wenig durchschaubare Weise zur Akzeptanz eines Verbotes wird, ohne dass das Verbot je ausgesprochen werden muss. Der König/die Macht muss nicht mehr sagen: Du darfst nicht die kontrollierten Straßen verlassen, dich herumtreiben und dir ein eigenständiges Urteil über die Welt bilden. Es genügt die Bereitstellung einer besser erscheinenden Form-Möglichkeit. Auf dem Hintergrund der Kompetenzdefinition von Weinert ließe sich sagen, dass die Geschichte Schule als eine Einrichtung der Kompetenzvermittlung beschreibt und nicht als einen Ort der Übernahme von Inhalten. Sie enthält sogar die Notwendigkeit eines Motivs und den Anschluss an eben dieses, um ein spezifisches Verhalten zur Lösung eines Problems zu erlernen.

Man könnte den Eindruck bekommen, wir befänden uns in einer Individualisierungsfalle![72] Wenn im Folgenden von den Problemen einer fortschreitenden Individualisierung gesprochen wird, so ist es wichtig, deutlich zu machen, dass damit nicht individuelle Freiheitsgewinne in Frage gestellt werden sollen. Im Gegenteil! Diese laufen sogar Gefahr, verloren zu gehen, gewissermaßen durch die Individualisierungsfalle eingefangen zu werden. Ebenso werden durch die Individualisierung die vielfältigen neuen Formen vermeintlicher Gemeinschaft grundlegend strukturiert. Foucault gibt uns die Möglichkeit, genauer zu werden und zu erklären, warum und wie diese Individualisierungs-

---

71 Das Begehren kommt in diesem Text zu kurz. Ihm müsste für die Fragen des Lernens eine viel größere Aufmerksamkeit geschenkt werden. Dass das Begehren für das Lernen konstitutiv ist, sollte intuitiv einleuchtend sein.

72 Vgl. Hellgermann, In der Falle der Individualisierung.

falle zuschnappt. Oder anders formuliert: Was macht im Kern eine individualisierende Macht aus?

Kommen wir kurz auf die Pastoralmacht zurück. Foucault macht an ihrem Beispiel klar, inwiefern sie eine besondere Form der Macht ist, die sich von der Macht eines Herrschers unterscheidet: Sie ist die sich um das Heil der Herde sorgende Macht des Hirten. Sie sollte ursprünglich, im christlichen Kontext, „das Seelenheil des Einzelnen im Jenseits sichern"[73]. Der Hirte kümmert sich – in Anlehnung an das Bild des Neuen Testaments – nicht (nur) um das Wohl der ganzen Herde, sondern um das Wohl bzw. Heil eines jeden einzelnen Schafes, also „um jeden Einzelnen, und das sein Leben lang."[74] Diese Machtform lässt sich „nur ausüben, wenn man weiß, was in den Köpfen der Menschen vor sich geht, wenn man ihre Seele erforscht, wenn man sie zwingt, ihre intimsten Geheimnisse preiszugeben. Sie setzt voraus, dass man das Bewusstsein des Einzelnen kennt und zu lenken vermag."[75] Und insofern ist sie „individualisierend", eine Form der Lenkung, die nicht unmittelbar auf das Subjekt und seine direkte Unterwerfung, sondern auf sein Handeln zielt.

Dies hilft zu verstehen, wie die scheinbar offeneren Lernformen mit dem Phänomen der Machtausübung und Lenkung verwoben sind. Das Entscheidende ist, dass hier eine Machttechnik bereitsteht, die vielfältig verwendbar ist. Die ehemals auf das Jenseits ausgerichtete Pastoralmacht kreist nun um das Heil des Menschen im Diesseits und damit um das Subjekt. Wie, das wird in der kleinen Geschichte von Günther Anders deutlich. Der König schenkt dem Königssohn Pferd und Wagen, damit er nicht mehr zu Fuß zu gehen braucht. Hier sind die beiden Elemente der Sorge und der Individualisierung enthalten, die sich als Lenkung und damit Produktion einer bestimmten Subjektivität zeigen.

Hier eine kurze Passage, in der Michel Foucault präzise beschreibt, wie Machtbeziehungen funktionieren, die anders als direkte Gewaltmaßnahmen oder Herrschaftsformen, die vorschreibend oder unterbindend sind, immer auf das mögliche Handeln von Menschen ausgerichtet sind.[76]

---

73 Foucault, Subjekt und Macht, 88.

74 Ebd.

75 Ebd. 89.

76 Wenn man nach Chile zurückschaut, so kann man sehen, wie sich die Formen der Machtausübung verändert haben: Durch den von den USA initiierten Putsch gegen All-

> „In Wirklichkeit sind Machtbeziehungen definiert durch eine Form von Handeln, die nicht direkt und unmittelbar auf andere, sondern auf deren Form von Handeln einwirkt. Eine handelnde Einwirkung auf Handeln, auf mögliches oder tatsächliches, zukünftiges oder gegenwärtiges Handeln. Gewaltbeziehungen wirken auf Körper und Dinge ein. Sie zwingen, beugen, brechen, zerstören. Sie schneiden alle Möglichkeiten ab. Sie kennen als Gegenpol nur die Passivität, und wenn sie auf Widerstand stoßen, haben sie keine andere Wahl als den Versuch, ihn zu brechen. Machtbeziehungen beruhen dagegen auf zwei Elementen, die unerlässlich sind, damit man von Machtbeziehungen sprechen kann: der ‚Andere' (auf den Macht ausgeübt wird) muss durchgängig und bis ans Ende als handelndes Subjekt anerkannt werden. Und vor den Machtbeziehungen muss sich ein ganzes Feld möglicher Antworten, Reaktionen, Wirkungen und Erfindungen öffnen."[77]

Anders gesagt: Macht gibt, um auf Handeln und Verhalten einzuwirken, immer einen Raum vor, in dem ein bestimmtes Subjekt entsteht. Damit lässt sich mit Blick auf die Schule vieles verstehen. Die direktive Vorgabe: Erfülle folgenden Arbeitsauftrag, lerne die Vokabeln auswendig, lies jenen Text, wird abgelöst durch ein sinnvolles Handeln, das sich aus einer Situation ergibt: Die Lehr-Lernsituation strukturiert den Handlungsraum durch die Zur-Verfügung-Stellung. In der Geschichte vom Königssohn sind Pferd und Wagen natürlich Teil eines Machtzusammenhangs. Denn hier geschieht die „handelnde Einwirkung auf Handeln", die Foucault benannt hat. Der König stellt seinem Sohn einen Handlungsraum zur Verfügung, ein neues Lernfeld, in dem bestimmte Verhaltensweisen vorstrukturiert, aber andere vernachlässigt werden. Dabei ist die Situation – und das ist entscheidend – so gewählt, dass sie als Ganzes nicht in den Blick kommen kann!

---

endes Regierung wurde Chile zu der brutalen Militärdiktatur, in der alle direkten Formen von Herrschaft, Gewalt und Unterdrückung eingesetzt wurden. Im Schatten dieser Machtformen wurde der Neoliberalismus eingeführt und als dieser fest im Sattel saß, war die Rückkehr zur „marktkonformen Demokratie" – dieser Begriff ist in letzter Zeit durch Angela Merkel prominent geworden – , nachdem sich neue Machtformen etablieren konnten, möglich. Westlich-parlamentarische Demokratien konnten andere Übergangsformen zur marktkonformen Demokratie entwickeln, da sie nicht, wie in Chile, mit einer demokratisch gewählten sozialistischen Regierung konfrontiert wurden. Wesentliche Schritte auf diesem Weg in Westeuropa wurden durch sozialdemokratische Regierungen durchgesetzt.

77 Foucault, Subjekt und Macht, 96.

Nun wird auch deutlich, wozu die Standardisierungen, die in den unterschiedlichsten Formen in Bildungszusammenhänge eingebracht worden sind, in der Schule gebraucht werden: Ähnlich dem oben genannten Beichtspiegel sind Standardisierungen die entscheidende Kontrollinstanz in Bezug auf das Handeln, weil nur mit ihnen überprüft werden kann, ob „richtig" gehandelt wurde. Und sie sind zugleich der Hinweis auf das Misstrauen gegenüber wirklicher Individualität und wirklicher Heterogenität, die möglicherweise doch zu „falschem" Handeln führen könnten. Darüber hinaus sind sie der Garant und Indikator für die Marktförmigkeit der erworbenen Qualifikationen und Kompetenzen. Aus ihnen ergibt sich die Möglichkeit des Vergleichens und Bewertens, der zentralen Prozedur einer als Markt und durch Wettbewerb strukturierten Gesellschaft.[78]

2.6 „Aber kooperatives Lernen ist doch erst mal nichts Schlechtes!?"[79]

So wenig sich in der Schule zu verändern scheint, so sehr unterliegt sie einem permanenten Reformdruck. Immer wieder gibt es neue Vorschläge, Maßnahmen, Anforderungen und Umstrukturierungen, die mit zentralen, in den Vordergrund gerückten Begriffen korrespondieren: von Schulzeitveränderungen über individuelle Förderung, Inklusion, offenem Ganztag bis hin zu innovativen Ansätzen für den Unterrichtsalltag.

Wie kommt in dieser Gemengelage das Neue in die Schule? Eine Möglichkeit: die Methode. Die Methode ist die nachvollziehbare, erlernbare und über-

78 Um Macht in Bildungszusammenhängen zu verstehen, ist die Auseinandersetzung mit Foucault sehr sinnvoll. Deshalb bekommt er in diesem Text viel Raum. Darüber hinaus – und als Problemanzeige – wäre eine weitere kritische Auseinandersetzung mit seinem Konzept der Selbstsorge und der Frage, inwiefern er so selbst einer durchaus problematischen Form der Individualisierung Vorschub geleistet hat, notwendig.

79 An dieser Stelle könnte irgendeine „Lernmethode" stehen. Manchmal ließe sich der Eindruck gewinnen, dass sie in der Schule wechseln wie Moden. Insofern steht das „Kooperative Lernen" stellvertretend und eine spätere Lektüre kann den Begriff durch einen anderen austauschen. (Beispielhaft für den Versuch, die „Passung zwischen dem angestrebten Kompetenzerwerb und der gewählten Methode" (S. 32) herzustellen: Ziener/Kessler, Kompetenzorientiert unterrichten, besonders S. 9-33)

prüfbare Konkretisierung. Was wird dazu gebraucht? Ein konkretes Beispiel, eine Person, die Sympathieträger ist und für die Methode steht, eine Schule, die es ausprobiert hat, eine Bertelsmannstiftung, die einen Schulpreis für Innovation vergibt, ein Journalist, der einen Film macht und für die weitere Medienanbindung sorgt, Institutsgründungen, die zur Verbreitung dienen, Tagungen, ein Buch, Schulen, die sich der Methode in besonderem Maße verpflichtet fühlen und vielleicht sogar den Namen der Galionsfigur übernehmen, Bezirksregierungen, die die Methode in besonderem Maße in die Fortbildungen aufnehmen, Multiplikatoren, die in Schulen für die Implementierung anlässlich pädagogischer Arbeitstage sorgen, LehrerInnen, die die Methode ausprobieren und ReferendarInnen, die sie durch die Beratung ihrer SeminarleiterInnen im nächsten Unterrichtsentwurf aufgreifen. Und natürlich ein klangvoller Name, der anschlussfähig ist, plausibel und zugleich Innovatives verspricht, so dass man gar nicht anders kann, als zu sagen: „Das ist doch erstmal nichts Schlechtes!“

All das gilt für die Methode des „Kooperativen Lernens“, die in einem Zyklus von ca. zwanzig Jahren in den Schulen etabliert wurde und im Jahr 2018 langsam aus dem Fokus gerät. Sie hat eine Banalität versprochen, dass nämlich die Kooperation ein wichtiges Moment des Lernens ist, und diese mit handhabbaren Schritten verbunden, so dass sich daran zu orientieren möglich ist. Ausgangspunkt war der Schulpreis an einen kanadischen Schulbezirk auf den alle weiteren oben beschriebenen Schritte folgten.[80] Das Kooperative Lernen mag hier und da die Unterrichtsqualität verbessert haben, aber was es noch geschafft hat, war, sich mit den entscheidenden Fragen von Schule und Bildung nicht auseinanderzusetzen und insofern sind all diese innovativen Ansätze immer auch: Ablenkungsmanöver!

Um zu verstehen, wie diese Prozesse funktionieren, sind zwei Aspekte wichtig. Zum einen die Akteure und Instanzen, zum anderen spielen Sprache und tragfähige Begriffe, über die Reformen und Innovationen transportiert werden, eine große Rolle. Wenn in der Schule der Satz gesagt wird „Wir können uns das ja mal anschauen, die guten Sachen machen und das Schlechte lassen“, dann ist

80 Vgl. Green/Green, Kooperatives Lernen; ergänzend die Seiten der Green-Institute: http://wordpress.green-institut-rhein-ruhr.de/ oder http://greeninstitut.squarespace.com/; auch der Methodenpool der Uni Köln, der von Kersten Reich betrieben wird; hier: http://methodenpool.uni-koeln.de/koopunterricht/ger_the_difference.pdf

ein wichtiger Schritt geschafft. Wie der Anfang des Kapitels und das Beispiel Chile gezeigt hat, gibt es einen Typus, der zu einer entscheidenden Vermittlungsinstanz geworden ist: den Berater (für Bildungszusammenhänge präziser: die Beratungsfunktion). Beratung hat auf allen Ebenen – von der unmittelbaren Arbeit der LehrerInnen über die Fortbildungen bis hin zur Implementierung neuer Lehrpläne – einen deutlich höheren Stellenwert bekommen. Das korrespondiert mit der Rolle von Beratung in gesamtgesellschaftlichen Veränderungsprozessen. Werden Prozesse initiiert, dann werden sie durch Beratungsfunktionen gesteuert. Dabei steht diese Beratungsfunktion im Schatten, positioniert sich nicht im Vordergrund. Der Berater ist der Spezialist, der sich mit einer bestimmten Sache auskennt und der, weil er von außen kommt, einen „ganz neuen, frischen Blick" auf die zu beratende Einrichtung, die Schule, das System werfen kann. Im Zuge von Liberalisierung, Deregulierung und Privatisierung hat der Berater den Vorteil, genau diesen drei Vorgaben zu entsprechen. Er scheint nicht mehr derart an Direktiven gebunden zu sein und eröffnet selbstständigen Schulen einen vermeintlich größeren Handlungsspielraum. Es sind Beratungsbüros, selbstständige Coaches und professionelle EinzelunternehmerInnen sowie die großen Akteure in der Bildungsberatung, die diese Aufgaben in der Schule an sich ziehen und im Hintergrund nicht sofort klar erkennbar sind. Manchmal haben sie nur die Fortbildungskonzepte entwickelt, die dann auf unterschiedlichen Wegen in die Schulen kommen, so zum Beispiel vermittelt über die Fortbildungen der SchulleiterInnen.[81]

Nur ein Beispiel: 2010 gibt es eine bemerkenswerte Studie der Universität Bielefeld über die Möglichkeiten von Beratung in Schule.[82] Ihre Zielsetzung ist nicht die Frage: Wie funktioniert Beratung, die von außerhalb kommt, in der Schule?, sondern: Was können wir tun, um in Schulen die Möglichkeiten für externe Beratung zu vergrößern? Dabei wird davon ausgegangen, dass Schule sich mit solch einem Instrument weiterentwickelt. „Zwar wird der Erfolg von Schulentwicklungsaktivitäten bei einer fehlenden Einbeziehung externer Unterstützer nicht per se in Abrede gestellt, die Wirkungen seien aber nicht so in-

81 Aktuell in NRW z.B. über die Auswahlverfahren, Assassements für angehende SchulleiterInnen.

82 Dedering/Goecke/Rauh, Externe Schulentwicklungsberatung in Nordrhein-Westfalen.

tensiv und effektiv ... Projekte mit hohen Leistungs- und Qualitätsansprüchen kämen – so der Experte aus der externen Unternehmensberatung – in der Regel nicht ohne externe Berater aus ...“[83] Und ein anderer Experte weiß, was man tun muss, um die Entwicklung in die richtige Richtung zu lenken. „Nach Meinung eines Befragten würden Schulen dann in größerem Maße auf Beratungsbedarfe stoßen, wenn sie sich der Anforderung, eigenverantwortlich zu handeln, stärker stellten ... Wenn sie dann Gelegenheit hätten, Beratungsangebote wahrzunehmen, würde sich der Stellenwert von Beratung noch einmal deutlich erhöhen: ‚Dann würde dem Feld richtig Tür und Tor zu öffnen sein.‘“[84] Die Formulierung dieses „Experten“ – der übrigens nicht Unternehmensberater ist, sondern aus der Schulaufsicht kommt – bestätigt Foucaults Machtanalyse: Lenkung durch Individualisierung geschieht durch die Zur-Verfügung-Stellung eines eigenverantwortlich wahrzunehmenden Handlungsraumes, in dem eine entsprechende Möglichkeit bereitgestellt wird.

Das Beispiel zeigt noch etwas anderes: Wenn immer mehr Unternehmensberater in die Schulen drängen, so hat dieser angestoßene Gesamtprozess den Effekt, dass auch die nicht privatwirtschaftlich agierenden Berater sich diesen Beratungstypus zum Vorbild nehmen und mehr und mehr, auch wenn sie Beamte der Bezirksregierung sind, wie Unternehmensberater agieren. Der vom Europäischen Parlament propagierte Idealtypus – der Unternehmer – wird somit nicht nur über die Zielsetzung der unternehmerischen Kompetenz vermittelt, sondern bietet sich auch als Ideal für die unterschiedlichsten Organisationsformen durch universitäre Untersuchungen an: Alle sozialen Einrichtungen, Institutionen und Organisationen müssen, wollen sie effizient, leistungs-, zielorientiert und erfolgreich sein, wie ein Unternehmen strukturiert und geführt werden. Natürlich auch die Schule!

Übrigens: Die als Beispiel angeführte Untersuchung der Universität Bielefeld wurde in der erziehungswissenschaftlichen und nicht wirtschaftswissenschaftlichen Fakultät durchgeführt. Und sie entstand in enger Zusammenarbeit mit der Bertelsmannstiftung.[85]

---

83 Ebd. 50f.

84 Ebd. 52.

85 Die Bertelsmannstiftung bekommt in diesem Text neben diesem Hinweis nur wenig Aufmerksamkeit, insofern genug Material vorliegt, aus dem hervorgeht, wie sie

Beratung ist ein zentrales Instrument im Veränderungsprozess von Schule und Bildung. Und begleitet wird sie durch eine neue Sprache, neue Begriffe, die einen wesentlichen Beitrag zur Lenkung und Steuerung der Prozesse leisten. Instrumente und damit verbundene Begriffe sind oft bekannt aus den betriebswirtschaftlichen Fakultäten und Beratungsunternehmen. Wenn die Schule wie ein Unternehmen funktionieren soll, dann sind auch „Management-Tools" die richtigen Werkzeuge, um die entsprechenden Prozesse einzuleiten, zu unterstützen und zu steuern. Und zugleich dienen diese dazu, durch ihren Gebrauch, durch ihre Sprache und die damit verbundenen Selbstverständlichkeiten, die sich im Schulalltag immer wieder etablieren, Schulen immer mehr zu Unternehmen zu machen.

Das ist nicht besonders neu und bekannt aus allen Arbeitsfeldern im Sozialen agierender Organisationen: dem Gesundheitswesen und der Altenpflege, der Sozialarbeit und vielen anderen Bereichen der Fürsorge, aber auch aus dem Umweltbereich. Ein erster Schritt ist so banal wie effektiv. Einem bestimmten Bereich wird der Begriff „Management" hinzugefügt. Man studiert nun Gesundheits- und Pflegemanagement, betreibt Umweltmanagement oder Sozialmanagement. Damit ist Entscheidendes geleistet und die Zweck-Mittel-Relation steht im Zentrum der Auseinandersetzung. Der Einsatz der Mittel kann als Investition angesehen werden, deren Ziel es ist, das Ausgangskapital zu vergrößern. Das Beispiel, wie den SchülerInnen der Münsterländer Schule die Notwendigkeit von Allgemeinbildung verdeutlicht wurde – als Investition in die Erhöhung der Chancen einen Ausbildungsplatz zu ergattern – macht diese Denkweise deutlich. Die betriebswirtschaftliche Betrachtungsweise wird als die nicht zu hinterfragende, quasi-natürliche und allen Entscheidungen und Orientierungen zu Grunde liegende angesehen. In schulischen Zusammenhängen wird das daran erkennbar, dass viele Entscheidungen innerhalb der Schule nicht pädagogisch begründet werden.

Bezugspunkt der eingesetzten Instrumente ist das Qualitätsmanagement: Qualitätsanalysen müssen erhoben und Qualitätssicherung muss gewährleis-

---

arbeitet und welche verheerenden Auswirkungen ihre Arbeit auf die bundesrepublikanische Bildungslandschaft hat: Bertelsmann stellt ein Instrument zur Verfügung und die Schulen reagieren im Verein mit Städten und Bezirksregierungen – zum Beispiel SEIS (Selbstevaluation in Schule).

tet sein. Eine ständige und fortlaufende Verbesserung sollte das Ziel einer jeden Schule sein. „Schule weiterentwickeln“ nennt man das. Natürlich geht nichts ohne Evaluation. Und es werden, nachdem neue Mängel erkannt wurden, neue Ziele definiert und neue Maßnahmen ergriffen. Die Zielvereinbarung zwischen Schule und Bezirksregierung, mit einzelnen LehrerInnen und zwischen ReferendarInnen und SeminarleiterInnen, ist das Mittel der Wahl, um dafür zu sorgen, dass die Veränderungsprozesse tatsächlich beim entsprechenden Akteur ankommen. Sie ist zugleich – wie von Foucault beschrieben – ein entscheidendes Machtinstrument der säkularisierten Pastoralmacht. All das muss, wie in allen anderen Bereichen, in denen Qualitätsmanagementsysteme angekommen sind, angemessen dokumentiert werden.

Im Anschluss an Foucault verwendet Gilles Deleuze einen Begriff, mit dem er diese Funktionsweisen zusammenfasst. Er spricht von den „Kontrollgesellschaften“. Foucault kannte noch die Disziplinargesellschaft und die ihr entsprechende Schulform, die heute überwunden scheint. Im Übergang konnte er feststellen, dass Macht und Machtausübungen sich veränderten. Damit verbunden sind andere Formen der Unterwerfung, für die Deleuze den Begriff „Kontrolle“ verwendet. Trifft er damit nicht genau die permanente und durchdringende Form, die auch in der Schule zu finden ist?

> „Eine Reform nach der anderen wird von den zuständigen Ministern für notwendig erklärt: Schulreform, Industriereform, Krankenhausreform, Armeereform, Gefängnisreform. ... Die Kontrollgesellschaften sind dabei, die Disziplinargesellschaften abzulösen. ‚Kontrolle‘ ist der Name, den Burroughs vorschlägt, um das neue Monster zu bezeichnen, in dem Foucault unsere nahe Zukunft erkennt. Auch Paul Virilio analysiert permanent die ultra-schnellen Kontrollformen mit freiheitlichem Aussehen, die die alten ... Disziplinierungen ersetzen.“[86]

Für all diese neuen Instrumente und Kontrollmechanismen gibt es immer einen Begründungszusammenhang, der da lautet: Wir stehen im Wettbewerb! StudentInnen um begehrte Masterstudiengänge, ReferendarInnen auf der Suche nach einem Arbeitsplatz, Schulen untereinander und in Konkurrenz mit privaten Anbietern, die Länder der europäischen Union untereinander und mit der internationalen Konkurrenz, zum Beispiel aus Asien. Die unsichtbare Hand des

86 Deleuze, Postskriptum über die Kontrollgesellschaften.

Marktes ist – wie überall – der „metaphysische" Überbau, der zu einer besseren Bildung führen soll. Und die Öffnung der Märkte, die Privatisierung aller sozialen Bereiche – so die Losung seit den 1990er Jahren – wird diesen Wettbewerb vorantreiben![87]

Wenn so ökonomisches Denken in Bildungszusammenhänge drängt oder genauer: Bildung grundlegend strukturiert, dann muss man sich klarmachen, dass diesem ökonomisch regulierten Prozess zugleich eine starke Integrationsfähigkeit zu eigen ist. In ihn können eine Vielzahl von pädagogischen Ansätzen und Bemühungen einfließen, ohne dass sie aus ideologischen Gründen ausgeschlossen werden müssten. Die Auseinandersetzung um die Gesamtschule ist ein typisches Beispiel hierfür. Waren die Fronten in den 1970er Jahren scheinbar ideologisch geprägt – „linke" Bildungspolitiker argumentierten gegen ihre konservativen Kollegen für eine Gesamtschule und forderten Chancengleichheit für ArbeiterInnenkinder – so verlaufen sie nun anders. Deutschland, so heißt es, könne sich auf Dauer diese Form von Aussortierung potentieller Arbeitskräfte bei steigenden Anforderungen nicht mehr leisten. Und die OECD als Wirtschaftsorganisation gibt hier seit Jahren argumentative Nachhilfe. Bildung, die eine Investition ist und Humankapital darstellt, muss sich alle zur Verfügung stehenden Ressourcen nutzbar machen.[88]

In diesem Zusammenhang ist es noch immer lohnenswert, sich den vieldiskutierten Film „Treibhäuser der Zukunft" aus dem Jahr 2004 anzuschauen. Dieser Film hat seit seinem Erscheinen mit seinen „Leuchtturmprojekten" eine nicht unerhebliche Rolle für die Diskussionen um eine andere Schule gespielt.

---

87 Zeitgleich läuft dieser Prozess natürlich in allen öffentlichen Bereichen, in den Kommunen vermittelt über das Neue Steuerungsmodell (New Public Management), über das der kommunale Bildungs- und Fürsorgebereich (KiTa, Jugendämter, Soziale Arbeit etc.) genauso durchdrungen worden ist.

88 Natürlich soll das auch für Geflüchtete gelten. Auch sie sind – aus der Sicht vor allem neoliberaler Ökonomen – Humankapital, woraus diese keinen Hehl machen. Stellvertretend hier Klaus F. Zimmermann (Volkswirt, Universitätsprofessor, Berater EU, Weltbank, Mitarbeit DIW …), der schon 2013, also deutlich vor dem Beginn der sog. „Flüchtlingskrise", darauf hingewiesen hat, wie aus einer Managerperspektive mit dem Problem umzugehen sei: „ … wir stehen international in einem harten Wettbewerb um die ‚high potentials' … Diese Verschwendung von Humankapital können wir uns dauerhaft nicht leisten." Und er weiß auch, wie man an das beste Humankapital kommt: „Integration und Selektion müssen deshalb künftig in unserer Zukunftsstrategie Hand in Hand gehen."

In ihm werden Schulen vorgestellt, die als vorbildlich gelten und denen durch entsprechende Schulpreise die angemessene Position im Gesamtwettbewerb zugewiesen bzw. bestätigt wird. Und natürlich sind diese Schulen schöner: eine bessere Architektur, freundlichere Räume und eine großzügigere Ausstattung. Es ist gut vorstellbar, dass dort mehr und besser gelernt wird, vielleicht ganzheitlicher, wodurch SchülerInnen besser auf das Leben vorbereitet werden. Eltern, SchülerInnen und auch LehrerInnen geht angesichts dessen und wissend um den als problematisch eingestuften Lehr-Lern-Alltag in den meisten bundesrepublikanischen Schulen zunächst einmal „das Herz auf".

Den Dokumentarfilm von Reinhard Kahl, der seit 20 Jahren gerne als „Bildungsexperte" ausgewiesen wird, muss man zweimal sehen, um zu verstehen, worum es in den oftmals gut gemeinten Ansätzen vorbildlicher bundesrepublikanischer Schulen aus der Perspektive eines neoliberalen Paradigmenwechsels vorrangig geht. Gelobt werden diese Ansätze nicht als Möglichkeiten einer emanzipatorischen Bildung, die auf eine gerechte und solidarische Gesellschaft abzielen. Gelobt werden diese Ansätze, denen man den Stempel der Ökonomisierung zunächst nicht aufdrücken möchte, gerade weil sie für den Wirtschaftsprozess zutiefst geeignet sind. Hier lernen SchülerInnen all das, was die deutsche Durchschnittsschule kaum mehr zu vermitteln vermag, was aber für die zukünftige Wissensökonomie unerlässlich ist.

Im Folgenden werden paraphrasierend zentrale Aussagen des Films zusammengefasst: Die neue Kultur wird als „Kultur von Individualisierung und Zusammenarbeit" ausgewiesen. Denn mit den „Gelegenheiten zur Individualisierung wächst der Sog der Kooperation." So wird „die lange verdächtigte Individualität" zum „Gold der Zukunft." Denn „im Übergang zur Wissenschaft wird Selbstbewusstsein eine Produktivkraft." In dieser neuen Lernkultur geht es darum, „sich selbst zu stimmen wie ein Musikinstrument", um in „unbekannten Situationen Probleme zu lösen und zu handeln". Gerechtigkeit be-

---

So im Handelsblatt online vom 28.05.2013, „Deutschlands ungehobener Schatz". (http://www.handelsblatt.com/meinung/gastbeitraege/gastbeitrag-deutschlands-ungehobener-schatz/8259310.html, 10.02.2018) So denkt und argumentiert man offensichtlich, wenn man den Humankapitalbegriff verinnerlicht hat. Dies setzt sich konsequent in der Beratung der Bundesregierung durch McKinsey (2016) in Bezug auf ein effizientes Rückkehrmanagement fort.

deutet hier: „Mehr Kinder kommen zu höheren Leistungen." Bei Projektarbeiten werden die Projekte „auf einem Markt vorgestellt". Schüler müssen sich für Projekte offiziell bewerben. „Wie für eine Lehrstelle. Ja, mit Begründung." Alle unterliegen einer Verbesserungs- und „Modellierungsdynamik". „Jeder verbessert den anderen." Anfangs skeptische Eltern „verstehen schnell, dass diese Art Schule mit ihrer Arbeitswelt mehr zu tun hat, als die vertraute Welt der Fächer und des Lehrplans. Die Schule vernetzt Fächer und Handlungsfelder fast so wie im richtigen Leben."

Neben einer noch durchscheinenden Logik humaner Bildung, die sich in der Arbeit der Lehrerinnen und Lehrer in all diesen Schulen finden lässt, unterliegen die Beispiele einer anderen, ergänzenden oder sogar grundlegend strukturierenden Logik. Auch in dem Film gibt es die Unternehmensberater, die bewerten und einordnen, stellvertretend hier für alle anderen das Beratungsunternehmen McKinsey. Der Berater weiß, dass Unternehmen „lernende Organisationen" sind, dass also die Notwendigkeit besteht, auf diese Kapitalform zurückzugreifen, die durch Schulen, ja durch die gesamten Bildungsanstrengungen produziert werden. „Daraus können neue Bündnisse entstehen!" schwärmt der McKinsey-Mann. Denn: „Jeder Euro, den wir investieren, zahlt sich volkswirtschaftlich mindestens mit drei bis vier Euro aus." Das, so wird jedem bei genauerem Hinschauen klar, ist das „Gold der Zukunft". Und natürlich wird „Wertschätzung eine Bedingung für Wertschöpfung". Der Film schreckt nicht davor zurück, eine Sprache zu sprechen, in der Bildung zweifellos nichts anderes ist als Humankapital: „Investitionen in die Atmosphäre, in die Räume, vor allem in die Vorbereitung und ein schier verschwenderischer Umgang mit Zeit erzeugen hohe Renditen." Man befindet sich in der Schule und fühlt sich zugleich hinein versetzt in ein junges, kreatives und erfolgreiches Startup-Unternehmen, in dem Arbeitszeit und Lebenszeit miteinander verschmelzen.[89] In diesen „Treibhäusern der Zukunft" wird manches von dem ausprobiert, was über die entsprechenden Vermittlungsinstanzen später im normalen Schulalltag landet und zunächst „gar nicht schlecht" ist. Aber es wird selten sichtbar, wozu und wem das Ganze dient.

---

89 Eine der neusten Modellschulen ist tatsächlich ein Startup-Unternehmen. Die – offensichtlich – noch sehr kleine NewSchool, in der die SchülerInnen, die dort „Talents"

Der momentan stattfindende und sehr langfristig angelegte Veränderungs- und Reformprozess, dem das Bildungssystem unterworfen ist, arbeitet mit einer Vielzahl von Elementen, die für sich betrachtet „gar nicht schlecht" sind. Aber aus dieser Einzelbetrachtung heraus ist die Richtung des Gesamtprozesses nicht erkennbar. Das hat damit zu tun, dass sich die postmoderne Gesellschaft immer plural und weltoffen darstellt und vordergründig von autoritären Strukturen und bestimmten Machtformen verabschiedet hat. In ihr sind nicht gesellschaftliche Herrschafts- bzw. Unterdrückungsstrukturen total geworden, sondern eine ökonomische Grundstruktur, die alle gesellschaftlichen Ebenen durchdringt und die Subjekte entsprechend formt oder, pädagogisch gesprochen, bildet: der Markt. Allerdings steht diese Form von Durchdringung aller gesellschaftlichen Ebenen gerade nicht im Widerspruch zu einer oberflächlichen Heterogenität und Pluralität. Denn der ökonomische Prozess erhebt, wie Gary Becker gesagt hat, einen umfassenden Anspruch, der über den Markt vermittelt wird, neben der Welt der materiellen Dinge auf die Befriedigung menschlicher Grundbedürfnisse wie auf alle Formen zwischenmenschlicher Beziehungen, die zu Dienstleistungen werden können. Dies ist grundgelegt in einem Verwertungsprozess des Kapitals, der prinzipiell unbegrenzt ist und in seiner Geschichte eine entsprechende Dynamik entwickelt hat und fortsetzt. Alle pädagogischen Bemühungen und alles pädagogische Nachdenken kommen nicht darum herum, dies als Problem zumindest zur Kenntnis zu nehmen.

Auf dem bisher dargestellten Hintergrund wird deutlich, dass alle guten, produktiven, sinnvoll erscheinenden und – das ist besonders wichtig – sprachlich an einer pädagogischen Qualität orientierten Ansätze auf einer anderen Ebene vereinnahmt werden können. Kompetenz ist doch nichts Schlechtes! Handlungsorientierung ist doch sinnvoll! Selbstorganisierte Lernprozesse müssen doch gut und richtig sein! Eigenständigkeit und Selbstbestimmung können gar nicht problematisch sein! Sprache und Begriffe, die in diesem Prozess eine entscheidende Rolle spielen, tragen bildlich gesprochen einen Schatten mit sich,

---

heißen, lernen, das ganze Leben als ein „Projekt" zu verstehen. Die Gründerin dieser Schule Sabrina Heimig-Schloemer hat damit einen vorderen Platz in der Watchlist 2018 der Zeitschrift „BusinessPunk – work hard, play hard" erreicht. Ihr Motto: „Deine Gedanken malen die Leinwand deines Lebens". (Zu finden auf der Internetseite der NewSchool, 01.02.2018)

der im Alltag unsichtbar bleibt, aber genau mit den beschriebenen Verwertungsmöglichkeiten zu tun hat. Nicht zufällig ist es so, dass die verschiedenen Bildungs- und Weiterbildungsbereiche von der schulischen über die berufliche Weiterbildung, bis hin zu Formen individueller Selbstentwicklung ineinander verschwimmen. Nur ein Beispiel hierfür ist der Typus des Beraters, Coaches und Supervisors. Wie wir gesehen haben, steht er in einer engen Verbindung mit dem „Hirten“ der Pastoralmacht, ist sein säkulares Pendant und kommt aus der Sphäre der individuellen Selbstentwicklung, aus dem Alternativmilieu der 1970er und 80er Jahre. In dieser Zeit war er zuständig für Formen und Möglichkeiten individueller Entfaltung, Selbstverwirklichung und persönlicher Entwicklung. Neben dem präzise rechnenden, betriebswirtschaftlich orientierten Unternehmensberater findet er sich wieder als Spezialist für softskills in der Personal- und Organisationsentwicklung von Unternehmen und löst zugleich den Typus LehrerIn durch LernbegleiterInnen und Coaches ab. Wenn es denn gelänge, selbstorganisierte Lernprozesse anzustoßen, in denen eine Außensteuerung durch LehrerInnen nicht mehr eine so große Rolle spielte, so könnte man das begrüßen. Aber was, wenn dieses Lernen zu einer nahtlosen Einordnung in Gegebenheiten und Verhältnisse führt, die genau dadurch legitimiert und reproduziert werden? Was, wenn Machtausübung im Idealfall eben nicht mehr durch Anordnung und Disziplinierung geschieht, sondern in der Übernahme der von außen in das Subjekt hinein verlagerten gesellschaftlichen Erwartungen und Anforderungen besteht, wenn es also gelingt, Selbstorganisation und Unterwerfung auf raffinierte Weise miteinander zu verbinden und, wie Foucault gesagt hat, das Subjekt gerade so dermaßen zu regieren? Dann würde die Schule genau den von ihr geforderten Beitrag dazu leisten!

Sind kooperative Lernformen denn nun etwas Schlechtes? In den 1990er Jahren hat die Bertelsmannstiftung in Zusammenarbeit mit dem kanadischen Schulentwickler Norm Green Methoden kooperativen Lernens zu einem Gesamtkonzept ausgearbeitet. Zuvor, 1996, war der kanadische Schulbezirk Durham mit dem Carl Bertelsmann-Preis[90] als innovativster Schulbezirk der Welt

90 „Carl Bertelsmann-Preis: Innovative Schulsysteme“, auf der Seite der Bertelsmannstiftung. Die Preisliste von 1988 bis heute liest sich wie eine to-do-Liste neoliberaler gesellschaftlicher „Reformprojekte“. Letzter Preis 2017: Digitalisierung

ausgezeichnet worden. Greens Leistung bestand offensichtlich darin, sich an Teambildungsmethoden des größten Arbeitgebers des Bezirks Durham, General Motors, zu orientieren, sie in die Schulen hineinzutragen und anzupassen.[91] Der davon begeisterte Journalist Reinhard Kahl hat im Auftrag der Bertelsmannstiftung den Film „Die stille Revolution - Das Durham Board of Education in Kanada" gedreht, damit seinen Beitrag zu diesem innovativen Ansatz geleistet und eine Brücke in die Bundesrepublik Deutschland geschlagen. Nach der Preisverleihung kam es dort zu den größten LehrerInnenstreiks der nordamerikanischen Geschichte, die sich auch gegen die „Reformen" richteten, die noch ein Jahr zuvor ausgezeichnet worden waren.[92]

---

91 In einem Artikel in der Zeit-online wird er wie folgt zitiert: „... heute ... vermißt die Industrie Leute, die in der Lage sind, zusammenzuarbeiten. Bei General Motors läuft kein Fließband mehr. Überall ist High-Tech und Teamwork angesagt." (Die Agenten des Wandels, Zeit Online, 14/1999 http://www.zeit.de/1999/14/199914.schule.xml/komplettansicht, 15.03.2018). Zehn bis fünfzehn Jahre später war das Kooperative Lernen als Methode in den Schulen angekommen. Auch das ein Hinweis darauf, wie langfristig neoliberale Veränderungsprozesse angelegt sind.

92 Hierzu auf der Internetseite „bertelsmannkritik.de": „Das Qualitätsmanagement wurde im Anschluss an die Toyota-Diskussion Ende der 80er von McKinsey und amerikanischen Großkonzernen übernommen und zunächst in Kanada auf das Schulwesen übertragen. Bertelsmann hatte seine Experten entsandt. Sie waren, wie auch der bekannte Fachjournalist Reinhard Kahl, begeistert von den neuen Prinzipien der angeblich basisnahen Steuerung, die ihnen in Kanada vorgeführt wurden. Geflissentlich haben sie die größten Lehrerstreiks der nordamerikanischen Geschichte übersehen, die sich in Ontario, Kanada im Jahre 1997 gegen ebendiese neoliberale Schulreform richteten." (http://www.bertelsmannkritik.de/bildung.htm#fn15, entnommen am 30.12.2017) und ergänzend der Bericht aus der New York Times vom 28.10.1997: Teachers strike in Ontario, Closing Thousands of schools, von Anthony DePalma, (http://www.nytimes.com/1997/10/28/world/teachers-strike-in-ontario-closing-thousands-of-schools.html, 30.12.2017).

2.7 Kompetenz- und Handlungsorientierung, neue Lehrpläne und die Soziodizee[93] einer Gesellschaftsform

Wie kommt die Kompetenzorientierung in die Schule? Ganz einfach: „Kernlehrpläne ... legen Kompetenzerwartungen fest".[94] Lehrpläne zu lesen macht nicht nur Freude, könnte aber notwendig sein, um die bildungspolitische Ausrichtung, die mit den bislang dargestellten Rahmenbedingungen korrespondiert, in ihrer konkreten Umsetzung besser zu verstehen. LehrerInnen richten sich nicht einfach nach den neuesten Lehrplänen. Aber sie können sich auch nicht *nicht* danach richten. Darüber hinaus könnte eine solche Lektüre erklären, welchen Beitrag die Orientierung an neuen Lehrplänen zu einer Individualisierung und damit auch Entpolitisierung gesellschaftlicher Probleme und Prozesse leistet und so die Dominanz neoliberalen Denkens und Handelns stärkt.

Zunächst lässt sich verallgemeinernd sagen, dass es eine gesamtgesellschaftliche und in pädagogischen Diskussionen und Auseinandersetzungen erkennbare Abkehr von einer am „humanistischen Bildungsideal" orientierten Vorstellung von Bildung gibt. Stattdessen hat sich berufliche Bildung bzw. Ausbildung als faktische Grundorientierung mehr und mehr in den Vordergrund geschoben, was einer veränderten gesellschaftlichen Grundausrichtung entspricht. Die „marktkonforme Demokratie"[95] braucht keine Schöngeister, sondern kompetente, flexible und anpassungsfähige Subjekte. In diesem Kontext ist es kein Zufall, dass pädagogische Neuorientierungen in einem bestimmten Bereich, der Berufspädagogik, entwickelt werden. Wichtige Referenzpunkte dieser Pädagogik sind auf der einen Seite John Dewey, dessen reformpädagogischer Ansatz sich verkürzt mit den Begriffen „empirisch" und „pragmatisch"

93 Dieser von Pierre Bourdieu stammende Begriff wird am Ende des Kapitels noch einmal aufgegriffen.

94 Kernlehrplan für die Hauptschule in NRW (Deutsch), Düsseldorf 2011, 7.

95 Das erinnert an die Formulierung Angela Merkels 2011 anlässlich des Besuchs des portugiesischen Ministerpräsidenten Coelho: „Wir leben ja in einer Demokratie und sind auch froh darüber. Das ist eine parlamentarische Demokratie. Deshalb ist das Budgetrecht ein Kernrecht des Parlaments. Insofern werden wir Wege finden, die parlamentarische Mitbestimmung so zu gestalten, dass sie trotzdem auch marktkonform ist, also dass sich auf den Märkten die entsprechenden Signale ergeben." (Mitschrift der Pressekonferenz vom 01.09.2011, auf der Internetseite der Bundesregierung).

verbinden ließe, und auf der anderen Seite systemisch-konstruktivistische Ansätze, die das Feld für einen individualisierenden Zugang auf der Ebene der Erkenntnis und des Handelns eröffnen.[96]

Beispielhaft soll dies an einem konkreten Lehrplan gezeigt werden. Dieser Lehrplan gehört zu den am weitesten „fortgeschrittenen" in der Bundesrepublik Deutschland, stammt aus NRW und wurde dort von einer rot-grünen Landesregierung eingesetzt und forciert. Es ist der „Bildungsplan für die zweijährigen Bildungsgänge der Berufsfachschule"[97]. Er heißt programmatisch nicht mehr „Lehrplan" und wurde seit dem Sommer 2013 nach und nach in den nordrhein-westfälischen Berufskollegs zur Erprobung eingeführt, zunächst in einer Schulform, in der SchülerInnen das sogenannte „Fachabi" erwerben können als Voraussetzung für ein Studium an Fachhochschulen. Ab dem Sommer 2018 tritt er aus der Erprobungsphase heraus. An diesem Bildungsplan lässt sich die beschriebene Tendenz gut verdeutlichen. Die Vermutung liegt nahe, dass Lehrpläne an Berufskollegs keinen Sonderfall darstellen, sondern eher eine Entwicklungstendenz aufzeigen, die an dieser Schulform lediglich überdeutlich in Erscheinung tritt und auch andere Schulformen prägt.[98] Zudem gibt es im Verlauf der Entstehung dieses Lehrplans – vom Entwurf bis zur endgültigen Fassung – Veränderungen, die beispielhaft deutlich machen, in welche Richtung schulische Prozesse sich, wenn sie nicht öffentlich, beispielsweise durch politi-

---

96 Vgl. Riedl, Grundlagen der Didaktik, vor allem S. 75-80.

97 Die Bildungspläne können abgerufen werden unter: https://www.berufsbildung.nrw.de/cms/bildungsgaenge-bildungsplaene/berufsfachschule-anlage-c/bildungsplne/. Es gibt sie für die unterschiedlichen Ausrichtungen von „Wirtschaft" bis „Gestaltung".

98 Dass es sich bei dieser Neuorientierung nicht um etwas allein auf die Berufsorientierung hin Ausgerichtetes handelt, zeigt die Grundorientierung und die Sprache in anderen Schularten. Hier nur kurze Hinweise aus der Handreichung: „Kompetenzorientierung – Eine veränderte Sichtweise auf das Lehren und Lernen in der Grundschule" aus dem Jahre 2008 (3ff.). Es geht um eine neue „Lehrplangeneration" und damit um eine „deutliche Orientierung an Kompetenzen". „Auftrag der Schulen ist es, die Kompetenzanforderungen einzulösen." Lernen ist „aktiver, selbstgesteuerter, situativer und konstruktiver Prozess". Der Unterricht muss „Anforderungssituationen (Problem, Aufgabe, Kontext) anbieten, die die Schülerinnen und Schüler möglichst selbstständig bewältigen können". In diesem kompetenzorientierten Unterricht ist die „Lehrkraft" natürlich „Lernbegleiter" mit der Aufgabe, „die Lernumgebung zu gestalten", Prozesse „anzubahnen", zu „moderieren", „kontinuierlich zu dokumentieren" und „informatives Feed-back zu Lernprozessen und

sche Interventionen von LehrerInnen, kritisiert werden, weiterentwickeln. Die erste zweijährige Berufsfachschule, an der der Lehrplan eingeführt wurde, ist übrigens die für Wirtschaft, im allgemeinen Sprachgebrauch bekannt als „Höhere Handelsschule".

> „Bildungspolitische Entwicklungen in Deutschland und Europa erfordern eine erhöhte Transparenz und Vergleichbarkeit von Bildungsangeboten sowie studien- und berufsqualifizierenden Abschlüssen. Vor diesem Hintergrund erhalten alle Bildungspläne im Berufskolleg mit einer kompetenzbasierten Orientierung an Handlungsfeldern und zugehörigen Arbeits- und Geschäftsprozessen eine einheitliche Struktur. Die konsequente Orientierung an Handlungsfeldern unterstreicht das zentrale Ziel des Erwerbs beruflicher Handlungskompetenz und stärkt die Position des Berufskollegs als attraktives Angebot im Bildungswesen."[99]

Gleich in den ersten Sätzen wird aufgezeigt, in welchem Kontext der Lehrplan steht und welche bildungspolitische Ausrichtung er verfolgt. Im Vordergrund steht der europäische Arbeitsmarkt, auf dem die entsprechenden Abschlüsse vergleichbar sein sollen. Der Lehrplan orientiert sich nicht mehr an Inhalten, sondern konsequent an dem Erwerb von Kompetenzen, also – in verknappender Form – Fähigkeiten, die in letzter Instanz nicht mehr in Fächern, sondern in Handlungsfeldern erworben werden, und entspricht damit dem geforderten Paradigmenwechsel. Es geht um das Ziel beruflicher Handlungskompetenz. Nun könnte man sagen: Das ist doch selbstverständlich für ein Berufskolleg! Allerdings ist die zitierte Einleitung verräterisch, denn es geht auch darum, die Position beruflicher Bildung im gesamten Bildungswesen attraktiver zu machen und zu stärken. Außerdem sollte man zumindest in Erinnerung rufen, dass Berufsschulen in Deutschland nicht begründet wurden, um die berufliche Bildung zu sichern und zu verbessern, sondern um all denen, die nach einer vergleichsweise kurzen Schulzeit zum Beispiel in der Fabrik arbeiteten,

---

Ergebnissen zu geben". In der Gesamtheit wird deutlich, welche Grundorientierung vorgegeben wird. Schon hier lässt sich „employability" als Zielvorstellung erahnen. Darüber hinaus muss man auch die Entwicklung in der Vorschulerziehung im Blick haben. Hierzu das Buch von Renate Schmidt-Karakatsanis über über den Bayrischen Bildungs- und Erziehungsplan, das so erschreckend und erhellend wie sein Titel direkt ist: „Ich mach dich neoliberal". In diesem Sinne ließe sich sagen: Employability fängt in der Kita an!

99 Bildungsplan Zweijährige Berufsfachschule Wirtschaft, 6.

eine Möglichkeit zu geben, ihre Allgemeinbildung zu verbessern.[100] Insofern waren sie eher das Ergebnis sozialer Auseinandersetzungen mit dem Ziel der Verbesserung der Lebens- und Arbeitsbedingungen der ArbeiterInnen als ein Instrument der Absicherung der Interessen von Betrieben und Unternehmen.

Die oben genannten Zielvorstellungen werden im Lehrplan folgendermaßen umgesetzt: Ausgangspunkt des Lernens sind sogenannte Anforderungssituationen, deren Bewältigung spezifische Kompetenzen erfordert. Anders formuliert: Die durch den Lehrplan vorgegebene Situation ermöglicht es den SchülerInnen, eine Kompetenz zu entwickeln. Wenn die erworbenen Kompetenzen überprüft werden, lassen sie sich in ein europaweit gültiges Kompetenzraster – den EQR – einfügen, womit eine durchgängige Vergleichbarkeit gewährleistet werden soll. In dieser Konzeption von Lernen steht die gegebene Situation an zentraler Stelle. Vermittelt durch sie wird – wie in anderen Schulformen – Situationsbewältigung zum Ziel. Die hiermit gegebene berufliche Orientierung wird im Lehrplan abgebildet, indem sich die klassischen Schulfächer in einem übergeordneten Raster wiederfinden, das dem Aufbau eines Unternehmens entspricht. Demgemäß werden die in den Fächern festgelegten Anforderungssituationen „relevanten Arbeits- und Geschäftsprozessen“ zugeordnet. Dies sind die Handlungsfelder, das heißt die Orte, in denen Handeln geschieht. Sie entsprechen den Abteilungen eines modernen Unternehmens: Unternehmensstrategien und Management, Beschaffung, Leistungserstellung, Absatz, Personal, Investition und Finanzierung, Wertströme. In einem großen Tableau werden die Anforderungssituationen den Fächern zugeordnet, in denen der konkrete Unterricht geschieht, und dem jeweiligen Handlungsfeld, also der entsprechenden Abteilung des Unternehmens. So wissen Deutsch-, Religions- oder PolitiklehrerInnen genau, an welcher Stelle ihr Beitrag im Verwertungsprozess von Humankapital wiederzufinden ist. Dementsprechend wird den allgemeinbildenden Fächern in diesem Lehrplan die Rolle eines „Zulieferers“ zugewiesen und dies wird ausdrücklich so formuliert:

> „Im berufsübergreifenden Lernbereich leisten die Fächer Deutsch/Kommunikation, Religionslehre und Politik/Gesellschaftslehre ihren spezifischen Beitrag zur Kom-

---

100 Vgl. Peukert, Die Frage nach Allgemeinbildung als Frage nach dem Verhältnis von Bildung und Vernunft.

petenzentwicklung und Identitätsbildung. Dieser Lernbereich hat zum einen eine unterstützende Funktion, zum anderen eine ausgleichende Funktion. Die Unterstützungsfunktion bezieht sich insbesondere auf die Förderung von Kommunikations- und Sprachkompetenzen, die ausgleichende Funktion auf sinnstiftende Interpretationsangebote zu Technik und Naturwissenschaften, Ökonomie, Gesellschaft und Mensch, die sich in hermeneutischen und kulturkritischen, historisch-systematischen, aber auch in kreativen Zugängen niederschlagen. Der Religionsunterricht hat darüber hinaus eine gesellschafts- und ökonomiekritische Funktion."[101]

Klarer kann eigentlich nicht gesagt werden, worum es geht. Allgemeinbildende Fächer tragen dazu bei, den ökonomischen Gesamtprozess effektiver und effizienter zu machen („unterstützende Funktion"). Jeder weiß, wie wichtig Sozialkompetenz für das Funktionieren eines Unternehmens ist. Ein wenig Kultur kann auch nicht schaden, wenn es um die „corporate identity" geht. Zumindest große Unternehmen entwickeln eine eigene Philosophie und ethische Verpflichtungen, an die sie sich zwar nicht halten, die aber für ein funktionierendes Marketing durchaus von Bedeutung sind. Darüber hinaus ist der Arbeitsprozess anstrengend und Kräfte raubend, nicht nur physisch, sondern auch geistig/seelisch/psychisch. Insofern können allgemeinbildende Fächer einen sinnvollen Beitrag zur Reproduktion der Arbeitskraft leisten („ausgleichende Funktion"). Und: Ein sinnlos erscheinender Arbeitsprozess benötigt eine sinnstiftende Komponente. Ein Aspekt dieser Zuweisungen ist besonders interessant bzw. entlarvend: der Ort der Kritik und die Wahrnehmung dieser Aufgabe. Eine gesellschafts- und (je nach beruflicher Orientierung der jeweiligen Berufsfachschule) hier ökonomiekritische Funktion kommt dem Religionsunterricht zu. Schön, dass es das noch gibt, könnte man sagen, aber was ist mit all den anderen Fächern? Deutsch, Politik/Gesellschaftslehre, Philosophie? „Was ist Kritik?" hatte Foucault gefragt: „Nicht dermaßen regiert werden wollen."

Diese Textpassage unterliegt im Entstehungsprozess des Lehrplans bemerkenswerten Veränderungen. Eine vorgeschaltete Entwurfsfassung sprach statt von einer „ausgleichenden Funktion" von einer „Kompensationsfunktion", enthielt aber noch nicht den Hinweis auf die „gesellschafts- und ökonomiekriti-

---

101 Diese Beschreibung ist zunächst zu finden im „Bildungsplan zur Erprobung", S. 14, der für den Bereich Wirtschaft von 2013 bis 2018 gilt.

sche Funktion" des Religionsunterrichts.[102] Dieser ist nach Diskussionen mit den unterschiedlichen an der Entstehung beteiligten Gruppierungen (so zum Beispiel den Kirchen) hinzugefügt worden, während der Begriff „Kompensationsfunktion" möglicherweise zu sehr die Assoziation „Religion als Opium des Volks" hervorrief.

In der Erprobungsphase war also Kritik als Gesellschaftskritik noch gestattet. Wie sieht das Endergebnis[103] aus? In dem von August 2018 an gültigen Bildungsplan gibt es Veränderungen und Streichungen. Folgendes bleibt übrig: von der ausgleichenden Funktion die Kompetenz „Belastungen in Beruf und Alltag auszugleichen", die Kritik wird vollständig gestrichen. Es gilt lediglich für unterschiedliche „Aspekte" zu „sensibilisieren", die in individuellen „Urteilen" und „Handlungen" berücksichtigt werden sollen. Statt der gestrichenen Kritik findet man noch den „salutogenetischen Ansatz" im Sportunterricht, der auf das verweist, was SchülerInnen und LehrerInnen als Basiskompetenz winkt: Resilienz!

Auch dem Religionsunterricht – wie allen anderen Fächern – seine kritische Funktion zu nehmen, ist durchaus konsequent, denn Religion kann nun eine ganz andere Aufgabe übernehmen. Vorausgesetzt wird, dass sie einen spezifischen Verarbeitungs- und Bewältigungsbeitrag im Gesamtprozess leisten kann. Der Religion wird eine spiritualisierende und individualisierende Kraft zugetraut und damit verbunden die Möglichkeit, sinnvoll und ethisch verantwortlich zu entscheiden. Auch das wird in dem Bildungsplan sichtbar. Die Auflösung von Gesellschaftskritik in individuelle Handlungsoptionen in einem

---

102 Diese Entwurfsfassung ist digital nicht mehr zugänglich, liegt aber dem Autor vor.

103 Hier der volle Wortlaut: „Im berufsübergreifenden Lernbereich leisten die Fächer Deutsch/Kommunikation, Religionslehre, Politik/Gesellschaftslehre sowie Sport/Gesundheitsförderung ihren spezifischen Beitrag zur Kompetenzentwicklung und Identitätsbildung. Die Schülerinnen und Schüler werden in berufs- und alltagsbezogenen Sprach- und Kommunikationskompetenzen gefördert sowie dafür sensibilisiert, ethische, religiöse und politische Aspekte bei einem verantwortungsvollen Beurteilen und Handeln in Arbeitswelt und Gesellschaft zu berücksichtigen. Zudem wird die Kompetenz gefördert, spezifische, physische und psychische Belastungen in Beruf und Alltag auszugleichen und sich sozial reflektiert zu verhalten. Der Unterricht im Fach Sport/Gesundheitsförderung fördert Kompetenzen im Sinne des salutogenetischen Ansatzes." Diese Passage gab es schon im Bildungsplan zur Erprobung, mit den Überschneidungen zu der oben dargestellten Passage. Nach dem Wegfall jener ist diese Textvariante zurückgeblieben.

pluralen Ganzen findet sich wieder in Anforderungssituationen, aus denen der konkrete Unterricht gemacht wird. In der als Letztes genannten Anforderungssituation[104] geht es um die Auseinandersetzung mit Technik: um den „Primat des Machbaren" und die „Durchsetzung von wirtschaftlichen und politischen Interessen", die im Konflikt stehen könnten mit „Forderungen des sozialfriedlichen Miteinanders, des nachhaltigen Wirtschaftens und des Erhalts der natürlichen Ressourcen". Daraus ergibt sich die Notwendigkeit „alternative Handlungsmöglichkeiten in einer technisierten und globalisierten Welt" zu entwickeln. Im Anschluss an diese Anforderungssituation werden die Ziele formuliert, die sich in den zu erwerbenden Kompetenzen wiederfinden. Ihnen ist etwas zu eigen, das – über den Religionsunterricht hinaus – grundlegend und typisch geworden ist: die Individualisierung der Probleme und die Problemlösung als individuelles Handeln, das individuelle Entscheidungen voraussetzt. „Es gibt keine Gesellschaft", hatte Thatcher gesagt.

Die SchülerInnen erarbeiten zunächst „christliche Maßstäbe zur Bewertung", aus denen sich „alternative Handlungsmöglichkeiten" ergeben. Diese sind an „exemplarischen Beispielen aus der beruflichen Praxis" zu erproben. Die SchülerInnen sollen nun begreifen, dass „sowohl rationales Erkennen der Mechanismen, die zu einer ungerechten Gesellschaft führen, als auch gelebte Spiritualität" notwendig sind, eine Haltung zu entwickeln, „um ausgleichend und versöhnend handeln zu können".

Welchen Beitrag soll nun der Religionsunterricht (hier der katholische) gemäß Lehrplan leisten, wenn er keine „gesellschaftskritische Funktion" mehr hat? Gesellschaftskritik mündet in eine Haltung, in der sie, wenn überhaupt, zu ausgleichendem und versöhnendem Handeln führen soll. Und der Religion wird in der pluralen und liberalen Gesellschaft eine Rolle zugewiesen, die schon von der Religionskritik des 19. Jahrhunderts entlarvt wurde: Vertröstungs- und Bewältigungsmechanismen zu entwickeln, die einen entsprechenden Beitrag zum Aufrechterhalt des Status quo leisten.

Auf diese Aufgabe könnte Bildung insgesamt reduziert werden: Zustände aufrechtzuerhalten, die aus unterschiedlichen Perspektiven schon jetzt und in der Zukunft für viele unhaltbar sind, indem Handlungskompetenz darauf aus-

---

104 Bildungsplan Technik, 36.

gerichtet wird, lediglich individuelle Handlungsmöglichkeiten zu entwickeln, um gegebene Situationen auf die eine oder andere Weise zu bewältigen. Freire hatte aufgrund seiner Erfahrungen mit dem Neoliberalismus der 1990er Jahre in Brasilien festgehalten, worauf es hinausläuft: „ ... einen Bruch zwischen einem selbst und seiner Welt zu bewirken, indem man eine tiefgehende Verbindung zwischen einem selbst und dem Markt geltend macht. In anderen Worten: Der Fokus der Erziehung in der neoliberalen Welt ist darauf gerichtet, wie man ein kompetenter Verbraucher wird, wie man ein kompetenter Verteiler von Wissen wird, ohne irgendwelche ethischen Fragen zu stellen."[105]

Es scheint folgerichtig, dass die Kompetenzen der Schülerinnen und Schüler „konsumbezogen" sind, denn auch der Konsum ist eine Anforderungssituation, die bewältigt werden muss: „Für Kinder und Jugendliche ist es eine große Herausforderung, in der vielfältigen und komplexen Welt der Waren und Dienstleistungen reflektiert und selbstbestimmt einen eigenen Weg zu finden."[106] Dazu braucht es kompetenzorientierte curriculare Vorgaben der Verbraucherbildung. Deutlicher lässt es sich nicht sagen: Der Markt regelt alles und das ideale Subjekt ist die Vereinigung von Konsument und Selbstunternehmer. Subjektivität als Unterwerfung findet in diesen beiden Grundfiguren statt und die Schule bereitet darauf vor. Sie stellt SchülerInnen in ein kaum auflösbares Spannungsfeld, in dem sie einer doppelten Botschaft ausgesetzt sind: Konsumiere! Und: Sei diszipliniert! Nur den wenigsten gelingt es, damit umzugehen.[107]

Und die Rede von der Kompetenz hat eine ganz grundlegende Funktion. Der Begriff selbst rechtfertigt die gegebenen Verhältnisse, darauf hatte schon der französische Soziologe Pierre Bourdieu hingewiesen. „Max Weber hat gesagt, dass es die Herrschenden immer nach einer ‚Theodizee ihrer Privilegien' verlange, oder besser, nach einer Soziodizee, einer gedanklichen Rechtfertigung

105 Freire, Eine Antwort, 136.

106 Rahmenvorgaben Verbraucherbildung 2017, 3.

107 Ende Februar 2018 geht eine Meldung aus dem Barmer Arztreport durch die Medien: Im Zeitraum 2005 bis 2016 nahm die Zahl der psychisch erkrankten 18- bis 25-Jährigen um 38 Prozent von 1,4 auf 1,9 Millionen zu. Auch die früher weniger anfälligen StudentInnen sind betroffen: jeder sechste bzw. 17 Prozent. Diese kleine Meldung ist keine Kleinigkeit, sondern steht in einem unmittelbaren Zusammenhang mit den Effekten neoliberaler Bildung!

ihrer gesellschaftlichen Sonderrechte. Kompetenz bildet heute das Herzstück dieser Soziodizee, die nicht nur, und ganz nahe liegend, von den Herrschenden anerkannt wird, sondern auch von allen anderen."[108]

Wie aber soll Pädagogik mit einem so funktionierenden Kompetenzbegriff SchülerInnen befähigen, eine Situation als Ganzes in ihrer Problematik zu erkennen und zu verändern oder gar sich selbst aus ungerechten Verhältnissen zu befreien? Wie sollte das gehen, wenn die zu erlernenden und die gelernten Bewältigungsstrategien immer auf eine individuelle Bewältigung ausgerichtet sind und das Nicht-Zurechtkommen mit der Situation auf eine nicht vorhandene Kompetenz schließen lässt? Denn diejenigen, die „oben" sind, scheinen es zu recht zu sein. Allein ihre gesellschaftliche Position verweist ja auf die damit verbundene Kompetenz, die die Position rechtfertigt.

2.8 Der Selbstunternehmer ist resilient – Zur Begriffsverwendung im Neoliberalismus

Wer Situationen bewältigen will, kann auch untergehen. Auch UnternehmerInnen scheitern manchmal. Und in einer Gesellschaft alltäglicher Krisen sollte man auf das Scheitern vorbereitet werden, denn nicht alle sind GewinnerInnen und im Wettbewerb gibt es Zweite und Dritte, aber auch richtige VerliererInnen. Vor allem sollten wir die Lektion gelernt haben, wie hilfreich die richtige Einstellung ist, wenn wir uns eine „soziale Hängematte" einfach nicht mehr leisten können. In den gegenwärtigen Fortbildungen gibt es ein Zauberwort, das viel verspricht und als Lösung für genau dieses Problem vorgestellt wird: Resilienz. Wieder einer dieser Begriffe, die „erstmal nicht schlecht" sind, und wo man schauen kann, was damit anzufangen ist.

An diesem Begriff lässt sich zeigen, wie eine entsprechende Vorstellungswelt aufgebaut und damit die diese Gesellschaft beherrschende Ideologie untermauert und abgestützt wird. Ulrich Bröckling spricht von einem „Schlüsselbegriff". Solche Begriffe besitzen „aufschließendes Potenzial", das sich daran erweist, „dass sie in den unterschiedlichen Feldern Verwendung finden. Schlüs-

---

108 Bourdieu, Gegenfeuer, 62f.

selbegriffe öffnen stets mehr als nur eine Tür. Dazu bedürfen sie einer gewissen Unschärfe. Sie lassen sich schwerlich exakt definieren, aber sie besitzen ein semantisches Gravitationszentrum und erzeugen ein Kraftfeld. Ihr Gehalt konkretisiert sich im Prozess ihres Werdens."[109] Das wird gerade in schulischen Zusammenhängen deutlich, vor allem in Bezug auf neue Methoden oder Fortbildungskonzepte, die oft von solchen mehr oder weniger starken Schlüsselbegriffen begleitet werden. Am Begriff der Resilienz lässt sich zudem erkennen, wie pädagogische Aspekte mit politischen verzahnt werden. Resilienz ist sowohl die Antwort auf den Umgang mit Belastungen durch den Arbeitsalltag als auch auf Krisen und Katastrophen. Resilienz wird sowohl für SchülerInnen als auch für LehrerInnen gefordert. Resilienz kann geübt und trainiert werden – und das schon in der KiTa. Resilienz hat das Zeug zu einem Leitbegriff, der unmittelbar plausibel erscheint: Niemand kann etwas dagegen haben! Und Resilienz ist die politische Antwort auf die Probleme einer Gesellschaft, die akzeptiert hat, dass Krisen und Katastrophen unvermeidbar sind, die aber dennoch bereit ist, eine Antwort darauf zu suchen, eine Antwort, die zu den Kompetenzen passt, die in der Schule erworben und lebenslang optimiert werden. Und so skizziert ein Innenminister im Februar 2018 ein Bild: das Idealbild eines Bürgers, der aushalten und wieder aufstehen gelernt hat. Auf die Frage, was denn Resilienz bedeute, antwortet er: „Der Begriff kommt aus dem Lateinischen, vom Verb ‚resilire', das heißt zurückspringen, abprallen. Stellen Sie sich ein Stehaufmännchen vor. Eine bunte Figur mit abgerundetem Rumpf. Sie kippt um, wenn Sie sie anstoßen, und kehrt dann in den alten aufrechten Zustand zurück." Und weiter auf die Frage: „Ist Resilienz ein politisches Ziel der Bundesregierung? - De facto ja, aber der Begriff wird noch selten benutzt."[110] Werde resilient! könnte zu einem neuen pädagogischen Imperativ werden.

Den Begriff „Resilienz" gibt es in unterschiedlichen Zusammenhängen: in naturwissenschaftlich-technischen, in der Umweltforschung, aber auch in der

109 Bröckling, Resilienz, 113.

110 Thomas de Maizière in einem Interview in „die tageszeitung" vom 25.01.2018. Hier muss kurz darauf hingewiesen werden, dass der Begriff „Resilienz" nach der großen Krise 2006-2008 in dem Versuch, diese Krise zu bewältigen, in den Kommuniqués der G20-Treffen mehr und mehr ins Blickfeld gerückt ist, so auch auf dem G20-Treffen in Hamburg im Juli 2017. Auch beim Lesen dieser Kommuniqués entsteht der Eindruck, dass es zukünf-

Psychologie und Pädagogik. Im allgemeinen Sprachgebrauch ließe sich „Resilienz“ mit „Widerstandsfähigkeit“ übersetzen. Die Psychologie versucht herauszufinden, warum und wie Kinder und Jugendliche Resilienz entwickeln und deshalb mit Krisen umgehen können.[111] Damit werden Resilienzkonzepte für die Pädagogik interessant. Denn Kinder sollen doch auch lernen widerstandsfähig zu werden und nicht gleich bei jedem Scheitern unterzugehen! Darin scheint geradezu ein zentraler pädagogischer Beitrag zu bestehen. Lautete denn nicht das Motto von Hartmut von Hentig: Die Sachen klären und die Menschen stärken?

Die Ausweitung und Verwendung des Begriffs Resilienz ist ein Beispiel dafür, worin der ideologische „Trick“ besteht und wie es funktioniert, etwas selbstverständlich sinnvoll Erscheinendes dazu zu verwenden, bestimmte Aspekte auszublenden und den gesellschaftlichen Status quo unangetastet zu lassen.

Die Individualisierungstendenzen unserer Gesellschaft, die sich in der Individualisierung der Probleme und Lösungen zeigen, führen dazu, dass die dahinter liegenden Ursachen ausgeblendet werden, und verstärken auf einer Wahrnehmungsebene die Akzeptanz des Gegebenen als notwendig. Damit korrespondiert der herrschende Alternativlosigkeitsdiskurs, der sich von der berühmt gewordenen TINA-Formulierung Thatchers („There is no alternative“) bis in die aktuellen Behauptungen von der Alternativlosigkeit gegenwärtigen politischen Handelns in der Ära Merkel als ein Merkmal des herrschenden Politikverständnisses zeigt. Das macht Fähigkeiten notwendig, die sich weder an alternativen Gesellschaftsentwürfen noch an alternativen individuellen Handlungsweisen orientieren. Aushalten und durchkommen wird zur Devise für ein Subjektverständnis, in dem das Individuum sich kaum noch in Wechselwirkung mit Gesellschaft oder gemeinschaftlichen Strukturen erkennen kann. Resilienz ist dann, „was Kinder stark macht“. Dieser Slogan begegnet uns in den unterschiedlichsten pädagogischen Einrichtungen und Zusammenhängen. Dahinter verbirgt sich ein simples evolutionäres Weltbild, das unverhohlen oder unreflektiert in Anleitungen und pädagogischen Ratgebern kolportiert wird:

---

tig darum gehen wird, die Krisen dieser Welt an den Subjekten und den Gesellschaften abprallen zu lassen.

111 Einen guten Überblick bietet: Höhler, Resilienz: Mensch, Umwelt, System.

„Resiliente Kinder behaupten selbständig und eigen angetrieben ihre eigenen Rechte und setzen sie durch. Damit meistern sie Schritt für Schritt Situationen und ihre Umwelt.“[112] An die Stelle eines Begriffs von Selbstbestimmung tritt die Selbstbehauptung, die ergänzt wird um die Durchsetzung. Das Motiv der Bewältigung oder hier des „Meisterns“ tritt als Handlungsmotiv in den Vordergrund. Diese Fähigkeiten werden dort gebraucht, wo die Krise und die Katastrophe zum Alltag werden. Eine Vorstellung davon, wie eine gerechte Gesellschaft sein kann, damit Leben für alle möglich wird, wird aufgegeben. In einem Bild hat Bundeskanzlerin Merkel zum Ausdruck gebracht, wie man das macht: „Wir fahren auf Sicht.“ Das bedeutet die Preisgabe einer langfristigen Vorstellung als Perspektive eines besseren Lebens, von der Möglichkeit einer Utopie ganz zu schweigen. Zugleich zeigt sich hier die Kapitulation vor einem Weltbild, das das Ende der Geschichte propagiert, in dem das Subjekt als ein geschichtlich handelndes Wesen nicht mehr vorkommt.

Wenn in diesem Kontext die Idee einer gerechten Gesellschaft aufgegeben wird, so nicht nur das, sondern auch die Vorstellung von einem zumindest halbwegs funktionierenden Ganzen. Der Trendforscher Mathias Horx gibt die Losung hierfür aus: „Resilienz wird in den nächsten Jahren den schönen Begriff der Nachhaltigkeit ablösen.“[113] Horx müsste nicht ernst genommen werden, wenn diese Sätze nicht auch in Forschungszusammenhängen zu Ausgangspunkten von Resilienzkonzepten in allen Lebensbereichen würden. Denn sie erscheinen in Kontexten, in denen man sie nicht so schnell vermutet, in diesem Fall als Losung für Forschungsvorhaben des Bundesinstituts für Bau-, Stadt- und Raumforschung, das die Möglichkeiten für eine Abkehr von Nachhaltigkeit in der Stadtentwicklung auslotet. PädagogInnen mag dies Beispiel zunächst verwundern, aber es verweist überdeutlich auf die Scharnierfunktion von Bildung für gesellschaftliche Entwicklung in allen Bereichen, insbesondere wegen der ihr zugewiesenen Aufgabe, die hierfür notwendigen Subjekte und die mit ihnen gesetzten Selbstverständnisse und Weltbilder zu produzie-

---

112 http://www.kindergartenpaedagogik.de/1123.html (25.07.2015). Eine Liste von Ratgebern und Workshops, Fördermöglichkeiten und Fortbildungsangeboten für alle Lebenslagen, nicht nur für pädagogische Zusammenhänge, könnte 2018 ins Unendliche verlängert werden.

113 In: Informationen aus der Forschung des BBSR, Nr. 2, April 2013, S. 4.

ren. Mit dem Begriff Resilienz ist das evolutionäre Weltbild zugleich mitgesetzt: Geschichte ist Durchkommen. Noch einmal Horx: „ ... lebendige, evolutionäre Systeme bewegen sich immer an der Grenzlinie des Chaos."[114] Das Beispiel der Stadtentwicklung zeigt, wie sich pädagogisch-psychologische Konzepte mit anderen Bereichen der Gesellschaft verbinden lassen. Sie propagieren die Krise als Dauerzustand. Zukünftig mit Krisen konfrontiert zu werden gilt für alle ihre Teilsysteme: vom Kindergartenkind bis zur Stadt, die auch lernen muss mit Risiken umzugehen. „Wie können wir auf neue globale und vernetzte Risiken reagieren? Antworten hierauf verspricht die Resilienzforschung. Sie zeichnet sich durch einen Perspektivenwechsel gegenüber der Nachhaltigkeitsdebatte aus: Nicht mehr eine stetige, nachhaltige Entwicklung steht im Mittelpunkt, sondern der Umgang mit Krisen."[115] Dem müsse die Stadtentwicklung ins Auge sehen und damit gibt sie auf, wofür sie eben noch eingetreten ist und wofür Städte in internationalen Wettbewerben Preise bekommen haben: Nachhaltigkeit.

Pädagogische Konzepte, die sich hieran ausrichten, kennzeichnen so ihre Position innerhalb des Erziehungsprozesses. Dort, wo die unternehmerische Kompetenz zur Basiskompetenz der EU-BürgerInnen geworden ist, lässt sich das Resilienz-Konzept nahtlos einfügen. Denn dieser Bürger ist nicht nur ökonomisch handelnder Unternehmer, sondern auch Unternehmer seiner selbst in Bezug auf das, was ihn „stark macht", zum Beispiel seine Gesundheit. Die Kenntnis der eigenen Stärken und Schwächen, die Risikobewertung und das sich Einlassen auf Risiken werden als wesentliche Bausteine eines resilienten Ichs ausgewiesen. Das Beispiel Resilienz lässt sich einfügen in die gesamtgesellschaftliche Entwicklung der letzten dreißig Jahre. Thomas von Freyberg sieht in dieser Entwicklung ein Zusammenspiel von sozialpolitischem Kahlschlag und der Etablierung einer entsprechenden Pädagogik, die sich in dem Begriff der Resilienz wiederfindet. Diese „lässt sich bequem in den Dienst der ideologischen Legitimation schlechter Verhältnisse stellen – und der Leugnung oder Verharmlosung dessen, was diese Verhältnisse anrichten: bei Kindern und Jugendlichen, bei ihren Eltern und bei den für sie verantwortlichen Erwach-

114 Mathias Horx, Das Megatrend-Prinzip, 309.

115 Informationen aus der Forschung des BBSR, a.a.O.

senen." Der Paradigmenwechsel produziert in letzter Instanz das Subjekt, das diese Verhältnisse auszuhalten gelernt hat – oder eben nicht! „Die schwarze Utopie der Gegenreformen am Arbeitsmarkt – die flexibel und zu widrigsten Bedingungen bei Niedrigstlöhnen einsetzbare Arbeitskraft – findet im pädagogischen Jargon ihre Ergänzung in der Rede vom resilienten Kind: einem Stehaufmännchen! Kann man sich ein gruseligeres Erziehungsziel vorstellen: unberührbar und unerschütterlich zu sein, komme was da wolle?"[116]

Hier schließt sich der Kreis der Vereinnahmung und Umdeutung von Begriffen. Resilienz, anfangs noch als Widerstandsfähigkeit gedeutet, greift auf seine ursprüngliche Wortbedeutung zurück und produziert so eine Vorstellung von Menschsein, in der das Ideal darin besteht, alles an sich abprallen zu lassen. Berührbarkeit und Verletzlichkeit würden lediglich die Resilienz verringern. Eine Welt, Verhältnisse, die einen Menschen verzweifeln lassen, weil sie grausam und ungerecht sind, können mit diesem Konzept ausgeblendet werden. Zugleich macht die so umgedeutete Widerstandsfähigkeit den noch in ihr enthaltenen Begriff „Widerstand" zunichte: Widerstand als die Fähigkeit, die Dinge nicht einfach so hinzunehmen, und die Möglichkeit, so in ein Handeln zu kommen, das die Ungerechtigkeit in den Verhältnissen angreift, an ihren Wurzeln, ein Handeln, das radikal wird im besten Sinne des Wortes, kann im Keim erstickt werden.

Das Menschenbild, das sich dahinter verbirgt, korrespondiert tatsächlich mit einer handlungsorientierten konstruktivistischen Pädagogik, wie sie sich in den letzten fünfzehn Jahren in pädagogischen Zusammenhängen etabliert hat, und zwar umso mehr, je mehr Lernen zu einer individuellen Konstruktion wird, die sich immer weniger in einer gemeinsamen Welt wiederfindet. Für den Konstruktivismus – zumindest in bestimmten Ausprägungen – gibt es diese Welt als gemeinsame nicht, weil sie als solche immer schon eine individuelle Konstruktion ist, die den einzelnen eher von allen anderen trennt, als ihn mit ihnen zu verbinden. In der konstruktivistischen Erkenntnistheorie, so könnte man sagen, herrscht das Ich über das Du.

---

116 Thomas von Freyberg, Das Kind als Stehaufmännchen. In: Fit fürs Chaos, Rundschreiben 02/15 von medico international, S. 36; hierzu das ausführliche Dossier zu Resilienz: https://www.medico.de/resilienz/.

Obwohl Kersten Reich als einer der Begründer eines *interaktionistischen* Konstruktivismus in der Pädagogik gilt, beschreibt er das Lebensgefühl des Konstruktivisten so: Er wandere „stets im Spiegelkabinett". Im Spiegelkabinett gibt ihm alles, was er sieht, zunächst und vorrangig, vielleicht sogar exklusiv Auskunft über ihn selbst. Doch genau diese Individualisierungsform läuft Gefahr, die Welt vergessen zu machen. Denn, so der Konstruktivist: „So lange ich lebe, schaue ich hin, und das Spiegelkabinett ist meine Lebensform: Es suggeriert mir Bilder, Ganzheiten, Grimassen, Masken, aber auch offene Blicke und unverhüllte Sichten. Darin gleicht es der Beziehungstheorie des Konstruktivisten."[117] Das Spiegelkabinett, so sagt Reich, sei seine Lebensform. Auch wenn sie aus seiner erkenntnistheoretischen Perspektive konsequent sein mag, ist diese Vorstellung erschreckend.

Was in diesem Bild gerade nicht mehr vorkommt, ist das, was außerhalb des eigenen Selbst ist: das Andere, das Fremde, eben all das, was in letzter Instanz die Welt ausmacht, in der ich mich bewege, die mir vertraut und zugleich fremd ist, die mir Angst macht, auf die ich aber auch neugierig sein kann. In Reichs Bild dient die Welt nur dazu, mich selbst zu spiegeln. Solidarität und Gerechtigkeit als Grundkategorien menschlichen Verhaltens könnten damit ad acta gelegt werden.

Das resiliente Kind – das „Stehaufmännchen" – und der hermetische Konstruktivist – der Mensch im Spiegelkabinett – sind Bilder, die für die gesellschaftliche Entwicklung der letzten dreißig Jahre stehen. Sie sind gewissermaßen die zwei Seiten der einen Medaille: Beide schließen auf ihre Weise die Welt aus. Das eine Bild, indem es sie von sich abprallen lässt, sich unberührbar macht, Durchkommen und Bewältigung als Lösung für die Weltprobleme propagiert. Das andere, indem es die Probleme der Welt als individuelle Konstruktion entlarvt und somit objektive Strukturen immer unsichtbarer macht.[118] Beides sind Strategien der Individualisierung, die schon längst in pädagogischem Alltagshandeln wiederzufinden sind. Die Welt abprallen lassen zu können und ein reiches Leben gespiegelt zu bekommen: Beides ist auch das Ergebnis einer Humankapitalinvestition, die längst nicht allen Menschen zur Verfügung steht. In

---

117 Reich, Systemisch-konstruktivistische Pädagogik, 287.

118 Ein Beispiel hierfür ist ein Interview mit Humberto Maturana, dem chilenischen

der überall begegnenden Aufforderung zur Selbstoptimierung finden die beiden Bilder zueinander.

Kompetent, flexibel, angepasst, das ist in Kurzform die Beschreibung des neoliberalen Subjektes und insofern Ergebnis einer ersten Kritik neoliberaler Bildung, wie sie bislang versucht worden ist. Verblüffenderweise wird dieses Subjekt ganz offen propagiert. Das zeigt der EU-Parlamentsbeschluss von 2006. Die entscheidende Größe dieser Bildung und ihr zentraler Begriff ist das Humankapital. In dessen Schatten gelingt es, Bildung ökonomisch zu fundieren und neue Formen zum Beispiel der Machtausübung zu finden, die eine Vielzahl kultureller, pädagogischer und auch kritischer Ansätze in den gesamten Bildungs- und Erziehungskomplex integrieren können. Dabei verlieren die kritischen Ansätze ihren „Stachel", weil es ihnen durch die gegebenen Rahmenbedingungen nicht mehr gelingen kann, aus der Individualisierungsfalle auszubrechen und die Rahmenbedingungen selbst zum Gegenstand der Kritik zu machen. Dass dieses Subjekt kein glückliches mehr ist, muss nicht eigens gesagt werden.

In einer Welt, in der Bildung zu Kapital geworden ist, scheint jegliche Form von Investition gerechtfertigt zu sein. Akkumulation von Kapital und dessen Verwertung sind in ihr die höchsten aller Ziele.[119] Dass dies grundlegend im Kapitalismus so ist, steht außer Frage. Der neoliberale Kapitalismus unterscheidet sich von seinen Vorläufern vor allem dadurch, dass es ihm gelungen ist, dies in einem hohen Maße zur Selbstverständlichkeit werden zu lassen. Erziehungs- und Bildungsmaßnahmen haben einen entscheidenden Beitrag dazu geleistet.

Gewährsmann konstruktivistischer Erkenntnistheorie. Er hat die Zeit der Diktatur in Chile miterlebt und äußert sich zu einer Einladung zum Essen beim Diktator Pinochet. Er relativiert – man könnte auch sagen verhöhnt – die Opfer im Nachhinein gewissermaßen aus einer erkenntnistheoretischen Perspektive. „Würden Sie sagen, dass es eigentlich keine Opfer gibt? Humberto Maturana: Im strengen Sinne, ja. Ein Opfer verachtet sich, weil es einem anderen Macht zugestanden und sich in einem Akt des Gehorsams selbst in seiner Autonomie verleugnet hat. In der Selbstbeschreibung als ein Opfer werden die eigentlichen Prozesse der Machtentstehung unsichtbar." (Humberto R. Maturana/Bernhard Pörksen: Die Ohnmacht der Macht, Telepolis, 01.10.2002, https://www.heise.de/tp/features/Die-Ohnmacht-der-Macht-3426749.html, 13.05.2010).

119 An dieser Stelle sei einmal auf Papst Franziskus verwiesen, der diese Logik auf den Punkt bringt: „Erkennen wir, dass dieses System die Logik des Gewinns um jeden Preis durchgesetzt hat, ohne an die soziale Ausschließung oder die Zerstörung der Na-

In ihm wird die Individualisierung zu einer Form der Unsichtbarmachung dieser Welt, einer Unsichtbarmachung, durch die das Offensichtlichste gleichsam in den Schatten gestellt wird. Sie verhindert den Blick auf ein Ganzes und darüber hinaus schränkt sie die Handlungsmöglichkeiten in Bezug auf dieses Ganze ein. In ihr hat die Gemeinsamkeit der Welt einen schweren Stand. Vielleicht wird gerade die Individualisierung zu der Falle, in der sich der Verlust von Welt als ihr größtes Problem zeigt.

---

tur zu denken? Wenn es so ist, dann beharre ich darauf - sagen wir es unerschrocken: wir wollen eine Veränderung, eine wirkliche Veränderung, eine Veränderung der Strukturen. Dieses System ist nicht mehr hinzunehmen. ... Wenn das Kapital sich in einen Götzen verwandelt und die Optionen der Menschen bestimmt, wenn die Geldgier das ganze sozio-ökonomische System bevormundet, zerrüttet es die Gesellschaft, verwirft es den Menschen, macht ihn zum Sklaven, zerstört die Brüderlichkeit unter den Menschen, bringt Völker gegeneinander auf und gefährdet - wie wir sehen - dieses unser gemeinsames Haus, die Schwester und Mutter Erde." (Ansprache Welttreffen 2015) Kann dies anders gelesen werden, denn als eine pädagogische Aufforderung, die Comenius didaktische Grundannahme noch einmal aktualisiert?

3. Zwischenüberlegung: Über die Schwierigkeiten mit dem Ganzen

„Wir sind dabei, Bereitschaftsmaschinen zu werden. Eine Bereitschaftsmaschine zu sein, macht uns in den Augen des Staates zu einem guten Bürger. Jederzeit in Bereitschaft versetzt, verlieren wir die Fähigkeit, uns eine andere Zukunft als die des plötzlichen Angriffs vorzustellen, auf den wir uns vorzubereiten haben. Die Resilienz ist der Mechanismus, der unsere politische Einbildungskraft überwacht und zu kolonisieren versucht. Deshalb wird unsere Subjektivität zum Resilienztraining verpflichtet, als einer Technologie des Selbst, die den ultimativen Traum der Polizei verwirklicht, jede mögliche Alternative auszuschließen. Unsere Verunsicherung als Subjekte, als Arbeiter, als Bürger wird damit einer Struktur der permanenten Selbstüberwachung unterstellt. Wir dürfen die Bereitschaftsmaschinerie nicht in Frage stellen. So recycelt unsere Resilienz das vom Kapital verursachte Leiden zugunsten des Kapitals: Wir sollen uns die Zukunft als Katastrophe vorstellen, um für das gerüstet zu sein, was das Kapital uns abverlangt."[120]

Mark Neocleus fasst mit seiner drastischen Beschreibung unserer Situation im Anschluss an die Diskussion um den Resilienzbegriff ganz gut zusammen, worum es geht, auch pädagogisch. Trifft er mit seinem Bild nicht einen Punkt unserer Individualität *und* des Gesamtzusammenhangs, in dem wir leben? Und wenn das so ist, haben wir es dann nicht auch mit einer radikalen Anfrage an PädagogInnen zu tun? In seinem Bild wird die Individualisierung zur Falle, indem sie uns in Aussicht stellt, Bereitschaftsmaschinen zu werden. Ihr Gegenstück ist in der Textpassage die Bereitschaftsmaschinerie. Die aber wird in der Regel von der Bereitschaftsmaschine nicht gesehen, also kommt es auch nicht

120 Mark Neocleus, Bereitschaftsmaschinen, in: Fit fürs Chaos, Rundschreiben 02/15 von medico international, S. 38.

zu Zweifeln und Fragen. Bildungs- und Erziehungsprozesse können zu einer besseren Funktionalität der „Maschine" beitragen – das ist LehrerInnen sehr wohl bekannt – oder aber aufdecken und sichtbar machen, wo und wie es gegenläufige Prozesse, für die die Begriffe Autonomie, Emanzipation und Solidarität stehen, gibt. Im Bild von Neocleus begänne Autonomie damit, nicht mehr Maschine zu sein, Emanzipation mit dem Schritt, es der Maschinerie zu sagen, und Solidarität wäre das, was eine andere Maschinerie, die gar keine „Maschinerie" mehr sein würde, auszeichnete.

3.1 Nur das Ganze kann sehr gut sein …

Anders als US-amerikanische KreationistenInnen und andere FundamentalistInnen wissen PädagogInnen über die Erschaffung der Welt nicht so viel, und Texte, die sich damit befassen, sind für sie in der Regel keine Bezugspunkte. Für Jan Amos Komenský war das noch anders. Er hat seiner Forderung, „alle alles ganz zu lehren", die im Zentrum der ersten grundlegenden Didaktik steht, eine Perspektive verliehen, die uns fremd erscheinen muss, möglicherweise aber mehr mit seiner didaktischen Grundforderung zu tun hat, als oberflächlich wahrzunehmen ist. Zu Beginn seiner „großen Didaktik" sieht Comenius, wie er sich später genannt hatte, eine für den von Gott geschaffenen Menschen humane Perspektive in dem ihm gegebenen „Paradies der Freude. Er sollte es nicht nur bewahren und bebauen…, er sollte selbst für seinen Gott ein Freudengarten sein."[121] Auch wenn die meisten LeserInnen seinen einleitenden Reflexionen über Gott und Welt nicht folgen würden, ist doch zumindest klar, dass der Mensch, den er hier vor Augen hat – der „Freudengarten" –, nicht die in dem einleitenden Zitat von Marc Neocleus beschriebene Bereitschaftsmaschine sein kann. Zugleich stehen hinter diesen beiden Bildern diametral entgegengesetzte Subjektvorstellungen, die mit je spezifischen Vorstellungen von Bildung und Erziehung verbunden sind.

Mehr als ein Jahrtausend vor Comenius liest auch Augustinus die Schöpfungsgeschichte. Und er liest aufmerksam und produziert so einen bemerkens-

---

121 Comenius, Große Didaktik, 9.

werten Text. Er entdeckt etwas, das ihm so bedeutsam erscheint, dass er dieser Irritation in seinen „Bekenntnissen" eine Überlegung widmet. Er stellt fest, dass Gott sich mit dem Urteil „sehr gut" bei den einzelnen Schöpfungsteilen zurückhält. Nur einmal sagt er, es sei sehr gut. Nur in dem Moment, in dem er alles zusammen sieht.

> „‚Du sahest', o Gott, ‚alles was du gemacht hattest, und siehe, es war sehr gut', und auch wir sehen es, und siehe, es ist alles sehr gut. Bei jeder einzelnen Art deiner Geschöpfe, wenn du gesagt hattest: Es werde, und es ward, sahest du, dass es gut war. Siebenmal, so hab' ich gezählt, steht geschrieben, dass du sahest, es sei gut, was du schufst. Das achte Mal aber heißt es: Du sahest alles, was du gemacht hattest, und siehe, es war nicht nur gut, sondern sogar sehr gut, und zwar alles zusammen. Denn das Einzelne war nur gut, alles zusammen aber gut und sehr gut. Das bestätigt jeder schöne Körper, denn er, der aus lauter schönen Gliedern besteht, ist selber doch bei weitem schöner als die einzelnen Glieder, deren wohlgeordneter Aufbau ein Ganzes bildet, obschon sie auch einzeln schön sind."[122]

Je nachdem, wie unser Blick auf und in die Welt geschult ist, kann dieser Text von Augustinus eine Bestätigung der naiven Annahme sein, wir lebten in der besten aller möglichen Welten, in der es von Tag zu Tag noch besser wird – oder eine Provokation. Er bringt das so schwer fassbare, begreifbare, benennbare Ganze ins Spiel. „Du sahest alles, was du gemacht hattest, und siehe, es war nicht nur gut, sondern sogar sehr gut, und zwar alles zusammen." Zunächst genügt ein Blick in die Welt, um zu sehen, dass es nicht so ist. Wie könnte Augustinus gelesen werden? Er wusste um die besondere Qualität des Ganzen. Das jeweils Einzelne kann für sich nicht sehr gut sein, nur gut, was „nicht schlecht" ist, aber eben nicht sehr gut.[123]

Auch LehrerInnen kennen das Problem. Die Bewertung einer Klassenarbeit ergibt sich (fast) immer aus der Summe ihrer Teile – was für eine Mathema-

---

122 Augustinus, Bekenntnisse, 399.

123 Augustinus beschreibt hier etwas, das in der Gestaltpsychologie am Ende des 19. Jahrhunderts „Übersummativität" genannt wurde. Im Anschluss daran gibt es spätestens in der zweiten Hälfte des 20. Jahrhunderts einen Diskurs über Ganzheitlichkeit, Holismus, ganzheitliche Zugänge zur Wirklichkeit, die aber hinter der Problematik weit zurückbleiben. In die Pädagogik hineinversetzt mag daraus die Forderung entstanden sein, dass man auch in der Schule eine ganzheitliche Bildung braucht. Das ist im Folgenden natürlich nicht gemeint, obwohl nichts dagegen einzuwenden ist, zum Beispiel mit allen Sinnen zu lernen!

tikarbeit plausibel ist. Aber mittlerweile gilt dies beispielsweise auch für Texte, deren vermeintliche Qualität sich im Kern aus der Erfüllung eines Erwartungshorizontes, der von den LehrerInnen vorgegeben wird, ergibt. Dabei sollte klar sein: Für die Qualität eines Textes ist etwas anderes ausschlaggebend. Seine einzelnen Teile können gut sein, aber der vollständige Text sehr gut – oder auch schlecht. Die Qualität, um die es hier geht, lässt sich nicht in Raster, in Qualifikationen oder Kompetenzniveaus auflösen. Denn mit Augustinus ließe sich wissen: Nur das Ganze kann sehr gut sein. Mit diesem Ganzen aber gibt es offensichtlich Schwierigkeiten.

Man könnte an dieser Stelle in eine Art kulturpessimistische Haltung verfallen und mit Verweis auf den Verlust des humanistischen Bildungsideals fordern: Mehr Goethe, mehr ganzheitliche Bildung, mehr Zusammenspiel von Körper, Seele, Geist als Antwort auf eine einseitige Ausrichtung und Verengung von Bildung auf Ausbildung wären notwendig, um die Bildungsmisere oder den Bildungsnotstand zu überwinden sowie ein Gefühl und einen Sinn für das Ganze zu entwickeln. Plädoyers für Ganzheitlichkeit stehen noch immer hoch im Kurs. Dadurch würde vielleicht die Qualität von Texten besser, auch ihre Beurteilung. Aber unsere Schwierigkeiten haben eine politische Dimension.

Bei Comenius bekommt der Blick auf das Ganze eine besondere Wendung.[124] Er fordert ihn und zwar in dreifacher Hinsicht. „Alle alles ganz zu lehren" oder „alle alles in Rücksicht auf das Ganze zu lehren". Für Helmut Peukert handelt es sich hierbei um ein...

> „umfassendes Bildungsprogramm, dessen Prinzipien er [Comenius] mit der Formel ‚omnia omnibus omnino' umriß: ‚alles allen ganz'. Sie kann als eine der klassischen, theologisch inspirierten Bestimmungen von Bildung verstanden werden, die nur als Allgemeinbildung begreifbar ist. Danach zielt Bildung auf einen umfassenden Einblick in das Ganze der Wirklichkeit und ihre Zusammenhänge (omnia); diese Bildung muß ausnahmslos jedem – vor allem beiden Geschlechtern – zugänglich gemacht werden (omnibus) und zwar so, daß auf jeder Stufe eines notwendig gestuften Bildungsganges jedem die allseitige (omnino) Entfaltung seiner Fähigkeiten ermöglicht

124 Wenn Comenius im Folgenden zu einem Bezugspunkt wird, so vor allem wegen der berühmt gewordene Formel. Darüber hinaus wäre seine Geschichte und wären seine Schriften in vielerlei Hinsicht pädagogisch aufschlussreich und weiterführend – insbesondere sein Versuch, die politische und die pädagogische Dimension miteinander zu verknüpfen.

> wird. Erst diese Art der Bildung eröffnet für Comenius die Möglichkeit, den Krieg aller gegen alle zu beenden."[125]

Comenius pädagogischer Grundsatz macht deutlich: Hier geht es um etwas, das nicht einfach vorliegt, wovon nicht wie selbstverständlich ausgegangen werden kann. Aber es handelt sich hierbei auch nicht um ein Ziel in weiter Ferne, für wenige nur erreichbar, sondern um so etwas wie ein fundamentales Bildungsmenschenrecht. Und dieses wird in drei Richtungen entfaltet. Man könnte sagen: Das Ganze ist alles, das Ganze sind alle und das Ganze ist nur ganz zu haben. Dies ist in der Tat eine radikale Forderung und sie befindet sich am Beginn und zugleich im Zentrum der Didaktik, also der Lehre vom Lehren und Lernen. Sie ist notwendig eine Forderung, mit der eine Gesellschaft konfrontiert wird, in der Exklusion, Ausgrenzung und Abschottung Alltag sind. Ohne diese dreifache Form des Bezuges ist Lernen noch gar nicht wirkliches Lernen. Genau damit steht die politische Dimension im Zentrum dessen, was Lehren und Lernen ausmacht. Ihre Ausschließung bedeutet nicht nur die Entpolitisierung der Bildung, sondern viel mehr als das, nämlich die Verweigerung von Bildung selbst.

Der Begriff Didaktik hat keinen guten Klang. Für die einen verbirgt sich dahinter das, was im Unterricht geschieht, für andere die Aneinanderreihung von Methoden oder die Begründung, warum Unterricht wie gemacht wird. Eine Kritik neoliberaler Bildung – innerhalb und außerhalb der Schule – muss sich mit dem auseinandersetzen, was im Zentrum von Bildungsprozessen geschieht. Didaktik muss in diesem Sinne verstanden werden. Schon allein deshalb kann sie nicht auf ein Verfahren reduziert werden und Kritik ist ihr integraler Bestandteil. Die strukturierende Forderung des Comenius beinhaltet zumindest die Möglichkeit einer Fortführung dieser Kritik in Bildungsprozesse hinein. Eine Auseinandersetzung damit darf die gesellschaftliche Dimension an keiner Stelle vernachlässigen.

So lässt sich in diesem dreifachen Bezug des Comenius ein Schlüssel zum Verständnis unserer gegenwärtigen Bildungssituation finden. Schnell wird klar,

---

125 Peukert, Identität in Solidarität, 83f. Es ist offensichtlich, dass die Grundannahmen des Comenius nicht mit dem achtstufigen Europäischen Qualifikationsrahmen übereinstimmen können. Dennoch gibt es das Comenius-Programm als europäisches Bildungsprogramm, das sich positiv auf ihn bezieht.

dass solch ein Bezug in der Vielzahl der Reformvorschläge nicht zu finden ist. Dieser aber ist eine Voraussetzung dafür, auf der einen Seite nicht in reformistische und aktionistische Fallen zu tappen, auf der anderen Seite mit dem Versuch, guten Unterricht zu machen, nicht zu scheitern.

Für alle weiteren Überlegungen sollte der Orientierung auf ein Ganzes eine große Bedeutung zugemessen werden, weil es um ein pädagogisch-politisches Handeln gehen soll, das die Verhältnisse nicht im Status quo belassen will, und sich deshalb nicht mit einer neoliberalen Bildung zufriedengibt.

3.2 … ist es aber nicht!

Stattdessen gibt es systemische Ansätze: systemisch-konstruktivistisch, systemisch-ganzheitlich, systemisch-ganzheitlich-holistisch. Der Phantasie scheinen hier keine Grenzen gesetzt. Schon die Kultusministerkonferenz 2004 weiß, wie wichtig „systemische Evaluation" ist, wenn die „Standards für die Lehrerbildung" eingehalten werden sollen. So entwickeln „Lehrerinnen und Lehrer … ihre Kompetenzen ständig weiter"[126]. Und die Bezirksregierungen helfen „als zentrales Ziel die Entwicklung einer Schule durch systemische Unterrichtsentwicklung" zu verfolgen.[127] Eine explizite Begründung für die Notwendigkeit systemischer Ansätze ist rar. Kersten Reich sieht allein in ihrem gehäuften Auftreten einen Anknüpfungspunkt: „Die Ansätze zur systemischen Therapie bzw. Beratung haben sich in den letzten Jahrzehnten enorm entfaltet. Sie werden zunehmend Anlass, pädagogische Ansätze, die die Beziehungskommunikation immer stark ausblendeten oder vereinfachten, zu ergänzen."[128] Und weil durch sie der vernachlässigte Beziehungsaspekt stärker gesehen werden könne. Keine Frage, pädagogisches Handeln geschieht immer in Beziehungen. Dies zu

---

126 Standards für die Lehrerbildung: Bildungswissenschaften (Beschluss der Kultusministerkonferenz vom 16.12.2004), https://www.kmk.org/fileadmin/Dateien/veroeffentlichungen_beschluesse/2004/2004_12_16-Standards-Lehrerbildung.pdf (30.07.2016), S. 3.

127 So die Bezirksregierung Köln auf ihrer Homepage: https://www.bezreg-koeln.nrw.de/brk_internet/leistungen/abteilung04/46/ (08.03.2018). Das Beispiel ist beliebig und in vielen Variationen zu finden.

128 Reich, Systemisch-konstruktivistische Pädagogik, S. XI.

behaupten führt jedoch noch längst nicht dazu, die zugrundeliegende Struktur, innerhalb derer all das geschieht, zu sehen. Und die Rede von systemisch-ganzheitlich-holistischen Ansätzen verstellt eher den Blick und die Bezugnahme auf grundlegende Strukturen, gerade weil sie vorgeben, solch einen Zugang zu ermöglichen.[129]

Mit dem Hinweis auf Ganzheitlichkeit ist die Kritik an den herrschenden Verhältnissen schon immer gut zurückzuweisen gewesen. Als Theodor W. Adorno sich Ende der 50er Jahre des 20. Jahrhunderts mit seinem Aufsatz „Theorie der Halbbildung" in die Bildungsdiskussion einschaltete, war er sich dieses Problems bereits bewusst.

> „Während aber am ökonomischen Grund der Verhältnisse, dem Antagonismus wirtschaftlicher Macht und Ohnmacht, und damit an der objektiv gesetzten Grenze von Bildung nichts Entscheidendes sich änderte, wandelte die Ideologie sich umso gründlicher. Sie verschleiert die Spaltung weithin auch denen, welche die Last zu tragen haben. Sie sind während der letzten hundert Jahre vom Netz des Systems übersponnen worden. Der soziologische Terminus dafür lautet: Integration."[130]

Integration ist für Adorno die Einbindung in das System und er markiert damit den blinden Fleck all dieser Ansätze: Sie erlauben unterschiedliche Perspektiven, ermöglichen die Einordnung, überschreiten aber nicht die unsicht-

---

129 Vielleicht könnten Bini Adamzcaks Überlegungen an dieser Stelle auch für PädagogInnen hilfreich sein: Mit dem Hinweis auf Marx betont sie die Bedeutung von Beziehungen, die „Beziehungsweise", die zwischen den Subjekten und dem Gesellschaftsganzen vermittelt und für eine grundlegende gesellschaftliche Veränderung verstanden werden muss. Dies ist jedoch einer „systemischen" Sichtweise entgegengesetzt: „So wie Marx in einer berühmt gewordenen Formulierung den Menschen als Ensemble der gesellschaftlichen Verhältnisse definierte (MEW 3, 6), so definierte er in einer bezeichnenderweise weniger berühmt gewordenen Formulierung die Gesellschaft als Ensemble der menschlichen Beziehungen. ‚Die Gesellschaft', deklarierte er, ‚besteht nicht aus Individuen, sondern drückt die Summe der Beziehungen aus, worin diese Individuen zueinander stehen' (MEW 42, 189). In dieser Perspektive setzt sich weder die Gesellschaft direkt aus Individuen zusammen, noch wird das Individuum direkt vom gesellschaftlichen Gesamtzusammenhang determiniert; stattdessen erscheinen die sozialen Beziehungen als vermittelndes Moment zwischen beiden. Die Beziehung, die selbst als Selbstbeziehungen nur zwischen dem Bezogenen existieren kann, wird von Marx so in die Mitte der Aufmerksamkeit gerückt." (Adamczak, Beziehungsweise Revolution, 239f.) Hierzu auch Vygotskij im Schlusskapitel.

130 Adorno, Theorie der Halbbildung, 100.

bare Grenze, die er als „objektive“ kennzeichnet, den „Antagonismus zwischen wirtschaftlicher Macht und Ohnmacht“ am „ökonomischen Grund der Verhältnisse“. Dass dies so ist, ist für Adorno kein Zufall, und Bildung als die „Möglichkeit realer Autonomie“, aus der Beziehung entstünde, muss misslingen, „weil der Einzelne von der durch die Allherrschaft des Tauschprinzips virtuell entqualifizierten Gesellschaft nichts an Formen und Strukturen empfängt, womit er, geschützt gleichsam, überhaupt sich identifizieren, woran er im wörtlichsten Verstand sich bilden könnte“[131]. Das in der Einführung gewählte Beispiel der jungen Altenpflegerin verdeutlicht dies. Die kollegiale Fallberatung läuft darauf hinaus, die für das System relevante Frage herauszuarbeiten, die für die Altenpflegerin insofern bedeutsam ist, als sie sich als Berufsanfängerin vor allem eins wünscht: Integration. „Wofür bin ich als Pflegekraft zuständig, was ist meine Aufgabe bzw. was gehört nicht dazu? Wie kann ich mit meinem Mitleid und meiner eigenen Hilflosigkeit umgehen?“ Oder: Wie kann ich den in mir aufbrechenden Widerspruch zwischen „reibungslos funktionieren“ und meiner Mitmenschlichkeit so bearbeiten, dass er nicht mehr stört. Der Punkt, an dem die „Möglichkeit realer Autonomie“ aufscheint, sind die Hilflosigkeit und das Mitleid – ein Hinweis auf tatsächliche Beziehung. Mit Hilfe der unterschiedlichen Perspektiven der KollegInnen wird das Problem in das Subjekt zurück verlagert und dieses dadurch atomisiert. Das Leid des Anderen prallt ab und die „Bereitschaftsmaschine“ entsteht.

Die auf eine individualisierende Bildung setzende Idee besteht darin – auch das hat Adorno vorweggenommen: „je heller die Einzelnen, desto erhellter das Ganze.“[132] Doch wusste schon Augustinus, dass es in der Perfektionierung, der Zuspitzung des Einzelnen eine Grenze gibt. Sehr gut gibt es nicht. Aber das kann eine Gesellschaft, die es gar nicht geben soll, weil es in ihr nur Individuen gibt, nicht erkennen und noch weniger das Umgekehrte. Denn: „Die Gesellschaft wird dabei als das unmittelbare Zusammenleben von Menschen angesprochen, aus deren Haltung gleichsam das Ganze folgt, anstatt als ein System, das sie nicht bloß umklammert und deformiert, sondern noch in jene Humani-

131 Ebd. 103f.

132 Ebd. 97.

tät hinabreicht, die sie einmal als Individuen bestimmte."[133] Und wir müssen zur Kenntnis nehmen, dass es uns etwas kostet, „Bereitschaftsmaschinen" zu sein. Was so in unsere Humanität hinabreicht, ist nicht folgenlos.

Was für die Altenpflegerin ein besseres Funktionieren im Alltag des Altenheims bedeutet, bedeutet auch etwas für ihre individuelle Integrität. Menschen zerbrechen nicht nur an ihren Überforderungen, an ihrer Dauerbereitschaft, sondern auch an der Missachtung und Ausschließung dessen, was sie sein könnten: ein mitfühlendes Wesen. Nicht umsonst ist die Depression die am stärksten zunehmende Erkrankung im Berufsalltag, was schon Ende der 1990er Jahre von Alain Ehrenberg in seiner Untersuchung der Depression in unserer Gegenwartsgesellschaft vorweggenommen wurde. Die Dauerbereitschaft, die Notwendigkeit zur Initiative und die „Aufgabe, *alles zu wählen* und *alles zu entscheiden*"[134] sind die als selbstverständlich erscheinenden Taktgeber unserer Zeit. Sie entsprechen der Kompetenzdefinition von Weinert, der von „motivationalen, volitionalen (d. h. absichts- und willensbezogenen) und sozialen Bereitschaften" gesprochen hatte, und den Anforderungen an den EU-Bürger unter der Prämisse eines lebenslangen Lernens. Sie regulieren das Koordinatensystem eines umfassenden Erziehungskomplexes und bilden die Grundlage für ein tatsächlich anderes Subjektverständnis mit all den daraus resultierenden Implikationen:

> „Indem staatliche, professionelle, schulische und private Institutionen in die persönliche Initiative einfließen, begleitet von einer neuen Sittenfreiheit und einem größeren Orientierungsspektrum, wird dem Psychischen eine völlig neue gesellschaftliche und damit persönliche Dimension verliehen. Der Versuch, auf die Probleme der Person einzugehen, nimmt die Form einer unter Umständen lebenslangen Betreuung der Individuen an. Sie ist eine Art Wartung, die aus verschiedenen professionellen Perspektiven durchgeführt wird: pharmakologisch, psychotherapeutisch oder sozialpolitisch. Produkte, Personen oder Organisationen sind ihre Medien. Diese verschiedenen Akteure, die aus dem öffentlichen Dienst oder aus privaten sozialen Diensten kommen, beziehen sich alle auf dieselbe Regel: eine Individualität erzeugen, die selbstständig handeln und sich verändern kann, indem sie sich auf ihre inneren Antriebe stützt. Diese Regel kann ebenso als Mittel zur Beherrschung wie als Mittel zur Wiedereingliederung oder zur therapeutischen Behandlung verwendet

---

133 Adorno, Minima Moralia, 169.

134 Ehrenberg, Das erschöpfte Selbst, 247.

> werden. ... Diese Regel ist zu einem Teil unserer selbst geworden, ist in unsere Sitten eingegangen und prägt unsere Sprache (‚Projekte entwickeln', ‚einen Vertrag schließen', ‚Motivationen erzeugen' usw.)."[135]

Auch Ehrenberg zeigt, wozu all die systemischen Ansätze gebraucht werden: Das Verhalten – das wurde schon deutlich in der Darstellung neoliberaler Theorieansätze – und damit das Psychologische hat als Schlüssel zur Humankapitalbildung eine völlig neue Bedeutung bekommen.[136] Eine systemische Sichtweise ermöglicht dabei die Zuordnung. Das lebenslange/lebensbegleitende Lernen wird zur „lebenslangen Betreuung", für die die gegebene Situation, das System normativ wird. Das macht das spezifische Verhältnis von Individuum und System aus.

Michel Foucault hatte für all diese Mechanismen, Einflussnahmen, Bedingungsgefüge, Machtkonstellationen und Regierungsformen einen Begriff erfunden, der die unterschiedlichen Teilaspekte zusammenfasst: Gouvernementalität. „Unter Gouvernementalität verstehe ich die Gesamtheit, gebildet aus den Institutionen, den Verfahren, Analysen und Reflexionen, den Berechnungen und den Taktiken, die es gestatten, diese recht spezifische und doch komplexe Form der Macht auszuüben, die als Hauptzielscheibe die Bevölkerung, als Hauptwissensform die politische Ökonomie und als wesentliches technisches Instrument die Sicherheitsdispositive hat."[137]

In dieses Ganze sind Erziehung und Bildung verwoben und es ist unmöglich, Teile davon herauszuhalten, in ihnen abgesondert und gewissermaßen autonom zu agieren. Mag sein, dass PädagogInnen davor zurückschrecken, aber

---

135 Ebd. 299.

136 Auch das wusste schon Adorno: „Das Prinzip der menschlichen Herrschaft, das zum absoluten sich entfaltete, hat eben damit seine Spitze gegen den Menschen als das absolute Objekt gekehrt, und die Psychologie hat daran mitgewirkt, jene Spitze zu schärfen. Das Ich, ihre leitende Idee und ihr apriorischer Gegenstand, ist unter ihrem Blick stets zugleich schon zum Nicht-Existenten geworden. Indem Psychologie sich darauf stützen konnte, daß das Subjekt in der Tauschgesellschaft keines ist, sondern in der Tat deren Objekt, konnte sie ihr die Waffen liefern, es erst recht zu einem solchen zu machen und unten zu halten. Die Zerlegung des Menschen in seine Fähigkeiten ist eine Projektion der Arbeitsteilung auf deren vorgebliche Subjekte, untrennbar vom Interesse, sie mit höherem Nutzen einsetzen, überhaupt manipulieren zu können. Psychotechnik ist keine bloße Verfallsform der Psychologie, sondern ihrem Prinzip immanent." (Minima Moralia, 71).

137 Foucault, Die „Gouvernementalität", 171.

sie kommen nicht darum herum, sich ein Urteil zu bilden. Sie können unmöglich neutral bleiben, wenn sie den Anspruch des Comenius nicht verraten wollen. Sie müssen sich eingestehen, von der Hoffnung des Augustinus, dass das Ganze sehr gut ist, weit entfernt zu sein, sollten aber, auch wenn dies zunächst wenig zu sein scheint, festhalten, dass nur das Ganze sehr gut sein kann. In diesem Eingeständnis aber steckt zumindest eine Möglichkeit: die des Politischen.

Exkurs: Systemische Ansätze

Wenn in diesem Text von systemisch-konstruktivistisch-ganzheitlich-holistischen Ansätzen gesprochen wird, dann enthält die Formulierung zugegebenermaßen eine polemische Spitze und charakterisiert eine Wahrnehmung, die nicht empirisch abgesichert ist. Die empirische Absicherung würde eine wissenschaftliche Untersuchung benötigen, die in diesem Rahmen nicht zu leisten ist und eher Aufgabe für eine soziologische oder erziehungswissenschaftliche Fakultät wäre. Dennoch beansprucht die Beobachtung Plausibilität und der empirische Teil müsste gewissermaßen von den LeserInnen selbst nachgeliefert werden.

Vor allen Dingen lassen Fortbildungen recht gut erkennen, welche pädagogischen Konzepte in den Vordergrund treten und an Bedeutung gewinnen. Und in diesem Zusammenhang ist die Häufung des Beiwortes „systemisch" – neben anderen – auffällig. Das kann an den verschiedensten Orten überprüft werden: in den Fortbildungsangeboten der Bezirksregierungen, auf den Internetseiten der Kultus- bzw. Bildungsministerien, aber auch bei freien Trägern. Die Begriffe finden sich wieder in den Qualitätsanalysen und worauf durch sie der Fokus gerichtet wird, aber auch in Schul- und anderen Bildungsbüchern. Exemplarisch sollen hier ein paar Beobachtungen gestreut werden.

Eine systemische Notwendigkeit wird insbesondere im Zusammenhang mit der Schulentwicklung hergestellt, hier auszugsweise von der Seite der Bezirksregierung Arnsberg: Es geht um „systemische Schulentwicklungsbegleitung" und in diesem Rahmen um das „Unterstützungsangebot ‚Schulentwicklungsberatung (SEB) - Schulentwicklung erfolgreich gestalten'". Obwohl viele Anstrengungen unternommen worden seien, hätten diese nicht „im gleichen Maße zu einer nachhaltigen und evidenten Verbesserung von Unterricht und Lernleistungen der Schülerinnen und Schüler" geführt. „Hauptursache ist eine fehlende systematische und systemische Implementierung und Verankerung von Entwicklungskonzepten. Maßnahmen der Unterrichts- und Schulentwicklung wurden oft zu unverbunden geplant und zu gestückelt implementiert." Deshalb brauche es das Zusammenwirken „von Unterrichts-, Personal- und Organisationsentwicklung". Vielleicht meint „systemisch" nur, dass die einzelnen Maßnahmen nicht isoliert geschehen dürfen. Darüber hinaus wird der spezifische Begriff nicht geklärt. Übrig bleibt die Botschaft: Systemisch ist wichtig! Und ergänzend hierzu gibt es den Begriff „ganzheitlich". Abgewickelt wird der Prozess natürlich über „Schulentwicklungsberaterinnen". Wissen kann man dann auch noch, dass „Verfahren der systemischen Organisationsberatung und Organisationsentwicklung ... zu einer wirksamen und nachhaltigen Schulentwicklung" beitragen.[138]

Ein zweites Schlaglicht wird auf den „Bildungsplan 2016 – Gemeinschaftskunde" für Gymnasien in Baden-Württemberg geworfen. Dieser eröffnet einen Lerndreischritt, der aus einer individuellen, öffentlichen und systemischen Perspektive besteht. Die individuelle Perspektive findet sich in den „eigenen Interessen" und den „Interessen ihres sozialen Umfelds", die öffentliche Perspektive findet sich in der Wahrnehmung der „Interessen und Werte anderer Akteure". Was macht nun die systemische Perspektive aus? SchülerInnen ziehen „generalisierende Schlüsse" und fragen nach den „Auswirkungen für das gesamte System". Die Formulierung ist verräterisch, so wie die Absicht klar: Die Frage nach dem System wird nicht gestellt, weil es gesetzt ist. Lediglich die Auswirkungen für das System gilt es zu untersuchen. Die Einnahme unterschiedlicher Perspektiven wird zu einer Art Scharnier. Darin zeigt sich im Kern das Problem systemischer Ansätze.[139] Darin zeigt sich zugleich das Problem konstruktivistischer Ansätze, insofern auch sie durch die Hervorhebung eines je spezifisch-individuellen Zugangs immer gewissermaßen „diesseits" der Grenze des Systems bleiben müssen. Beide Begriffe werden oft zusammengeführt.

---

138 Alle Zitate aus „Systemische Schulentwicklungsbegleitung" auf der Seite der Bezirksregierung Arnsberg (https://www.bezreg-Arnsberg.nrw.de/themen/s/sys_schulentwicklung/index.php, 17.03.2018).

139 Bildungsplan des Gymnasiums, Gemeinschaftskunde, Stuttgart 2016, PDF, 6

Diese Vorgehensweise findet man auch in Schulbüchern. Als Beispiel sei hier auf „Anstöße. Gesellschaftslehre mit Geschichte“ für das berufliche Gymnasium verwiesen, ein umfangreiches, gut ausgewähltes und gestaltetes Buch mit vielen Quellen, die immer wieder als unterschiedliche Perspektiven im Buch aufzufinden sind. Lernsituationen gewährleisten eine kompetenzorientierte Anbindung an die Lebenswelt der SchülerInnen. Die Grenze dieses Ansatzes lässt sich beispielhaft an einer Stelle deutlich machen. Die Offenheit der unterschiedlichen Perspektiven – von Smith zu Marx, von Lenin zu Ehrhard – erhalten ihre unsichtbare (neoliberale) Schranke an der Stelle, an der Grundannahmen auf eine Weise gesetzt werden, die für SchülerInnen nicht durchschaubar ist: Das System fordert zu einer Funktionalität innerhalb auf. In diesem Fall geht es um den demografischen Wandel und die von Lehrbüchern – auch von diesem – immer wieder kolportierte „Notwendigkeit“ zur Privatisierung, gesetzt nicht als spezifische Perspektive, sondern als VT (Verfassertext):

> „Dieses System funktioniert so lange, wie viele Erwerbstätige relativ wenige Rentner finanzieren müssen. Die niedrigen Geburtenraten und die steigende Lebenserwartung in der BRD haben jedoch zu einer stärkeren Belastung der sozialen Sicherungssysteme (v.a. Rente, Krankenkasse) geführt: Aufgrund des demografischen Wandels müssen immer weniger Erwerbstätige immer mehr Rentner finanzieren. Bereits heute ist eine private Vorsorge für das Alter unerlässlich – doch nicht jeder kann diese finanzieren. Gibt es darüber hinaus noch alternative Lösungsansätze?“[140]

Auch wenn das eigentlich gar nicht schlechte Schulbuch immer wieder eine Offenheit für unterschiedliche Perspektiven suggeriert, so zeigt der Einstieg in die Problematik die Grenze des Systems auf, die den SchülerInnen gesetzt wird. Was ist hier unverrückbar? Dass der demografische Wandel eine private Vorsorge notwendig macht, womit die zentralen neoliberalen Dogmen bedient werden: Liberalisierung, Privatisierung und Deregulierung. Abgesehen davon, dass das natürlich sachlich schlicht falsch ist[141], laufen „systemisch-konstruktivistisch-ganzheitlich-holistische“ Ansätze – in welcher Ausformung auch im-

140 Bage u.a., Anstöße, 260.

141 Dazu ist in diesem Text tatsächlich nicht genug Platz, deshalb ganz kurz: Das Problem einer umlagefinanzierten Rente liegt nie in der Demografie begründet, insofern immer diejenigen, die einer Erwerbsarbeit nachgehen, die sozialen Sicherungssysteme finanzieren. Dabei ist es zwar nicht gleichgültig, aber egal, auf welche Weise dies geschieht.

mer – Gefahr, diese Erkenntnis systematisch zu verstellen. In dem Textauszug suggeriert die abschließende Frage Alternativen, die vorher schon verstellt sind.

Die knappen Beispiele sollten genügen und die Wahrnehmung der LeserInnen könnte geschärft worden sein. Hinzuweisen wäre lediglich noch darauf, dass Vorläufer entsprechender Ansätze in der New-Age-Bewegung seit den 1970er Jahren zu finden sind. Die Spanne reicht von Gregory Bateson über Fritjof Capra, Umberto Maturana bis zu Erich Jantsch. Manche Begrifflichkeiten und Formulierungen in Bildungsplänen, Handreichungen und didaktischen Konzepten könnten dort abgeschrieben sein. Ganzheitlichkeit, Selbstorganisation und Autopoiesis waren hoch im Kurs, eine damit verbundene Indivdualisierung auch – lange schon, bevor Ulrich Beck der Selbstreflexivität in der „Risikogesellschaft" ein Denkmal gesetzt hatte. Dass sich hinter systemischen Ansätzen auch Luhmanns Systemtheorie verbirgt, die zur oftmals unhinterfragten Basistheorie soziologischer, pädagogischer und sogar theologischer Diskurse geworden ist, ist anzunehmen.

Wenn in diesem Text häufiger auf Kersten Reich Bezug genommen wird, so vor allem, weil seine ausgearbeitete Position für eine produktive Auseinandersetzung geeignet ist und er den Versuch unternimmt, seinen systemisch-konstruktivistischen Ansatz mit einem größeren Kontext zu verzahnen. Genau an diesem Punkt lässt sich viel über die Probleme dieses Versuches lernen.

Das Problem der Unterfinanzierung taucht nicht aus demografischen Gründen auf, sondern weil es gesamtgesellschaftlich über einen langen Zeitraum hinweg eine Verschiebung der Einkommen und gleichzeitige Steigerung der Gesamtproduktivität gegeben hat, mit dem Effekt, das die Kapitaleinkünfte gewachsen sind, während der Anteil der Einkommen aus Lohnarbeit aufgrund neoliberaler Interventionen stetig gesunken ist. Dass nun Lohnabhängige gezwungen werden über eine privatisierte Altersvorsorge ihre Renten aufzubessern, verschärft das Problem auf vielfältige Weise – was mittlerweile offensichtlich geworden ist – und macht die Perversion dieser Weltsicht deutlich. Dass dies flächendeckend in Schulbüchern nicht thematisiert wird, ist auch ein Bildungsskandal. (Genauer hierzu: Rätz/Lüdtke, Sozialstaat oder: Globale Soziale Rechte?, 39-59) Darüber hinaus entwickelt sich auch die Demografie anders als von den PrivatisierInnen vorausgesagt.

3.3 Für eine politische Didaktik

Wir leben in einer konsensuellen Demokratie[142], in der politische Prozesse zunehmend durch Verfahrensweisen abgelöst und durch technokratische Ansätze erstickt werden. Allein politische Prozesse zu fordern und zu ermöglichen ist eine zutiefst politische Forderung. Die Schule trägt zur Verhinderung dessen bei. Methodische Vorgaben sind immer auch Einübungen in Verfahrensweisen, die das spätere Leben durchdringen werden. Und zudem, das hatte schon Ivan Illich in den 70er Jahren des letzten Jahrhunderts deutlich gemacht, verwandelt sich auch die Schule in einen modernen Dienstleister, in dem die Einübung in den Konsum von Dienstleistungen das Bildungsgeschehen strukturiert. SchülerInnen „werden geschult, Verfahren und Inhalt miteinander zu verwechseln." Und die Vorstellung „wird dazu ‚geschult', eine Dienstleistung anstelle von Werten hinzunehmen."[143]

Die Bildung bildet für die konsensuelle Demokratie. „Diese Post-Demokratie muss, um den Demos ins Abseits zu setzen, die Politik ins Abseits setzen, in die Klauen der wirtschaftlichen Notwendigkeit und der rechtlichen Regel".[144] In ihr geschieht politische Willensbildung über die Meinungsäußerung und Meinungsbildungsinstitute dominieren den öffentlichen Raum. Die Preisgabe einer Meinung in einer Umfrage in „einer von der Wissenschaft" – und hinzuzufügen wäre: von der Erziehung – „beherrschten Gemeinschaft, die jeden an seinen Platz stellt mit der Meinung, die zu diesem Platz passt" wird mit einem politischen Akt verwechselt. Und die Schule leistet ihren Beitrag zu dem, was Rancière eine „leere Tugend" nennt: „ ... die Tatsache für jeden, an seinem Platz zu sein, sich dort um seine eigenen Angelegenheiten zu kümmern, und die Meinung zu haben, die identisch ist mit der Tatsache, an diesem Platz zu sein, und zu machen, was man zu machen hat."[145]

---

142 Vgl. Rancière, Das Unvernehmen, 105-131.

143 Illich, Entschulung der Gesellschaft, 17.

144 Rancière a.a.O., 120.

145 Ebd. 115; Rancière beschreibt hier, was es politisch bedeuten könnte, in dem von Reich favorisierten Spiegelkabinett zu leben. Ergänzt werden muss Rancières Analyse durch die Beobachtung, dass Suchmaschinen wie Google oder soziale Netzwerke wie Facebook diesen Prozess befeuern, weil sie die Nutzer mit genau dem versorgen, was auf die digitale Analyse ihrer Persönlichkeit zugeschnitten ist.

Was kommt in solch einer Bildung nicht vor? Wer kommt nicht vor? Zunächst sind zwei Punkte zu berücksichtigen. Zum einen kann sich die Pädagogik nicht aus der Welt heraushalten und hat in diesem Sinne schon immer eine „politische" Dimension. Bildung kann nie „neutral" sein! Bildung wird gebraucht, missbraucht, vereinnahmt, als Mittel von Herrschaft und Unterdrückung in Beschlag genommen. In diesem Sinne positioniert sich Bildung immer. Bildung ist für etwas – oder gegen. Ob unausgesprochen oder explizit: Bildung stellt einen Inhalt ins Zentrum ihres Tuns. Durch eine Bildung, die den Blick weg von Inhalten auf Kompetenzen richtet, wird genau das – die Positionierung in Verbindung mit einem Inhalt – unterlaufen. In ihr stehen Fähigkeiten im Zentrum, die auf nichts Spezifisches ausgerichtet zu sein vorgeben. Und indem das geschieht, werden zum anderen die eigentlichen Inhalte verschleiert, das, worum es geht, die dahinter liegenden Glaubenssätze und Fundamentalismen, die die neoliberale Gesellschaft ideologisch steuern.[146] Somit ist Bildung selbstverständlich mit dem Politischen verwoben.

Nicht untypisch für eine stark technokratisch organisierte Gesellschaft ist, dass sie den Versuch unternimmt, das Politische in andere Felder hinein aufzulösen, zum Beispiel in die Betriebswirtschaft oder Psychologie. Dabei wird vieles dem Raum des Politischen entzogen, zu sehen in der Bewältigung der „Schuldenkrise" nach 2006 bis hin zur „Griechenland-" bzw. „Eurokrise", in der Technokraten und Spezialisten vorgegeben haben, was zu tun ist. Solch ei-

---

146 Jean-Luc Nancy in einem Text zu den Anschlägen in Paris vom 13.11.2015: „Gewiss, der aktive, rachsüchtige und aggressive Fundamentalismus ... kennzeichnet zu einem nicht geringen Anteil die letzten 25 Jahre. Aber wie könnte man übersehen, dass er auf etwas geantwortet hat, was man als den ökonomischen Fundamentalismus bezeichnen kann, dessen Beginn mit dem Ende der bipolaren Teilung und einer ‚Globalisierung' einhergeht .... Der liberale Fundamentalismus behauptet den grundlegenden Charakter eines unvermeidlichen Naturgesetzes der unbegrenzten konkurrenzförmigen Produktion, der nicht minder unbegrenzten technischen Expansion und vor allem der tendenziell unbegrenzten Einschränkung jedes anderen Rechts – in erster Linie des politischen Rechts, vor allem wenn es das Naturgesetz gemäß den besonderen Erfordernissen eines Landes, eines Volks und einer gemeinschaftlichen Existenzform reglementieren will." (ders., Was tun?, 92f.) Nancy zeigt, inwiefern gerade der Neoliberalismus, weil er „fundamentalistisch" ist, das Politische – auch auf der Ebene der Bildung – einschränkt. Das verweist im Umkehrschluss auf die Notwendigkeit des Politischen in der Auseinandersetzung mit eben diesem liberalen und anderen Fundamentalismen.

nen Weg zu gehen, ist eine politische Entscheidung. Durch sie wird verschleiert, dass alternative Handlungsmöglichkeiten existieren (dass auch eine grundlegende Alternative eine tatsächliche Möglichkeit oder gar Notwendigkeit darstellt!) und genau dadurch wird der Raum des Politischen verlassen. Die wichtigste Aufgabe der Technokraten ist, die Möglichkeiten des Handelns zu verbergen und zu verhindern, dass die Ereignisse in einem Gesamtzusammenhang gesehen werden können. Aber gerade das Ganze erkennen zu können, wäre die Voraussetzung dafür, tatsächlich handlungsfähig zu werden. Und dies zu lernen, ist eine Aufgabe von Bildung: ein Verstehen zu ermöglichen, das Menschen in Bezug auf die großen Zusammenhänge, in denen sie leben, emanzipiert und handlungsfähig macht. Wenn Bildung auf Kompetenzen als Fähigkeiten setzt, so ist das natürlich nicht falsch. Diesen Fähigkeiten fehlt aber die entscheidende Größe: das Ganze als Bezugs- und Orientierungspunkt. Für eine befreiende Pädagogik ist das der Stein sein, den die Bauleute verworfen haben.

Das Politische als ein Feld zu beschreiben, in dem pädagogisches Handeln, die Arbeit von Lehrerinnen und Lehrern, ja Bildung insgesamt angesiedelt und mit dem sie verwoben ist, genügt noch nicht, um daraus eine Didaktik zu begründen und zu entwickeln. Hinzu kommt die Notwendigkeit einer qualitativen Orientierung von Politik, wenn mit diesem Begriff nicht alles und jedes gemeint sein soll: das Geschachere von Kommunal- bis hin zu Europaparlamenten, der Lobbyismus in Berlin und Brüssel, das „Strippenziehen" als Instrument der Manipulation, das „Netzwerken" zum Erlangen von Vorteilen und zum Durchsetzen von Interessen sowie die Aufrechterhaltung der bestehenden Ordnung mit allen Mitteln. Ich schlage vor einen Begriff des Politischen zu verwenden, wie ihn unter anderem der französische Philosoph Rancière vertritt und wie er in den geschichtlichen Kämpfen um Autonomie und Emanzipation immer schon und immer wieder lebendig war bis heute: einen Begriff des Politischen, der sich nicht zufrieden gibt mit den Zuständen der Welt, sondern immer wieder den Finger in die Wunden legt und die Perspektive derjenigen eröffnet, für die die erreichten Zustände alles andere sind als eine Möglichkeit für ein humanes Leben, nämlich die Gründe, genau nicht so leben zu können. Aus dieser Perspektive entsteht das Politische dort, wo das, was durch die gesellschaftlichen Verhältnisse ausgeschlossen wird, seinen Anteil verlangt am Ganzen, am Allgemeinen. „Die Politik existiert, wenn die natürliche Ordnung der Herrschaft unterbrochen ist durch die Einrichtung eines Anteils der Anteillosen."[147]

Für den slowenischen Philosophen Slavoj Žižek ist das, was uns tagtäglich in den Nachrichten oder Zeitungen als Politik begegnet, nicht Politik im eigentlichen Sinne, sondern Postpolitik, Aufrechterhaltung der Ordnung, Regelung innerhalb der Ordnung. Rancière verwendet dafür den Begriff „Polizei": das gesamte Ordnungssystem, das das nicht zu hinterfragende Funktionieren aufrechterhält und alle Maßnahmen ergreift und durchführt, die die Polizei im bekannten engeren Sinne betreffen und darüber hinaus alle Agenten der öffentlichen Ordnung, die zum System der Polizei gehören. Pädagogik läuft immer wieder Gefahr, durch dieses System vereinnahmt zu werden.

Diese kurze Erläuterung ist notwendig, um zu verstehen, dass das eigentlich Politische in seinem Kern auf etwas anderes zielt. Politik, so Žižek (in Anlehnung an Rancière), ereignet sich dort, wo eine Gruppe, die ausgeschlossen ist, also keinen Anteil am Ganzen hat, diesen Anteil nicht nur für sich als das ihr zustehende Recht einfordert, sondern für die Allgemeinheit, die diese Gruppe in dieser historischen Situation repräsentiert.

> „Sie, die Ausgeschlossenen, jene ohne festen Platz im Gesellschaftsgebäude, präsentieren sich selbst als die Repräsentanten, die Vertreter des Ganzen der Gesellschaft, der wahren Allgemeinheit (‚Wir – das ‚Nichts', das für die Ordnung nicht zählt – sind das Volk, wir sind alle, die sich gegen diejenigen stellen, die nur ihre besonderen, privilegierten Interessen vertreten.') Der politische Konflikt bezeichnet, kurz gesagt, die Spannung zwischen dem strukturierten Gesellschaftskörper, in dem jeder Teil seinen festen Platz hat, und dem ‚Teil ohne An-Teil', der diese Ordnung ... ins Wanken bringt".[148]

Es gibt diejenigen, die ohne Anteil sind, und die emanzipatorischen Prozesse, die in der Geschichte stattgefunden haben und stattfinden werden, haben hier ihren Bezugspunkt. Der Kampf um den Anteil der Anteillosen, der stattfindet und Brüche in der sinnlich wahrnehmbaren polizeilichen Ordnung erzeugt, ist der eigentlich politische. Er behauptet die Gleichheit, die sein normativer Kern ist und die denen, die ohne Anteil sind, vorenthalten wird.

---

147 Rancière, a.a.O. 24.

148 Žižek, Die Tücke des Subjekts, 255f.

Der von vielen – zum Beispiel dem Kabarettisten Georg Schramm – zitierte Satz des Schweizer Pädagogen Pestalozzi kann in diesem Sinne verstanden werden: „Wohltätigkeit ist die Ersäufung des Rechts im Mistloch der Gnade." Wohltätigkeit gibt dem, der etwas braucht – Brot, Wohnung, Zuwendung – das, was er benötigt, aber unter der Voraussetzung, dass sich nichts ändert, unter der Voraussetzung, dass die Gleichheit nicht anerkannt wird, dass der Anteil hinter dem Akt der Wohltätigkeit vorenthalten wird. Der politische Akt hinterlässt einen Bruch in der Ordnung, die die Wohltätigkeit notwendig macht. Vielleicht ist es kein Zufall, dass dieser Satz einem Pädagogen zugeschrieben wird?

Was aber bedeutet das für die Pädagogik und daraus folgend für eine Didaktik des Lehrens und Lernens? Alles, wenn Emanzipation und Solidarität der normative Kern dieser Pädagogik sind. In ihr sind Standpunktlosigkeit und Neutralität unmöglich und das ist intuitiv jedem klar, der sich auf die eine oder andere Weise in einem pädagogischen Verhältnis vorfindet. Aber: Diesen Standpunkt gilt es zu benennen. Paulo Freire hat dies in der Einleitung zu seinem pädagogischen Vermächtnis klar getan:

> „Ich bin in keiner Weise daran interessiert, ein unparteiischer, neutraler, sicherer Beobachter von Fakten und Begebenheiten zu sein. Ich konnte nie ein unparteiischer Beobachter sein, was mich allerdings auch nie von einer rigoros ethischen Position entfernt hat. Wer beobachtet, tut dies von einem Standpunkt aus – damit begibt er sich nicht schon in einen Irrtum. ... Mein Standpunkt ist der der ‚Verdammten dieser Erde', der Ausgeschlossenen."[149]

Dieser Standpunkt ist entschieden und klar. Er markiert, was und wer nicht vorkommt: das Ganze und die Ausgeschlossenen. Er ist der einzige, in dessen Horizont die Forderung von Comenius, die den Ausgangspunkt der Didaktik darstellt, denkbar ist: alle alles ganz zu lehren.

Müsste eine Didaktik in diesem Sinne nicht eine *politische* Didaktik sein?

---

149 Freire, Pädagogik der Autonomie, 18.

4. Versuch, aus der Kritik an neoliberaler Bildung eine politische Didaktik zu skizzieren

„Darum halte ich es für so wichtig, daß in einem Seminar zur Ausbildung von Lehrern die politische Dimension von Erziehung und Bildung herausgearbeitet wird. Aber was wird statt dessen in den Seminaren zur Lehrerausbildung getan und besprochen? Man legt die Betonung auf Methoden und Techniken.“[150]

Wir haben es auch in der Schule bis in den Unterricht hinein mit einer Entpolitisierung zu tun, die fatale Auswirkungen hat bis hin zu der öffentlich beklagten Politikverdrossenheit. Tenor oftmals: Schuld an der Politikverdrossenheit ist die Politik (die Parteien, die Politiker, Brüssel, zu wenig Populismus oder zuviel).[151] Vielleicht ist es ja gerade nicht so und die Verdrossenheit richtet sich viel weniger gegen die Politik und viel mehr gegen ihr Fehlen.

150 Freire, Der Lehrer ist Politiker und Künstler, 111.

151 Am 15.02.2017 weiß Andreas Barthelmess in der Welt: „Ausgerechnet der historische Erfolg der deutschen Politik ist Grund für die Politikferne der jüngeren Generationen. Zwar genießen die Menschen in Deutschland heute Freiheit und Wohlstand wie nie zuvor, niedrige Arbeitslosigkeit und hohe Kaufkraft. Doch gerade darin gründet der Politikverdruss.“ Richtig verstanden? Die Politik hat sich wegen ihres unfassbaren Erfolges und grandioser Perspektiven für die Jugend überflüssig gemacht? (https://www.welt.de/debatte/kommentare/article162108097/Die-Parteien-sind-das-Problem-der-Gesellschaft.html, 16.02.2018) Er muss es wissen, denn er ist Unternehmer, Berater und Start-up-Manager. Auch „helles-koepfchen.de“ weiß Bescheid und erklärt den Kindern – pädagogisch korrekt – , woher Politikverdrossenheit kommt: „Diese Menschen haben das Gefühl, dass die Politiker sich nicht um ihre oder ihnen wichtige Belange kümmern.“ Dann ist ja alles klar: Politik ist, wenn andere sich um meine Belange kümmern und wenn sie‘s nicht tun, bin ich verdrossen. Welcher versteckte Lehrplan hat das gelehrt? (https://www.helles-koepfchen.de/artikel/3665.html, 16.02.2018).

Naheliegend ist, dass es sich hierbei nicht um ein bedauernswertes Zufallsprodukt handelt, sondern um das Ergebnis eines Veränderungsprozesses, in dem die Entpolitisierung von Prozessen, Auseinandersetzungen und Entscheidungen auch das Resultat einer Art Pädagogisierung dieser Prozesse bzw. der dahinterliegenden Konflikte ist. Noch jeder neu gewählte Bürgermeister hat in seinem Wahlkampf damit zu punkten versucht, auf jeden Fall der großen oder kleinen Kommune, der er vorstehen möchte, ein guter Moderator zu sein: „Politik" als die Kunst, Probleme, Konflikte, Gegensätze, Ungerechtigkeit wegzumoderieren.

Eine politische Didaktik sollte den umgekehrten Weg gehen: Anstatt die Pädagogik in den Dienst einer gesellschaftlichen Entpolitisierung zu stellen, sollte sie das Politische als konstitutiv für jeden Prozess des Lehrens und Lernens annehmen und zwar im doppelten Sinne des Wortes: akzeptieren, nicht verleugnen und zugleich als eine Art Arbeitshypothese, als Ausgangspunkt für die eigene Arbeit unterstellen. Die Gleichheit von uns Menschen ist immer sehr einfach mit dem Hinweis auf empirische Beobachtungen zu verweigern: Wir sind alle anders! Und doch ist sie der Ausgangspunkt wirklich politischen Handelns und die Basis, zu lehren und zu lernen.

Wie wäre das möglich?

Das Folgende ist eine Skizze, die, so könnte man sagen, im tatsächlichen Unterricht endet. Sie hat Orientierungspunkte, die auf sehr unterschiedliche Weise funktionieren, vor allem aber, indem sie gängige Vorstellungen davon, wie Unterricht sein soll, stören. Sie erwecken nicht die „neue Schule" zum Leben, bauen keine „Treibhäuser der Zukunft" und lassen sich nicht operationalisieren. Auch eine Zehn-Punkte-to-do-Liste wird sich daraus nicht ableiten lassen. Diese Skizze bezieht sich auf unterschiedliche Autoren, die eines eint: ihr emanzipatorisches Interesse! Sie bezieht sich auf Autoren, die weit davon entfernt sind, Pate zu stehen für die Durchführung einer konkreten Unterrichtsreihe, die aber für eine Auseinandersetzung immer wieder produktiv sind, so dass Unterricht tatsächlich besser werden kann und eine andere Weise des Lernens möglich wird als die geforderte. Diese Autoren eint etwas, das ad acta gelegt zu sein scheint in einer Gesellschaft und der aus ihr resultierenden Bildung, die sich am Ende der Geschichte wähnt und die Veränderung inhumaner Verhältnisse nicht mehr in Erwägung zu ziehen braucht: die Einsicht in die Notwendigkeit von Kritik. Und sie können den Blick schärfen und handlungsfähig machen in den Konflikten, die uns in der Schule tagtäglich begegnen.[152]

Lehrerinnen und Lehrer leben in einem Spannungsverhältnis, dem sie sich aussetzen oder verweigern können: Ein Jenseits, ein Außerhalb oder einen isolierten Binnenraum, in dem sie arbeiten, gibt es nicht. Der Satz: „Wir versuchen hier in der Schule eine gute Arbeit zu leisten!“ ist ein Scheuklappensatz. Oft wird der Versuch unternommen, Binnenräume, einzelne Orte zu retten und in der sich überschlagenden Individualisierung vielleicht eine Art „Heil“ darin zu finden, Menschliches zu bewahren. Wenn allerdings „die Spur des Menschlichen einzig am Individuum als dem untergehenden zu haften scheint, so mahnt sie, jener Fatalität ein Ende zu machen, welche die Menschen individuiert, einzig, um sie in ihrer Vereinzelung vollkommen brechen zu können.“[153] Eigentlich wissen Pädagogen darum, dass Bildung in ihrem Kern die Frage nach dem eigenen Selbstverständnis stellt, somit zutiefst existentielle Fragen berührt. Eine fortschreitende Entpolitisierung trägt zu der von Adorno bemerkten Vereinzelung bei. Schülerinnen und Schülern die politische Dimension von Lehren und Lernen vorzuenthalten bedeutet auch, ihnen eine Möglichkeit zur Entwicklung eines tragfähigen Selbstverständnisses zu nehmen, ja, sie noch stärker dieser Individualisierung auszuliefern, ihnen keine Möglichkeit zu geben, sich selbst als zutiefst verbunden mit der Welt zu erfahren. Schülerinnen und Schüler interessieren sich oft nicht, auch nicht für Politik. Dabei wird Inter-esse schon längst nicht mehr als Dabei- oder Dazwischensein verstanden, sondern als affektive Besetzung von etwas, wie es aus der Werbung bekannt und durch sie eingeübt wird: Interesse lediglich als passiver Zustand.

Eine Verbundenheit mit der Welt, wie sie durch Politik zum Ausdruck kommen könnte, ist eine existentielle Erfahrung, für die der Raum in der Schule nur selten entsteht. In einer Diskussion zu Beginn der 1970er Jahre hatte Foucault

---

152 Lesenswert in diesem Zusammenhang ist der Vorschlag von Nora Sternfeld, Rancière, Gramsci und Foucault aus pädagogisch-politischer Perspektive aufeinander zu beziehen. In ihrem Text soll es um „eine politische Theorie als Pädagogik, eine pädagogische Politik als Theorie und eine theoretische Pädagogik als Politik gehen.“ Der Anspruch ist hoch, verweist aber auf die Notwendigkeit einer solchen Verhältnisbestimmung aus einer emanzipatorischen Perspektive und entwickelt auch für Nicht-PädagogInnen eine Idee, worum es gehen könnte. (Sternfeld, Das pädagogische Unverhältnis, 9).

153 Adorno, Minima Moralia, 171.

auf die Frage, warum er denn so an Politik interessiert sei, eine sehr weite, offene und zugleich präzise Antwort gegeben:

> „Ihre Frage lautet, warum ich so an Politik interessiert bin? Am liebsten würde ich mit einer Gegenfrage antworten: *Warum* sollte ich nicht? Mit welcher Blindheit, welcher Taubheit, welcher engstirnigen Ideologie müsste ich geschlagen sein, um mich vom Interesse für das alles entscheidende Thema unserer Existenz abzuhalten: die Gesellschaft, in der wir leben, die wirtschaftlichen Verflechtungen, in denen sie funktioniert, das Machtsystem, das die Normen vorgibt für die Gebote und Verbote unseres Handelns. Die Essenz unseres Lebens besteht letztlich aus dem politischen Funktionieren der Gesellschaft, in der wir uns befinden.
> Die Frage, warum ich daran interessiert bin, kann ich also nur mit der Gegenfrage beantworten: Wie könnte ich es nicht sein?“[154]

4.1 Wo ist die Welt?

Hinter eine Kritik am Nürnberger Trichter, einer reinen Weitergabe von Wissen oder, wie Paulo Freire es nennt, an der Bankiersmethode können wir nicht zurückgehen. Sie ist klar und notwendig. Daraus ergeben sich verschiedene Möglichkeiten. Eine davon ist die der Kompetenz- und Handlungsorientierung, die systemisch-konstruktivistische Ansätze aufgreift, ein neues Lehrerbild entwickelt und es schafft, die unterschiedlichsten „positiven“ Ansätze (bspw. aus den Ausläufern der Reformpädagogik) aufzugreifen und in die neue Schule zu integrieren. Aus ihr resultiert das herrschende neue Schulparadigma, in dessen Horizont die Vermehrung des Humankapitals steht. Sie integriert kritische und engagierte LehrerInnen durch Pluralität. Dieser Ansatz soll zunächst schematisch zusammengefasst und insofern vereinfacht dargestellt werden, um auf dieser Folie den Ausgangspunkt für eine politische Didaktik zu skizzieren. Dabei existiert – und das sollte selbstverständlich sein – eine „neoliberale Schule“ nie in Reinform. Dieser Begriff verweist auf eine Grundausrichtung von Schule, die in unterschiedlichen Ausprägungen sichtbar wird und sich vermehrt in allen Schultypen und darüber hinaus – von der Vorschulerziehung bis hin zur Universitätsausbildung – zeigt. Die „neoliberale Schule“ ist eine Grundstruktur,

154 Foucault/Chomsky/Elders, Macht und Gerechtigkeit, 37.

die die Anforderungen des Kapitalismus in seiner neoliberalen Ausprägung in die Bildung hinein vermittelt.

Die neoliberale Schule ist eingebettet – und versteht sich auch so – in den Markt. All das, was in ihr geschieht, muss auf diesem Hintergrund gesehen werden. Die Vorstellung von Konkurrenz ist dominierend. Nach außen, insofern unterschiedliche Schulen um SchülerInnen und Eltern miteinander konkurrieren. Nach innen, insofern SchülerInnen sofort im Wettbewerb stehen. SchülerInnen merken zunächst nichts davon, aber allein über die Eltern wird die Wettbewerbssituation vom ersten Schultag an vermittelt. Die Überprüfungen vor dem Überspringen der nächsten Hürde leisten ihren entsprechenden Beitrag. Ergänzend werden Schulen von außen mit Wettbewerben in den unterschiedlichsten Formen überschüttet. Sie sind oft das Besondere, die „Highlights" im Schulleben. Demgegenüber sind die von früher bekannten Bundesjugendspiele ein Relikt aus vergangenen Tagen. Natürlich gibt es auf Zusammenarbeit zielende Lernformen (Kooperatives Lernen, Teams), aber sie sind immer eingebettet in einen grundlegenden Wettbewerb: in den Markt als quasie-metaphysischen Horizont von Subjektwerdung.

Die neoliberale Schule setzt auf Kompetenz- und Handlungsorientierung, konstruktivistisches Lernen und vergleichbare Lerntheorien sowie auf Eigenverantwortung und Selbstorganisation. Die Begründung hierfür lautet: In einer wissensbasierten postfordistischen Dienstleistungsökonomie ist die Weitergabe von Wissen weder effektiv noch effizient, weil es kein festzuschreibendes Wissen gibt, die Menge an Wissen viel zu groß ist und sich dieses Wissen permanent verändert. Darum muss die Schule vielmehr den Umgang mit Wissen ermöglichen, als dieses in festen Einheiten zu verabreichen. Der Nürnberger Trichter setzt zudem eine Subjektvorstellung voraus, die angesichts moderner, sich vernetzender Unternehmen mit flachen Hierarchien längst nicht mehr zeitgemäß ist. Der neue „Arbeitnehmer" ist kein Befehlsempfänger in einer Kommandostruktur mehr. Vielmehr ist er entscheidungsfähig, übernimmt Verantwortung, anstatt sie abzugeben, und entspricht nicht nur auf der Managementebene, sondern in allen Teilen des Unternehmens und seines Lebens dem Selbstunternehmer.

Die Zielvorstellung ist Funktionalität im gegebenen und nicht benannten, nicht zu hinterfragenden Ganzen. Diese Funktionalität hat nach oben keine

Grenze, sondern kann in permanenten Rückkopplungsprozessen optimiert werden. Dem entspricht, was in der Schule geschieht bzw. gemäß diesem Modell geschehen soll.

Die LehrerInnen haben in dieser Schule eine veränderte Aufgabe. Anstatt Wissen weiterzugeben, das gelernt werden soll, ist der Ausgangspunkt des Lernens eine Lernumgebung, ein Lehr-Lern-Arrangement oder eine Lernsituation (hierfür gibt es unterschiedliche Begriffe). Dies ist der Startpunkt eines Kreislaufes, der immer wieder durchlaufen wird. Die Bearbeitung der Situation erfolgt mit einer Methode (einer Verfahrensweise, der gemäß SchülerInnen sich verhalten können), die darauf abzielt, das notwendige Wissen eigenständig zu konstruieren, denn Lernen erfolgt nicht durch Aufnahme fremden Wissens, sondern durch die Konstruktion eigenen Wissens. Dieser Schritt ist insofern wichtig, als dahinter die Einübung eines Vorgangs steht, der dauerhaft vonstatten zu gehen hat: Die Schule schult für ein lebenslanges bzw. lebensbegleitendes Lernen, weil die wissensbasierte Ökonomie sich in einem permanenten Veränderungsprozess befindet. In diesem Lernkreislauf gibt es nach der Lernphase das notwendige Feedback als einzuübendes Steuerungsinstrument, das sich als Reflexion auf den eigenen Lernprozess bezieht und zugleich ein Kontrollinstrument gegenüber dem Lehrer bzw. der Lehrerin ist. Das Feedback dient der LehrerInnenkontrolle, insofern es von außen gefordert wird und zur Optimierung des Lernprozesses dient, der natürlich immer wieder neu ausgerichtet werden muss.

Die Figur des Lehrers wird in diesem Zusammenhang neu bestimmt. Da er nicht mehr Wissensvermittler ist und somit auch nicht die Autorität des Wissenden hat, wird er zum Herrn des Prozesses. Als solcher steht er eher im Hintergrund. LehrerInnen bekommen eine neue Aufgabe, die sich – durchaus notwendig – aus diesem veränderten Verständnis von Lehren und Lernen ergibt. Sie werden zu LernbegleiterInnen, LernberaterInnen und Lerncoaches. So findet sich der Typus des Beraters in der Schule wieder.

Woran kann man erkennen, ob das Lernen geglückt ist? Die hinter allem liegende Zielvorstellung ist die Bewältigung der Situation, die den Ausgangspunkt des Lernens darstellt und die handlungsorientierte Verbindung zur Wirklichkeit außerhalb der Schule ist. Die Situationsbewältigung ist das, was das wirkliche Leben fordert: als normaler Arbeitnehmer im Produktionsprozess, als alleinerziehende Mutter, als Arbeitssuchende und Kunde in der Arbeitsagentur, als Manager, der die unangenehme Aufgabe hat, einen Standort zu schließen, oder auch als Lehrerin, die vor dem Problem steht, einen Vormittag lang zwei Klassen auf einmal zu betreuen. Da man aber nicht mehr in zwei Klassen an der Tafel stehend Wissen vermitteln muss, ist das viel einfacher geworden. Geeignete Lehr-Lern-Arrangements stoßen ein selbsttätiges Lernen an, das dann auch in zwei Klassen parallel begleitet werden kann…

Hier schließt sich der Kreis. Die neoliberale Schule, deren Horizont der Markt ist, produziert das, was auf diesem Markt – und, wie wir gesehen hatten, von der neoliberalen Theorie – gefordert wird: ein Verhalten, das die Grundsubstanz der Humankapitalbildung darstellt und zum Garanten für die erfolgreiche Bewältigung von Situationen wird. Dieses Subjekt ist „flexibel, belastbar, kreativ, innovativ, teamfähig, begeisterungsfähig und kreativ!"[155] Was in dieser Vorstellung von Lehren und Lernen nicht mehr vorkommt, ist das Offensichtlichste und Verborgenste zugleich: die Situation selbst oder das Ganze, in das all das zu Lernende wie selbstverständlich unhinterfragt eingebettet werden kann.

Ein kleines Beispiel zur Erläuterung: In einem aktuellen Lehrplan (zur Erlangung der Fachhochschulreife) wird die Bedeutung von Situationen folgendermaßen formuliert: „Die für die Gestaltung der Lernsituationen bzw. Lehr-/Lernarrangements grundlegenden Anforderungssituationen und Ziele basieren auf konkreten beruflichen, gesellschaftlichen und privaten Handlungssituationen. Vollständige Handlungen, beispielsweise unterteilt in Analyse, Entwicklung, Umsetzung, Kontrolle und Bewertung stellen didaktisch wertvolle

155 In: Marc-Uwe Klings Känguru-Manifest, Berlin 2017, 118. Dass diese Formulierung nicht nur literarisch gelungen ist, sondern auch eine neoliberale Standardformulierung, zeigen die schon früh gekennzeichneten Anforderungen an den „Organisator" in kommunalen Verwaltungen, wie sie durch das Neue Steuerungsmodell seit den 1990er Jahren implantiert worden sind. Auch in der kommunalen Sozialarbeit haben diese Ansätze „Früchte" getragen. „Hinzu kommen Fähigkeiten, wie analytisches und konzeptionelles Denkvermögen, Fähigkeit zu wirtschaftlichem Denken, Kreativität, Initiative, soziales Einfühlungsvermögen, Verhandlungsgeschick, Kooperations- und Koordinationsfähigkeit, Initiative, Überzeugungs- und Durchsetzungsvermögen" (KGSt Bericht Nr. 12/1991, Dezentrale Ressourcenverantwortung: Überlegungen zu einem neuen Steuerungsmodell, Köln; Dopplung „Initiative" so im Original).

Arbeitsprozesse dar."[156] Natürlich könnte sich hinter dem Begriff Analyse, die Analyse der Gesamtsituation verbergen. Aber hier bedeutet analysieren, die Bedingungsfaktoren innerhalb der Situation zu erkennen und sie so zu erkennen, dass situationsgemäßes Handeln daraus resultiert. Auch die Sprache ist entlarvend: Die Situation ist eine Anforderungssituation. Man kann, was hier geschieht, kaum treffender beschreiben als mit den Worten Adornos (Er bezieht sich dabei auf die in den 1940er und 50er Jahren aufkommende Flut von Bildwitzen, wahrgenommen in seiner Exilszeit in Kalifornien): „Man soll, durch ungezählte Präzedenzfälle geschult, rascher sehen, was ‚los ist', als die Bedeutungsmomente der Situation sich entfalten. Was von solchen Bildern vorgemacht, vom gewitzigten Betrachter nachvollzogen wird, ist, im Einschnappen auf die Situation, in der widerstandslosen Unterwerfung unter die leere Übermacht der Dinge alles Bedeuten wie einen Ballast abzuwerfen."[157] Was Adorno hier mit Bezug auf die Bildwitze als beiläufiges Lernen zeigt, wird in der Schule zu einer systematisierten Form, deren Grad der Verinnerlichung durch Reflexion und Feedback erweitert wird.

Geht es auch anders? Eröffnet eine Kritik an überkommenen Lernformen nicht ganz andere Möglichkeiten und Spielräume?

Das ist möglich und noch immer ist Paulo Freire ein hervorragender Ausgangspunkt, dies auszuloten.[158] Denn seine Kritik an inhaltsvermittelnder Bildung als

---

156 Bildungsplan für die zweijährigen Bildungsgänge der Berufsfachschule, Fachbereich Technik/Naturwissenschaft, Deutsch/Kommunikation, S. 18. In dem Bildungsplan ist die Orientierung an einer Anforderungssituation festgeschrieben. In dem Bildungsplan zur Erprobung stand an dieser Stelle noch „nach Möglichkeit".

157 Adorno, Minima Moralia, 160.

158 Dabei sei sofort darauf hingewiesen, dass Freire sehr wohl vereinnahmt wird, zum Beispiel durch konstruktivistische Ansätze. So die gründlich recherchierte, ausführliche Arbeit von Kira Funke, aus der viel über Freire zu lernen ist, die aber letztendlich Freire für die Schule verwertbar machen will, indem sie versucht, den befreiungspädagogischen Freire, der eine grundlegende Umwälzung der gesellschaftlichen Verhältnisse intendiert, abzustreifen und „Paulo Freire neu erfinden" möchte. „Es ist vor diesem Hintergrund ... eine lohnenswerte Herausforderung, die Ideen Paulo Freires aktuell auch im Kontext europäisch geprägter Kultur und Wirklichkeit zu verstehen und für sie viable Anwendungsvorschläge zu fomulieren." (Funke, Paulo Freire, 310f.)

Wissensweitergabe und Einlagerung in die Köpfe der SchülerInnen ist ja nicht dadurch falsch, dass diese Kritik aus einer neoliberalen Perspektive heraus formuliert wird. Jedoch sind die von Freires Standpunkt aus zu ziehenden Schlüsse ganz andere.

Wenn man eine Bildung, die nicht in der neoliberalen Schule aufgehen will, mit zwei Adjektiven versehen möchte, so könnte man sie „befreiend" oder „dialogisch" nennen. Diese beiden Aspekte sind verbunden mit dem, was Freire schon sehr früh die „problemformulierende Methode"[159] genannt hat.

Das Folgende ist nur eine Skizze, versucht aber, nicht nur einen Aspekt Freires darzustellen, sondern ihm in Grundzügen gerecht zu werden. Sie zeigt grundlegende Positionen, die sich durch frühe und späte Texte ziehen und die er nie aufgegeben hat.

Seine befreiende Pädagogik hat einen Ausgangspunkt und ein Ziel: Die von ihm so genannte Bankiersmethode, bei der SchülerInnen zu den passiven EmpfängerInnen von Wissen werden, ist nicht deshalb schlecht, weil sie – so die neoliberale Kritik – nicht mehr gut funktioniert. Das Gegenteil ist eigentlich der Fall: Sie funktioniert noch immer sehr gut! Trotz gegenteilig bekundeter Absicht sind die Lernformen an den Universitäten, aber auch schon in den Oberstufen der Gymnasien genau das, was sie eigentlich nicht sein sollten: Übernahme trägen Wissens, das gerade bis zur nächsten Prüfung reicht. Freires Kritik geht viel weiter! Diese Lernform, die Bankiersmethode, ist deshalb schlecht, weil sie ein Instrument der Unterdrückung ist. Also kann die Zielvorstellung nicht ein bessere Funktionalität sein, sondern – viel umfassender – Befreiung, Emanzipation. Dieses Ziel steht selbstverständlich im Kontext der Befreiungsbewegungen der 60er und 70er Jahre des vergangenen Jahrhunderts. Hier will sich seine Pädagogik einreihen. Die Alphabetisierungen, die er mit vielen anderen an den unterschiedlichsten Orten der Welt durchgeführt

---

159 „In der problemformulierenden Bildung entwickeln die Menschen die Kraft, kritisch die Weise zu begreifen, in der sie in der Welt existieren, mit der und in der sie sich selbst vorfinden. Sie lernen die Welt nicht als statische Wirklichkeit, sondern als eine Wirklichkeit im Prozeß sehen, in der Umwandlung." (Freire, Pädagogik der Unterdrückten, S. 67) „Während die Bankiers-Methode direkt oder indirekt eine fatalistische Auffassung des Menschen von seiner Situation erzwingt, stellt die problemformulierende Methode eben diese Situation als Problem dar." (Ebd. 69).

hat, können unmöglich verstanden werden als die Erlangung einer Funktionalität, die dazu befähigt, den zugewiesenen Ort in der Gesellschaft einzunehmen. Vielmehr sind sie in ihrem pädagogischen Kern immer Akte der Emanzipation. Die sich verändernden Verhältnisse in Lateinamerika haben nicht zur Aufgabe dieser Ziele geführt, sondern die pädagogischen Ziele im Horizont des Neoliberalismus neu bestimmt.[160] Befreiung von den nun sich auch anders zeigenden Formen der Unterdrückung ist dadurch als Perspektive pädagogischen Handelns nicht obsolet geworden. Wichtig an dieser Stelle und für alles Weitere, was im Anschluss an Freire zu schulischen und außerschulischen Bildungsprozessen gesagt werden kann, ist zu erinnern, dass Freires befreiende Bildungsarbeit außerhalb der „Schule" entstanden ist. Dies gilt in gewisser Weise auch für die „neoliberale Schule", aber so, wie sie ökonomisch fundiert ist, ist der Grund für Freires Ansatz in den realen geschichtlichen Befreiungsprozessen zu suchen.

Aus dem Gesagten resultiert eine andere Aufgabe der Schule. Sie wäre, nähme sie dieses Ziel ernst, ein Ort der epistemologischen Neugier und des richtigen Denkens. Das ist eine wichtige Differenz zu vielen anderen Schulrefomversuchen. In der Schule geht es nicht in erster Linie darum, alltagstaugliches Handeln einzuüben, sondern Menschen – und zwar alle im Sinne des Comenius – in ihrer Erkenntnisfähigkeit, in ihren Möglichkeiten zu verstehen, ernstzunehmen. Dadurch wird die Gleichheit behauptet, die die Voraussetzung für Emanzipation ist. Genau dadurch werden sie zu Subjekten. Damit steht die Schule nicht außerhalb des Lebens, sondern im Gegenteil: Anstatt durch die Übernahme von Verhaltensweisen auf die Bewältigung von Situationen vorzubereiten, wird die Bedeutsamkeit und Notwendigkeit der Erkenntnis betont, die schon hier und jetzt einen befreienden Charakter hat und haben muss!

In dieser Schule haben LehrerInnen nicht primär die Aufgabe, Lehr-Lernarrangements zu produzieren, also ein prinzipiell für SchülerInnen nicht durchschaubares Setting, sondern begeben sich in einen Dialog mit Schülerinnen

160 Vgl. Uribe, Pädagogisches Wissen in Zeiten des Neoliberalismus. In dieser Arbeit untersucht die Autorin den Prozess der Neoliberalisierung Lateinamerikas aus mexikanischer Perspektive. Dieser Prozess lief zeitgleich ab, insofern Bildungssysteme weltweit „modernisiert" und reformiert wurden, mit erstaunlich ähnlichen Effekten. Auch das ein Grund, warum von dem Brasilianer Freire zu lernen ist.

und Schülern, in einen wirklichen Austausch. Dabei verändern sich beide. Der Lehrer gibt seine Rolle als Allwissender auf, aber auch die des außenstehenden Herrn des Prozesses, der sich heraushält und dadurch noch mächtiger wird, weil sich seine Macht in der Bereitstellung von Handlungsmöglichkeit zeigt (darauf hatte Foucault hingewiesen). Stattdessen wird er im Dialog zum Lehrenden und Lernenden oder, wie Freire sagt, zum Lehrer-Schüler. Aber auch die SchülerInnen verändern sich. Sie werden zu Schüler-Lehrern.[161]

Gemeinsam ist ihnen, worum es im Dialog geht: die Welt als Situation, in der wir leben, und als Objekt der Erkenntnis. Dabei ist diese Welt nicht als objektiver Tatbestand ein für alle Mal gegeben. Sie ist aber auch als gemeinsame, als tatsächliches Objekt der Erkenntnis nicht prinzipiell unzugänglich, wie es in letzter Instanz eine konstruktivistische Erkenntnistheorie behauptet. Sie ist – und das ist eigentlich banal – zunächst die Konstruktion meiner Erkenntnis. Allerdings sollte man hier genau sein: Diese Konstruktion ist lediglich mein Zugang, mein Gewahrwerden des uns gemeinsamen Objekts Welt. Dabei wird das Objekt Welt nie in mich hineingenommen, es bleibt außerhalb.[162] Und noch etwas ist wichtig. Die Erkenntnis ist zugleich umkämpft, die Deutung ein Akt der Auseinandersetzung. Die Erkenntnis: Es gibt Unterdrückung!, ist mit der Anerkennung einer gemeinsamen Welt, die das Objekt unserer Erkenntnis und der Ort unseres Handelns ist, nicht vom Tisch zu wischen, mit dem Hinweis auf die prinzipiell nur individuelle Konstruktion von Wissen sehr wohl.[163]

Weil die Welt eine gemeinsame ist, ist der Dialog notwendige Voraussetzung und das Element der Beziehung zwischen LehrerIn und SchülerIn. Das setzt nicht die Gleichheit des Wissens voraus, aber die Gleichheit der Möglichkeit des Wissens, aus der allein Lernen möglich ist. Der Dialog ist notwendig, weil eben LehrerInnen genau wie ihre SchülerInnen verwoben sind in die Akte der Erkenntnis der Welt – und nicht fertig damit – und weil sie durch ihre SchülerInnen überrascht werden. Nur gemeinsam können sie herausfinden, wie in ihr zu handeln ist, welche Kämpfe zu kämpfen, welche Schritte auf dem Weg

---

161 Die Begriffe Lehrer-Schüler und Schüler-Lehrer werden aus Lesbarkeitsgründen nicht gegendert, wie es in der deutschen Übersetzung Freires bislang üblich war.

162 Vgl. Fußnote 28.

163 Das ist ein entscheidender Grund, warum Konstruktivismus und Neoliberalismus so kompatibel sind.

zur Befreiung zu gehen sind und welche Freuden diese Befreiung bringt. Auch aus einer Perspektive befreiender Pädagogik müssen Menschen lernen mit Situationen umzugehen, mit ihnen klarzukommen, sich in ihnen zu bewähren und sie vielleicht sogar zu bewältigen (obwohl dieser Ausdruck für das, was Menschen in ihrem Leben tun, erschreckend und entlarvend ist). Aber eine befreiende Pädagogik muss immer auch die Situation als Ganzes sehen, gewissermaßen von außen. Schüler-Lehrer und Lehrer-Schüler können lernen, aus der Situation herauszutreten und sich in einem ersten Erkenntnisakt allein dadurch zu befreien: Die Begrenzung der Situation ist nicht die Grenze meiner Handlungsmöglichkeit. Die LehrerInnen müssen auch das Setting zur Diskussion stellen! Nur so wird es möglich, die Situation als Ganzes und als Teil eines Ganzen verstehen zu lernen.

Damit ist das Ziel ein grundsätzlich anderes geworden: Während die neoliberale Schule die Bewältigung der Situation vor Augen hat, geht es hier um Veränderung der Gegebenheiten und damit der Situation.

So wird verständlich, warum Freire von einer problemformulierenden Methode spricht. Methode ist nicht das, was als zu gehender Weg und damit als zu lernendes Verhalten vorgegeben wird. Die Methode selbst ist Teil des Lernens, der Weg, der als zu gehend erkannt und erarbeitet werden muss. Problemformulierend ist sie, weil sich in der jeweiligen Situation ein Problem verbirgt, das es zu entschlüsseln gilt, so „... daß Menschen ihre Probleme in ihrem Verhältnis zur Welt formulieren“[164], um zu erkennen und um handlungs- und veränderungsfähig zu werden.

Dabei kann darauf vertraut werden, in der jeweiligen Situation, in der Verknüpfung mit der uns gemeinsamen Welt all das vorzufinden, was wir benötigen, um zu erkennen und zu lernen. Für solche Situationen, aus denen Lernen, Verstehen und damit verbunden Handeln erwächst, verwendet Freire den Begriff Grenzsituationen.

> „In Grenzsituationen ist die Existenz von Menschen mitgesetzt, denen diese Situation direkt oder indirekt dient, und von solchen, deren Existenzrecht durch sie bestritten wird und die man an die Leine gelegt hat. Begreifen letztere eines Tages diese Situation als Grenze zwischen Sein und Menschlicher-Sein und nicht mehr als Grenze

164 Freire, Pädagogik der Unterdrückten, 64.

> zwischen Sein und Nichts, dann beginnen sie ihre zunehmend kritischen Aktionen darauf abzustellen, die unerprobte Möglichkeit, die mit diesem Begreifen verbunden ist, in die Tat umzusetzen."[165]

Vielleicht lässt sich im Anschluss an diesen Vergleich zweier Typen von Schule bzw. zweier konträrer Vorstellungen davon, wie Lernen möglich werden kann, in knapper Form sagen, worin der entscheidende Unterschied besteht: Während die neoliberale Schule versucht, die Welt zum Verschwinden zu bringen und sich damit in der Schule auch von Inhalten des Lehrens und Lernens verabschieden kann, muss eine politische Didaktik diese Welt zum Dreh- und Angelpunkt machen. Sie ist in letzter Instanz ihr Inhalt. Oder, wie es Rancière formuliert: „Die Politik ist nicht aus Machtverhältnissen, sie ist aus Weltverhältnissen gemacht."[166]

4.2 Lob der dritten Sache

Immerfort hört man, wie schnell
Die Mütter die Söhne verlieren, aber ich
Behielt meinen Sohn. Wie behielt ich ihn? Durch
Die dritte Sache.
Er und ich waren zwei, aber die dritte
Gemeinsame Sache, gemeinsam betrieben, war es, die
Uns einte.
Oftmals selber hörte ich Söhne
Mit ihren Eltern sprechen.
Wieviel besser war doch unser Gespräch
Über die dritte Sache, die uns gemeinsam war
Vieler Menschen große, gemeinsame Sache!
Wie nahe waren wir uns, dieser Sache
Nahe! Wie gut waren wir uns, dieser
Guten Sache nahe! *(Bertolt Brecht)*

165 Ebd. 85.

166 Rancière, Das Unvernehmen, 54.

Mit diesem Gedicht von Brecht tun wir uns offensichtlich schwer. Man könnte auch sagen: tut sich unsere Zeit schwer. Die Zeit, in der wir leben, hat so eine dritte Sache nicht. Die Zeit, in der wir leben, ist anders. Ton Veerkamp drückt es so aus:

> „Wir wohnen zwar nicht mehr in den Großen Erzählungen, aber einige von uns wissen noch, was *Wohnen in großen Erzählungen* einmal hieß, was es für unsere Körper und unsere Seelen bedeutete, mit den Großen Erzählungen in dieser Welt wohnhaft zu sein, besser gesagt: mit der Sehnsucht nach einer völlig anderen die unmenschliche Welt auszuhalten, um sie eines Tages aus den Angeln heben zu können. In dieser Welt kann man ohne Große Erzählungen Bedeutsames leisten, aber ohne sie kann man nicht in ihr wohnen. Die Menschen werden Lokführer und Buchhalter, Pilot und Rechnungsprüfer, Programmierer, Bundeskanzlerin und Oberstudienrat. Sie werden aber nicht in den Großen Erzählungen wohnen. Sie werden sich anpassen, sich abfinden mit einer Weltordnung, die keinem Menschen einen Wohnort bietet. Höchstens findet man sich zeitweise zurecht. Die Menschen werden keine Nomaden oder Pilger sein, allenfalls Vagabunden. Nomaden zogen von Ort zu Ort oder Pilger zum Wallfahrtsort, aber sie zogen *zusammen* und hatten einander Großes zu erzählen. In dieser Welt heißt es: ‚jeder für sich'."[167]

In meiner Lehrerausbildung habe ich lange nicht verstanden, was eigentlich eine Didaktik ist. Ich habe Kriterienkataloge gefunden, Abhaklisten, Handlungsanweisungen, Methodenpools, aber auch theoretisch daherkommende Abhandlungen sowie Sammelsurien von Fragen. In einer noch immer LehramtsstudentInnen empfohlenen Didaktik von Jank und Meyer, Didaktische Modelle, findet sich eine Antwort auf die Frage, womit sich Didaktik befasst: „Wer was von wem wann mit wem wo, wie, womit und wozu lernen soll?"[168] Anders formuliert: Didaktik befasst sich mit der Frage, wie man so werden kann, wie in dem Zitat von Ton Veerkamp dargestellt. Und dass würde ja schließlich auch genügen. Unterricht ist dann ganz einfach. Dafür gibt es Kri-

---

167 Veerkamp, Die Welt anders, 421. Da es sich um einen theologischen Text handelt, endet er auch mit einer theologischen Fragestellung, die der Vollständigkeit halber hier ergänzt werden soll: „Und niemand fügt hinzu: ‚Gott für uns alle'. Es gibt nicht ‚uns alle'. Wozu denn Gott?" Natürlich könnte es produktiv sein, diese theologische Dimension weiterzuführen, würde aber den gegebenen Rahmen sprengen. Insofern genügt es hier, bei der „Dritten Sache" von Brecht zu bleiben. Und man könnte auch schließen: Es gibt nicht „uns alle". Wozu dann eine Dritte Sache?

168 Jank/Meyer, Didaktische Modelle, 16.

terien oder Merkmale, die je nach Forschungsstand unterschiedlich beantwortet werden, aber auf jeden Fall hat man etwas, wonach man sich richten kann. Wenn alle Punkte erfüllt sind, muss der Unterricht sehr gut sein, SchülerInnen können gut lernen und sie werden so, wie oben beschrieben. Außerdem hat es die Qualitätskontrolle leicht, weil diese Punkte erkennbar überprüft und abgehakt werden können. Der Geist der Ökonomen, »jenes in früheren Zeiten als krämerisch abgeurteilte Wahnbild des Zählbaren« als »höchste Form menschlicher Erfüllung«[169] bemächtigt sich auch auf diesem Weg des Kernes humaner Integrität. Oder, wie Marx und Engels im Manifest der Kommunistischen Partei so treffend sagen: „Die Bourgeoisie … hat die persönliche Würde in den Tauschwert aufgelöst".[170]

Der Begriff Didaktik meint im Folgenden etwas sehr Einfaches und zugleich Anspruchsvolles: die Theorie des Lehrens und Lernens.[171] Zum einen soll betont werden, dass es sich um eine Theorie handelt und handeln muss. Zum anderen findet eine Erweiterung statt: Wenn man vom Lehren spricht, so kann man das nicht tun, ohne auch das Lernen in den Blick zu nehmen. Damit wird etwas vorweggenommen, was sich aus der Auseinandersetzung mit Paulo Freire ergibt. Er hat gezeigt, dass Bildungsprozesse nur in Wechselwirkung geschehen können. Das bedeutet sofort mehr, als dass LehrerInnen sich auch um die SchülerInnen zu kümmern hätten. Es bedeutet, dass LehrerInnen ihre Rolle verlassen müssen und das aus emanzipatorischen Gründen. Anders jedoch, als es die neoliberale Schule vorsieht. Dass Didaktik eine Theorie ist, verbietet Abhaklisten und Handlungsanweisungen. Sie provoziert das Denken und entwickelt allein darin für diejenigen, die diese Theorie betreiben, ihre emanzipatorische Qualität. Auch darin schließt sie an Comenius an. Und: Ihr Ausgangspunkt im Jahr 2018 muss die Kritik neoliberaler Bildung sein.[172]

---

169 Bourdieu, zitiert nach Kaiser, Bourdieus Gegenfeuer, 413.

170 Marx/Engels, MEW Bd. 4, 464f.

171 An dieser Stelle gibt es einen Schritt über Comenius hinaus, der zwischen Didaktik und Mathetik unterscheidet. Während die Didaktik sich auf das Lehren bezieht, ist der Schwerpunkt der Mathetik das Lernen. Es gibt, wie im Folgenden deutlich werden sollte, gute Gründe, diese Unterscheidung zu überwinden.

172 Für eine einführende Orientierung noch immer geeignet: Blankertz, Theorien und Modelle der Didaktik.

Für Comenius ist Didaktik sowohl Wissenschaft als auch die Kunst zu lehren! Allein diese Formulierung verweist darauf, dass dieses Geschehen ein zutiefst qualitativer Vorgang ist, der sich ganz prinzipiell jedem quantitativen Zugriff entzieht. Als eine „Kunst" ist es ein Gestaltungsvorgang[173], in dem aber LehrerInnen nicht die GestalterInnen ihrer Schülerinnen und Schüler werden. Nicht der Lehrer bildet den Schüler. Aber vielleicht bildet die Schülerin auch nicht sich selbst, sondern es bedarf der dritten Sache, an der und mit der Unterricht nur dann gut wird, wenn hier etwas Gemeinsames geschieht.

Eine „politische" Didaktik erhebt nicht den Anspruch, das Unterrichten ganz neu zu erfinden. „Wir müssen die Schule neu erfinden" ist so eine Formulierung, die man sich in einer Runde forsch-vorwärtsreformierender Innovationsfreudiger vorstellen kann. In der Postmoderne muss man ja eigentlich alles neu erfinden, auch sich selbst. Das Ergebnis ist: dass alles beim Alten bleibt. Tatsächlich findet der propagierte Paradigmenwechsel statt. Aber sein Ziel ist gerade nicht die grundlegende Veränderung, sondern deren Verhinderung.

Doch Schule braucht die Erinnerung und Fortführung dessen, was der Satz des Comenius „alle alles ganz" im 21. Jahrhundert bedeuten kann. Und sie braucht die Kritik, eine Kritik allerdings, die keinesfalls reduziert wird auf Selbstkritik. Das hört sich nach wenig an. Es sollte aber deutlich geworden sein, dass dies nicht so ist. Wer sich neu erfindet, braucht sich nicht mehr zu erinnern, und wer sich nicht erinnert, hat die Geschichte schon längst verloren und faktisch damit begonnen, am Ende der Geschichte zu leben, in der besten aller möglichen Welten. Man findet sich ab damit, Vagabund zu sein in einer Weltordnung ohne Wohnung. Jeder für sich. Um Wievieles besser war da doch das Gespräch über die dritte Sache, uns gemeinsam, „vieler Menschen große gemeinsame Sache!"

Fünf Momente einer politischen Didaktik greifen das bisher Erarbeitete auf. Sie sind zugleich eine Fortführung der Kritik und stellen Verschiebungen dar, die eine konkrete andere Arbeit in der Schule möglich machen, mit allen Gegebenheiten, von denen wir ausgehen müssen. Dazu gehört selbstverständlich auch die Schule, wie sie ist. Diese fünf Momente wollen nicht die Schule re-

173 Zum Verhältnis von Sache und Gestaltung vgl. Hellgermann, Vom Design zur Sache, besonders Teil 2 Gestalten.

formieren. Sie sind auch nicht der Entwurf einer anderen, neuen Schule, eines leuchtenden Modells. An dieser Stelle sind sie viel bescheidener. Aber sie geben den für Lehrerinnen und Lehrer und ihre Arbeit konstitutiven Traum nicht auf. Diese Gegebenheiten finden sich wieder in der *Situation*, die der konkrete Ausgangspunkt unserer Arbeit ist; der uns mit unseren SchülerInnen gemeinsamen *Welt*, die auf die eine oder andere Weise immer wieder zum Verschwinden gebracht wird; dem *Dialog*, in dem wir stehen; der Tatsache, dass wir *Lehrerinnen und Lehrer* sind, und dem Umgang mit *Methoden*, weil es in der Schule selbstverständlich um die Erkenntnis der Situation und der Welt geht und somit um einen Weg, dies zu bewerkstelligen.

4.2.1 Situation

Wann immer, wo immer, wie immer Unterricht geschieht, geschieht er in einer gemeinsamen Situation. Dieser notwendige Ausgangspunkt des gemeinsamen Lehrens und Lernens wird durch die Kompetenzorientierung und daraus resultierende didaktische Ansätze unterlaufen. Ein Beispiel:

> „Die bisherige Argumentation [des Autors] zielt darauf, daß Lernende sich Gegenstände aneignen und daß sie – dies ist gleichsam der geforderte Paradigmenwechsel – im Mittelpunkt ihres eigenen Such- und Erkundungsprozesses stehen. Was heißt das nun für den Lehrenden? Welche Bedeutung kommt ihm im didaktischen Prozess nunmehr zu?
> Seine Aufgabe besteht darin, Lernen zu fördern, indem er Lernumgebungen gestaltet … Zu fragen wäre dann jedoch, welches seine Instrumente hierbei sind. Dabei geht es allgemein darum, eine Lernsituation zu modellieren, und zwar als Lernangebot für den Lerner. … Wiederum vereinfachend kann davon ausgegangen werden, daß der Lehrende zwei Gestaltungsinstrumente hat: er kann die Situation modellieren und er kann die Kommunikation mit dem Lerner gestalten.“ [174]

Die Aneignung geschieht durch die Bewältigung der Situation. Das ist die Grundstruktur. Und die Vorstellung von einer Lernumgebung, in der diese Aneignung geschieht, erscheint wie die Eröffnung eines freien und selbstbestimmten Lernraumes. Eine Situation zu modellieren suggeriert etwas anderes, als

174 Sloane, Situationen gestalten, 62.

SchülerInnen den Stoff vorzusetzen. Aber hinter dem harmlos erscheinenden Begriff des Modellierens verbirgt sich zumindest das Problem der Transparenz: Das, was vorgegeben wird, wird zugleich in seiner vermeintlichen Offenheit unkenntlich gemacht.[175] Anders formuliert: Die den Schülern vorgegebene Situation ist alternativlos geworden und korrespondiert mit einer politischen Alternativlosigkeit, die die Preisgabe des Politischen selbst ist. Dies ist zugleich ein typisches Merkmal der Krisensituation (der Schuldenkrise, der Umweltkrise, der Eurokrise, der Flüchtlingskrise). „Die Krisensituationen sind kritische Situationen, in denen die Welt in Stücke, in Splitter zerfällt. Die Menschen haben keine Bezugspunkte mehr, keine Möglichkeiten mehr der Totalisierung."[176] Wenn die Welt in Stücke zerfällt, bleibt lediglich die Möglichkeit individuellen Handelns zurück. Diese Vorstellung von Situation kommt der Zerstörung der Situation gleich. Denn was sie charakterisiert, ist gerade, dass sie in Verbindung mit der Welt steht und dass in ihr die Möglichkeit, sie auf das Ganze zu beziehen, gegeben ist. „Jede Situation führt uns, sobald man sich konsequent damit befasst, an diese Welt heran und verbindet uns mit ihr, mit dem, was unlebbar ist, wie mit dem, was sie an Schwachstellen, an Öffnungen bietet."[177] Nur wo dieser Bezug hergestellt ist, entstehen Handlungsmöglichkeiten. Das gilt selbstverständlich auch für die Schule, ist in jedem Moment gegeben, in dem LehrerInnen ihre Klasse betreten, und gilt vor jedem Lehrplan, vor jedem zu vermittelnden Inhalt oder jeder zu erlernenden Kompetenz. In dieser Situationalität allein ist alles Lernen grundgelegt. Für die Situation selbst gilt, wenn sie denn nicht hermetisch abgeriegelt wird, dass aus ihr alle Möglichkeiten eines guten Unterrichts erwachsen können. Für sie „ist charakteristisch, dass man darin immer mehr findet, als man einbringt und sucht, sobald man sich ganz auf sie einlässt: Man findet darin überraschenderweise seine ei-

175 Ganz anders ist das Verfahren Freires zur Vorbereitung einer Alphabetisierungskampagne: Bevor es überhaupt dazu kommt, gehen die Vorbereitenden als Lernende in die Situation derjenigen, für die die Alphabetisierung gemacht wird. Aber damit wird sie von vornherein mit ihnen gemacht. Das Material, mit dem dann Schreiben und Lesen gelernt wird, ist das Material der Menschen, die Schreiben und Lesen lernen. Stellen wir uns einmal vor, wir würden so Unterricht in der Schule machen. Aber genau darum müsste es gehen! (Hierzu Freire, Erziehung als Praxis der Freiheit).

176 Bourdieu, Wie die Kultur zum Bauern kommt, 192.

177 Unsichtbares Komitee, An unsere Freunde, 167.

gene Kraft, Ausdauer und einen Einfallsreichtum, den man zuvor nicht kannte, und das Glück, das darin besteht, strategisch und täglich eine Ausnahmesituation zu erleben."[178]

Für uns LehrerInnen ist es immer wieder eine gute Übung, wenn wir uns auf diese mit den SchülerInnen gemeinsame Situation einlassen. Diese Übung lässt sich tagtäglich wiederholen. Das mag irritierend sein und an unserem Selbstverständnis nagen, aber es fordert uns jedes Mal von Neuem heraus, uns und unsere Rolle in diesem Gefüge zu bedenken. Wir können uns auch nicht auf die neue BeraterInnenrolle zurückziehen, in der wir geschützt sind, von außen agieren und das Geschehen geschickt steuern.

Für Freire war die Situation zentral, weil sich in ihr die Grenze auftut, an der Lernen geschieht. Dieses Lernen ist immer mit einer Erkenntnis verbunden, nämlich der, dass die Situation nicht alternativlos ist, dass Handeln möglich ist. Dieses Handeln unterscheidet sich von einer Vorstellung von „Handlung", die sich notwendig aus dem Bedingungsgefüge der Lernsituation ergibt und im genaueren Sinne lediglich „Verhalten" ist, also der zu Beginn vorgestellten Kompetenzdefinition von Weinert entspricht. Freire hat schon früh erkannt, inwiefern die Situation der Schlüssel für Unterdrückung, aber auch die Möglichkeit von Befreiung ist. „In der Tat besteht das Interesse der Unterdrücker darin, ‘das Bewußtsein der Unterdrückten zu verändern, nicht aber die Situation, durch die sie unterdrückt werden' [de Beauvoir]. Je mehr nämlich die Unterdrückten dahin gebracht werden können, sich dieser Situation anzupassen, umso leichter lassen sie sich beherrschen."[179] Handlungsfähig zu werden setzt die Erkenntnis der Situation voraus.

Übersetzen wir das einmal in unsere heutige Schule, die weit von einer Schule entfernt zu sein scheint, in der es einen Unterdrücker gibt. Nehmen wir das Smartphone. Alle LehrerInnen und Eltern wissen um das Problem und ab und zu gibt es Schlagzeilen. Die gängige Antwort ist: Medienpädagogik – den richtigen Umgang mit der virtuellen Welt lernen, sprich die Situation zu bewältigen, um funktionsfähig zu bleiben, weil nämlich Forscher herausgefunden haben, dass zu viel Smartphone die Funktionsfähigkeit im Alltag verringert. Was

---

178 Ebd. 169.

179 Freire, Pädagogik der Unterdrückten, 59.

bei diesem Vorschlag nicht angetastet wird, ist die Frage nach dem, was denn durch die ständige Nutzung sehr wohl gelernt werden soll: permanente Bereitschaft und die Einübung einer Bewertungskultur, bei der jegliche Qualität aufgelöst wird in eine zu quantifizierende Größe – die Menge der Clicks und Likes. Diese Fähigkeiten korrespondieren mit den Bewertungsmechanismen der Schule und der Universität und den Erfordernissen des beruflichen Alltags. Hier stellt die Frage nach der Gesamtsituation, nach dem „Unterdrücker" (auch wenn dieser nicht Mark Zuckerberg oder Bill Gates heißt) und den Möglichkeiten, sich von dem „Unterdrücker" zu emanzipieren, die einzige Perspektive dar, in deren Horizont der „Umgang mit Medien" sinnvoll eingeübt werden könnte. Dafür kann es kein Lehr-Lern-Arrangement geben, vor allem deshalb nicht, weil LehrerInnen genauso wie ihre SchülerInnen mit der Situation verwoben sind.

> „Menschen finden sich als Wesen ‚in einer Situation', in zeitlich-räumlichen Bedingungen verwurzelt, die sie kennzeichnen und von denen sie auch gekennzeichnet werden. Sie neigen dazu, auf ihre eigene ‚Situationalität' in dem Maße zu reflektieren, in dem sie von ihr dazu herausgefordert sind, an ihr zu handeln. Menschen *sind*, weil sie *in einer Situation sind*. Und sie werden mehr sein, je mehr sie nicht nur kritisch auf ihre Existenz reflektieren, sondern kritisch an ihr handeln.
> Reflexion auf ‚Situationalität' ist Reflexion über die eigentliche Bedingung der Existenz: kritisches Denken, mit dessen Hilfe Menschen einander als ‚in einer Situation' entdecken. Nur wo sich diese Situation nicht mehr als festgefügte, sich abschließende Wirklichkeit oder als quälende Sackgasse präsentiert, wo Menschen anfangen können, sie als objektiv-problematische Situation zu begreifen – nur dort kann es Verpflichtung geben. Menschen tauchen aus ihrer Überflutung herauf und gewinnen die Fähigkeit, dort, wo sie enthüllt wird, in die Wirklichkeit einzugreifen. Das *Eingreifen* in die Wirklichkeit – das historische Gewahrwerden im eigentlichen Sinn – stellt sich so dar als ein Schritt über das Auftauchen hinaus und ergibt sich aus der consientização der Situation. Consientização ist gleichbedeutend damit, die Haltung des Wahrnehmens zu vertiefen, die allem Auftauchen eigentümlich ist."[180]

In einer Grenzsituation tut sich, wie Freire sagt, die Grenze zwischen „Sein und Menschlicher-Sein" auf. Nur so eröffnet sich die Möglichkeit, eine Situation zu gestalten, so dass diese Gestaltung eine Zukunftsdimension enthält, die über jegliche Bewältigung hinausreicht, damit die Situation nicht abschließt, son-

180 Ebd. 91.

dern Spielräume eröffnet für fortschreitendes, emanzipierendes Handeln, das mutig genug ist, den „Unterdrücker“ in seinen unterschiedlichsten Formen abzuschütteln oder zumindest in die Schranken zu weisen.

Dem ausführlichen Zitat von Freire ist wenig hinzuzufügen, lediglich, dass die pädagogische Phantasie dazu ausreichen sollte, das hier Gesagte nicht nur für geistes- und sozialwissenschaftliche Fächer mit fast erwachsenen SchülerInnen vorzustellen, sondern auch für alle anderen Bereiche von Schule.

4.2.2 Welt

„Die Bewußtwerdung entsteht auf Grund des reflexiven Bewußtseins des Menschen, das sich ‘wessen’ bewußt wird, weil jegliches Bewußtsein Bewußtsein ‘dessen’, Bewußtsein ‘von etwas’ – oder kein Bewußtsein ist.“[181] Wo ist der spezifische Ort dieses „Etwas“, wo lässt es sich finden? Sicherlich in der Welt. Und wie lässt es sich finden? Dazu ist es „notwendig, daß ich meine Kenntnis von der Welt, die naiv, spontan, entfremdet und entfremdend ist, überschreite und nunmehr die Welt zum Objekt meiner erkenntnistheoretischen Absicht, meiner kritischen Suche mache, um sie in ihrer Vernunft des Seins zu entdecken.“[182] Was dadurch gewonnen wird, nennt Freire den Logos der Realität, eine Vernunft, die in der Bewusstwerdung der Welt entdeckt werden kann. Allerdings leben wir in einer Welt, die versucht, die Welt zum Verschwinden zu bringen. So gehen wir auch in der Schule mit ihr um.

Schon in der Grundschule steht die Kompetenz im Zentrum. Alles unterrichtliche Handeln muss auf sie abzielen. Hinter dieser Kompetenz verbirgt sich noch etwas anderes, nämlich die Kompetenzerwartung, also all das, was von den LehrerInnen eingefordert, überprüft und an die vorgegebenen Standards angeglichen werden soll. Der Unterricht kann über Lehr-Lernarrangements frei gestaltet werden, da ja das Grundprinzip der individuellen Förderung gilt, die Kompetenzerwartung ist gesetzt. In diesem Setting spielen Inhalte keine eigene Rolle mehr. Sie haben lediglich eine Aufgabe: „Kompetenzorien-

---

181 Freire, Der Lehrer ist Politiker und Künstler, 80.

182 Ebd.

tiertes Unterrichten bedeutet also, Inhalte im Unterricht so auszuwählen, anzubieten und zu bearbeiten, dass dabei die zuvor explizit formulierten Kompetenzen eingeübt, angebahnt oder erworben werden können." Und die Leitfrage für den Unterricht ist: „Mit welchen Inhalten und Aufgabenstellungen lassen sich geforderte Kompetenzen sinnvoll verbinden?"[183] Was geht eigentlich verloren, wenn Inhalte verschwinden oder, noch genauer, zum Kompetenzträger degradiert werden und Verhalten, Motiv und Bereitschaft in den Vordergrund gestellt werden? Was hier geschieht, das erinnert an eine interessante Bemerkung, die Hannah Arendt nach einem 1958 in München gehaltenen Vortrag zum Thema „Kultur und Politik" gemacht hat. Sie antwortete auf die Kritik eines Zuhörers:

> „Es hat Herrn Kesten verdrossen, daß aus meinem Vortrag eine Art von ‚Lebensfeindschaft' sprach, und dies kann ich verstehen. Ich habe die Welt dem Leben entgegengesetzt, und da wir in einer Zeit leben, in welcher eine ungeheure Überschätzung des Lebens gang und gäbe ist, habe ich die Weltliebe, die zu aller Kultur gehört, vielleicht übertrieben. Ich glaube nicht, daß ich lebensfeindlich bin, das Leben ist etwas Herrliches, aber es ist nicht der Güter höchstes. Wenn das Leben als der Güter höchstes angesetzt wird, ist es sogar gerade mit dem Leben immer schon vorbei. Es gibt in unserer Gesellschaft eine gefährliche Weltentfremdung und mit ihr eine schreckliche Unfähigkeit der Menschen, die Welt zu lieben."[184]

Das „Leben" scheint so unmittelbar und selbstverständlich unser „höchstes Gut" zu sein, aber in diesem Zusammenhang verbirgt sich in all den Prozessen, die auf Lebensvollzüge reduzieren, etwas, was Hannah Arendt sehr anschaulich beschreibt. Die Reduktion auf Lebensvollzüge stellt eine Funktionalität in den Vordergrund, die in letzter Instanz in der „Bereitschaftsmaschine" endet, die aus Pilgern und Nomaden die von Ton Veerkamp beschriebenen singulären Vagabunden macht.

Der Soziologe Bourdieu beschrieb dieses Problem in Bezug auf Arbeitslose. Ihr „zeitlich entstrukturiertes Dasein" geht einher mit dem „Verfall jeglichen Verhältnisses zu Welt, Raum und Zeit"[185]. Nun ist die Bereitschaftsmaschine nicht notwendig arbeitslos, aber die so dramatisch auf Funktionalität

---

183 Kompetenzorientierung – Eine veränderte Sichtweise auf das Lehren und Lernen in der Grundschule, 15.

184 Arendt, Kultur und Politik, 303.

185 Bourdieu, zitiert nach Kaiser, Bourdieus Gegenfeuer, 419.

ausgerichtete Grundorientierung von Bildung hat noch eine weitere Funktion. Sie ist eine hervorragende Prävention gegen Auflehnung, Rebellion, Revolte. Sie raubt „jenes Mindestmaß an Hoffnung und Glauben an die Zukunft, das für eine vor allem kollektive Auflehnung gegen eine noch so unerträgliche Gegenwart notwendig ist"[186]. Positiv formuliert: Damit aus den Vagabunden Menschen werden, die veränderungsfähig sind – sagen wir es ruhig einmal so, wie es in einem Unterrichtsentwurf stehen sollte: die also eine Auflehnungs- und Veränderungskompetenz entwickeln –, benötigt Bildung einen gemeinsamen und geteilten Horizont und dies sowohl räumlich als auch zeitlich.

Wie aber kommt die Welt in die Schule? Gibt es nicht genügend fairen Handel und faire Produkte auf dem Schulbasar, faire Kleidungsprojekte und Aktionen für Nachhaltigkeit (weniger Plastikbecher, Stromsparaktionen und ökologischen Brotaufstrich auf dem Pausenbrot). Sind diese Aktionen nicht der Beweis dafür, dass deutsche Schülerinnen und Schüler die Welt in die Schule hineinholen? Es gibt keinen Grund, all diesen Aktionen ihre Berechtigung abzusprechen. Sie können auch immer das Einfallstor für die Welt sein. Aber zu häufig entsprechen sie einer entgegengesetzten Logik, die gerade die Welt verhindert, indem sie eine individualisierende Antwort bereitstellt. Die Antwort auf ungerechten Welthandel: faire T-Shirts aus Bangladesch; die Antwort auf den Klimawandel: einmal pro Woche Fahrrad fahren; die Antwort auf Armut in der Bundesrepublik Deutschland: die Tafeln. Das Ganze – und nichts anderes ist ja in letzter Instanz die Welt – bleibt außen vor.

Wie also kommt die Welt in die Schule? Die Antwort darauf ist zunächst einfach: Sie ist das Erkenntnisobjekt und als Erkenntnisobjekt ist sie der Inhalt dessen, was in der Schule geschieht. Und sie muss es ganz sein. Befreien wir die Inhalte aus den Fängen der Kompetenzorientierung, wo sie zu Kompetenzträgern degradiert wurden und vertrauen wir darauf, dass dadurch selbstverständlich eine Vielzahl von „Kompetenzen" erworben werden. Dazu aber muss sich der Blick zunächst auf die Welt richten. Dieser ist mit und in jeder Situation möglich, weil die Situation ein Teil der Welt ist und somit zur Welt hin offen. Und weil sie immer schon mehr ist als eine individualisierende Anforderungssituation. Konservative Pädagogen mögen sich über diese Forderung

186 Ebd.

freuen und gesehen fühlen mit ihrer Frage an die Lehrpläne nach dem Paradigmenwechsel: „Wo bleiben die Inhalte?“ Aber wir wollen nicht zurück zur Bankiersmethode oder zum Nürnberger Trichter. Der Bezugspunkt muss ein anderer sein.

Inhalte sollten nicht einfach gesetzt und dadurch vorgesetzt werden. Inhalte sind die Bezugspunkte von Erkenntnis, die nicht nur an der Universität stattfindet, sondern als Akt der Emanzipation jedem Menschen möglich ist. In diesem Sinne ist Erkenntnis mehr als das, was man gelernt haben sollte. Solche Erkenntnisakte ermöglichen darüber hinaus mehr als die Fähigkeit, innerhalb einer Situation so zu reagieren, wie es eine gut geschulte Anpassungsfähigkeit erwarten ließe. Die Situation wird in ihrer Verbindung zur Welt gelesen und genau dadurch veränderbar. Zudem wird sie gemeinsam gelesen. Insofern bedeutet es zunächst, einen Bruch mit der individualisierenden Perspektive zu riskieren, nach Möglichkeiten zu suchen, den Blick umzuwenden und die Situation des gemeinsamen Lernens für die Welt, das Fremde, die Anderen, das Du zu öffnen. Wenn daraus Aktionen auf dem nächsten Schulfest resultieren, warum nicht. Aber vielleicht ist der bessere Beleg dafür, ob denn die Welt in der Schule angekommen ist, dass die SchülerInnen in der Welt angekommen sind, ohne in der Anpassung an die Gegebenheiten, wie vom EU-Parlament gefordert, steckenzubleiben.

Und: Natürlich gibt es die Dinge, die „man gelernt haben sollte“. Das ist selbstverständlich. Genauso, wie es Fähigkeiten gibt (Kulturtechniken) – also Kompetenzen – die in der Schule entwickelt werden sollten. Aber das ist im Grunde banal.

4.2.3 Dialog

Dass sich SchülerInnen und LehrerInnen in einer gemeinsamen Situation vorfinden, setzt einiges voraus. Auch, dass ein manchmal beliebtes Verwischen der Differenzen (was, wie gezeigt, zu der Beteiligung von SchülerInnen an der Notenvergabe führen kann) lediglich den Versuch darstellt, die Rolle von LehrerInnen in den Maschen der Macht zu verschleiern und damit das vorhandene Machtgefüge zu stabilisieren und undurchdringlicher zu machen. Dass es Macht gibt, ist nicht das Problem. Zum Problem, besonders in der Schule, wird sie erst, wenn die Akteure nicht darum wissen und letztlich niemand mehr den Anspruch erhebt, „nicht dermaßen regiert zu werden".

Die gemeinsame Situation beinhaltet aber auch eine Möglichkeit sowie eine Notwendigkeit, wenn Pädagogik einen auf Emanzipation hin orientierten Anspruch erhebt: den Dialog.

Um zu verstehen, was es mit dem Dialog auf sich haben könnte, ist der Wikipedia-Artikel – in diesem Fall als Negativfolie – geeignet:

> „Das Dialogische Lernen ist ein von den Didaktikern Urs Ruf (Allgemeine Didaktik und Deutschdidaktik) und Peter Gallin (Mathematikdidaktik) entwickeltes Unterrichtskonzept, das an der Pädagogik Martin Wagenscheins anknüpft. Lehren und Lernen werden nach dem Muster eines Dialogs organisiert und in Anlehnung an Fend unter dem Gesichtspunkt von Angebot und Nutzung betrachtet. In den Mittelpunkt der Aufmerksamkeit wird gerückt, wie die Schüler die Unterrichtsangebote nutzen. Die Beiträge der Lernenden werden – im Sinne des Dialogs – als neues Angebot verstanden, das nun von der Lehrperson und den Mitschülern genutzt werden muss. Das Unterrichtskonzept sieht einen sozial organisierten, individuell verlaufenden Annäherungsweg an die fachliche Norm vor und steht damit den sozialkonstruktivistischen Lerntheorien nahe (Wygotski). Es bezieht sich explizit auf das Kompetenzmodell von Weinert, den Wissensbegriff von Habermas und die Motivationstheorie von Deci und Ryan (Ruf 2008). Durch das Dialogische Unterrichtskonzept wurden Lerntagebücher im deutschen Sprachraum bekannt gemacht."[187]

Man kann davon ausgehen, dass in etwa das mit der Gestaltung von Kommunikation gemeint ist. Aber das ist nicht Dialog, das ist die Organisation eines Verfahrens, in dem genau eines nicht geschehen kann oder soll: Dialog.[188] Denn

---

187 Entnommen am 16. 8. 2017.

188 Es sei zumindest kurz an die Wortbedeutung erinnert: dia bedeutet hindurch und

ein wirklicher Dialog ist gefährlich und auch für LehrerInnen riskant. Um ihn zu verhindern, sollte man eines tun: die Kontrolle über den Kommunikationsprozess nicht aus der Hand geben.

Das kennen wir und es ist ein zentrales Element unserer Mediengesellschaft: Wer die Kontrolle über die Kommunikation hat, hat die Macht. Für Gramsci wäre dies Teil der kulturellen Hegemonie. Um kulturelle Hegemonie zu erlangen, bedarf es auch der Dominanz des Erziehungs- und Bildungssystems, in dem das …

> „pädagogische Verhältnis … nicht auf die spezifisch 'schulischen' Beziehungen eingegrenzt werden [kann] … Dieses Verhältnis existiert in der ganzen Gesellschaft in ihrer Gesamtheit und für jedes Individuum in Bezug auf andere Individuen, zwischen intellektuellen und nicht-intellektuellen Schichten, zwischen Regierenden und Regierten, zwischen Eliten und Anhängern, zwischen Führenden und Geführten, zwischen Avantgarden und dem Gros der Truppen. Jedes Verhältnis von ‚Hegemonie' ist notwendigerweise ein pädagogisches Verhältnis"[189].

Der Wikipediaartikel über „Dialogisches Lernen" zeigt, wie das geschieht: durch Vorgabe von Strukturen und Mechanismen, in denen Kommunikationsprozesse organisiert werden. In dieser Kommunikation bleibt der Dialog stecken. Sobald es Versuche der Erzeugung von gesellschaftlichen Brüchen gibt oder der Aneignung dessen, was ausgeschlossen sein soll, gibt es auch Moderations- und Verfahrensvorschläge, die in der Regel darauf hinauslaufen, tatsächliche Dialoge, die zum Verstehen der Situation und dadurch zu einer Veränderungsperspektive führen könnten, zu verhindern.[190] Denn die Einführung solcher Verfahrensweisen ist die Engführung von alledem, was für ein emanzi-

---

logos muss verstanden werden als Wort bzw. Rede. Damit ist das lebendige Gespräch gemeint, Rede und Gegenrede. Logos ist aber noch mehr als das, nämlich der Begriff der griechischen Philosophie für Vernunft. Ein Gefälle ist im Dialog nicht angelegt und die Vernunft basiert auf der Gleichheit der am Dialog Teilnehmenden. Was für ein Bild für Unterricht!

189 Gramsci, Erziehung und Bildung, 80.

190 Es wäre sehr leicht, dies am Beispiel von Stadtentwicklungsprozessen der letzten zwanzig Jahre, die in der Regel zu Stadtmarketingprozessen umgeformt wurden, zu zeigen, und zwar mit dem Ziel, einen neoliberalen Stadttypus zu etablieren, der durch sämtliche Kommunikationsprozesse abgesichert wird. Dieser Aspekt schließt an die These an, dass neben Chile die Stadt New York das erste neoliberale Experimentierfeld war.

pierendes Lehren und Lernen den Dialog so fundamental bedeutsam macht.Für Freire ist der Dialog zunächst die Voraussetzung dafür, dass LehrerInnen die Bankiersmethode verlassen können. Diese ist das absolute Gegenteil von Dialog. Aber so, wie die Bankiersmethode („Das ist zu lernen!") eine Verweigerung des Dialogs ist, ist im neuen neoliberalen LehrerInnenbild auf eine entgegengesetzte Weise kein Dialog angelegt. Der Lehrer, der als Lernberater und Coach zur Verfügung steht, betritt nie den Raum der gemeinsamen Welt und eröffnet nie die Möglichkeit des gemeinsamen Handelns in der Welt.

Die Aufgabe des Coaches ist eine prinzipiell andere: SchülerInnen werden zu „Klienten". Ohne Begriffe überstrapazieren zu wollen, sei daran erinnert, was für eine Vorstellung mit dem Begriff „Klient" verbunden ist. Der Klient ist der Hörige, der Schutzbefohlene und später dann derjenige, der durch einen Vertrag regelt, was für ihn zu tun sei. Der Coach ist dem Klienten eindeutig übergeordnet und außenstehend. Er ist der Prozessbegleiter. Dabei können die SchülerInnen den Prozess in letzter Instanz nicht bestimmen oder regulieren. Der Coach wird nur insofern zum „Anwalt" der SchülerInnen, als er ihnen hilft, eine möglichst hohe Funktionalität im gegebenen Gesamtprozess zu erlangen. Eine wirklich emanzipierende Perspektive eröffnet sich dadurch nicht. Interessant ist die Frage, in welche Richtung das klassische LehrerInnenbild hier verlassen wird. Es entsteht ein Beratungsgespräch, in dem LehrerInnen sich dem Lernprozess der SchülerInnen öffnen. Sie geben nicht mehr vor, was und wie zu lernen ist. Sie individualisieren den Lernprozess und sollen dies auch. Vertreter dieses „neuen" Lernens formulieren das so:

> „Was zu den Lernenden passt, das kann nie allein von den Lehrenden bestimmt werden. Passung (Viabilität) als ein kulturelles, soziales, kommunikatives Passen bedeutet die Notwendigkeit zuzugestehen, in didaktischen Prozessen die Pass-Formen stets neu mit allen Beteiligten zu ermitteln, situativ anzupassen, individuell zu differenzieren und zu variieren. Lehrende und Lernende als Didaktiker sind von beiden Seiten her Experten ihres Lernens und Lehrens."[191]

Eine Didaktik, die in ihrem Kern nicht mehr inhaltsorientiert ist, kann sich diese Position natürlich leisten, denn es kommt auf die Viabilität, auf die Brauchbarkeit und Funktionalität an, ob etwas gangbar und passend ist. Es sollte kein

191 Reich, Konstruktivistische Didaktik, 38.

Zufall sein, dass daraus resultierende „Anschlussfähigkeit" zu einem inflationär gebrauchten Kriterium pädagogischer Vorstellungen und didaktischer Konzepte geworden ist. Die neue LehrerInnenrolle erfüllt im Ansatz formale Kriterien eines Dialoges. Im beratenden Gespräch findet der Coach heraus, wie der spezifische Weg des Lerners bzw. der Lernerin aussehen könnte. Aber ein wirklicher Dialog ist das nicht.

Der Dialog setzt die Gleichheit voraus und ihre Anerkennung. Das hat nichts zu tun mit der Verschiedenheit der Menschen, aber sehr wohl mit der Voraussetzung von Verschiedenheit: Gleichheit ist die Möglichkeit, Verschiedenheit zu erkennen und Bedingung für die Ernsthaftigkeit von Dialog. Nur die Anerkennung der Gleichheit führt zu der Möglichkeit, dass ich als LehrerIn von meinen SchülerInnen etwas lernen kann. Und genau diese Gleichheit eröffnet einen Raum, in dem SchülerInnen etwas lernen. Darum ist der Dialog im Prozess des Lernens so fundamental. Aber Gleichheit darf nicht auf „Haltung" reduziert werden, der gemäß Lehrende Lernenden respektvoll, akzeptierend und wertschätzend gegenüberstehen. Die Hürde ist noch ein Stückchen höher.

Dialog gibt es, weil die Welt nicht nur meine Welt ist. Der Dialog ist der Ausbruch aus der Gefangenschaft eines hermetischen Individualismus und seiner begrenzenden Traurigkeit.[192] Indem LehrerInnen zu Coaches werden, ver-lassen sie diesen Rahmen nicht, sondern forcieren ihn durch die Fokussierung auf das Individuum. Doch der Ausbruch ist mehr als der Versuch, die individuelle Verschlossenheit zu überwinden, damit es *mir* bessergeht. Er ist die Eröffnung eines Bezugsfeldes, in dem Leben und Lernen allein nur human werden kann.

Schon für Gramsci war klar, dass „das Lehrer-Schüler-Verhältnis ein aktives Verhältnis wechselseitiger Beziehungen und deshalb jeder Lehrer immer auch Schüler und jeder Schüler Lehrer ist."[193] Bei Gramsci gibt es, wie später für Freire, den „Lehrer-Schüler" und den „Schüler-Lehrer", ohne dieses Verhältnis zu

---

192 In der Mobilisierung zu den blockupy-Protesten in Frankfurt 2015 war so treffend die Rede von der „organisierten Traurigkeit des Kapitalismus". (Vgl. Julia Lis, Krisenproteste im Herzen der Bestie, in Geitzhaus/Lis/Ramminger, Auf den Spuren einer Kirche der Armen, Münster 2017, 207-236) Und auch Papst Franziskus stellt einen Zusammenhang zwischen Individualisierung und Traurigkeit her: „Viele erhoffen einen Wandel, der sie von dieser individualistischen, versklavenden Traurigkeit befreit." (Ansprache Welttreffen 2015).

193 Gramsci, Erziehung und Bildung, 80.

individualisieren. Er macht daraus etwas, das eine gesamtgesellschaftliche Bedeutung beansprucht und genau dadurch seine Gültigkeit bekommt. Ein dialogischer Lehrer steht nicht nur in einem individual-existentiellen Verhältnis zu seinem Schüler, kann ihm also zuhören und weiß auf das Gehörte etwas zu sagen, sondern steht im „Dialog" mit der geschichtlich-gesellschaftlichen Gesamtsituation. Darin zu stehen und in diesem Sinne in der Welt zu sein, ist so erst die Bedingung für einen Dialog mit SchülerInnen und sein Bezugspunkt, ist also die Voraussetzung dafür, SchülerInnen hören und verstehen zu können.

LehrerInnen als Coaches geraten von Beginn an in die Individualisierungsfalle, weil im Zentrum des vermeintlichen Dialoges der Schüler oder die Schülerin steht, ihr Lernprozess, auf den der Coach fokussiert, ihr Entwicklungspotential. Schon dadurch ist der Dialog gestört, weil der Fokus auf den Entwicklungsprozess des Schülers gar nicht den Fokus auf den Schüler legt, sondern auf ein bestimmtes Entwicklungsmodell, das im weitesten Sinne gesellschaftlich vorgegeben wird und einer bestimmten Vorstellung von Kompetenzentwicklung entspricht. Diese Problematik in den Blick zu bekommen ist deshalb eine pädagogische Notwendigkeit, um nicht in die Falle unreflektierter Vorannahmen zu tappen: „Tatsächlich gibt es selbst für die naivste Erfahrung keine Ähnlichkeit, keine Trennung, die nicht aus einer präzisen Operation und der Anwendung eines im Voraus bestehenden Kriteriums resultiert."[194] Jedoch ist eine Reflexion auf Gesellschaft – zum Beispiel in Bezug auf die Fragestellung des Lernens – im Kontext von Lernberatung und Coaching nicht anzunehmen.

Die Vorstellung des LehrerInnen-Coaches von Dialog entspricht dem „naiven Denker" Freires. Für diesen „ist das Wichtigste die Anpassung an dieses normalisierte 'Heute'. Für den Kritischen ist das Entscheidende die fortwährende Verwandlung der Wirklichkeit zugunsten der dauernden Humanisierung der Menschen"[195]. Die Anpassung an die Wirklichkeit benötigt keinen Dialog. Für ein Lernen, das auf eine Verwandlung der Wirklichkeit ausgerichtet ist, ist der Dialog unabdingbar. In Bezug auf die Anpassung an die Normalität ist es möglich und wahrscheinlich, dass der LehrerInnen-Coach den SchülerInnen voraus ist. Im Hinblick auf die Veränderung der gegebenen Wirklichkeit kann

194 Foucault, Die Ordnung der Dinge, 22.
195 Freire, Pädagogik der Unterdrückten, 76.

dies nicht so sein, insofern sie als eine offene Zukunft gleichermaßen vor dem Lehrer-Schüler wie vor dem Schüler-Lehrer liegt. Dieser Dialog ist für Freire etwas, wo hinein ich mit jemandem über ein „Worüber" trete. Er beginnt vor der konkreten pädagogischen Situation, insofern der Lehrer-Schüler sich diese Frage ganz präzise stellen muss (Was nicht bedeutet, dass es im Dialog mit den SchülerInnen dann genau so wird!). Sie ist die zentrale Frage: „Sich mit dem Inhalt des Dialogs beschäftigen heißt aber eigentlich, sich mit dem Programminhalt des Bildungsvorgangs zu beschäftigen."[196]

Im Zentrum eines Dialogs stehen nicht die SchülerInnen – wir haben es also nicht mit einer Schwerpunktverlagerung weg von den LehrerInnen hin zu den SchülerInnen zu tun! –, sondern die Welt. Stünde der Schüler im Zentrum, so wäre es kein Dialog. SchülerInnen ins Zentrum zu stellen führt dazu, sie nicht ernst zu nehmen. Darüber hinaus hilft diese Fokussierung nicht dabei, wirklich zu lernen. Am wenigsten liegt hierin ein Anknüpfungspunkt für Emanzipation, weil der ins Zentrum gerückte Schüler das Verbergen des anderen Zentrums markiert, um das all das Lernen sich bewegt. Eine Ausrichtung auf die SchülerInnen verbirgt die Verhältnisse, in denen wir alle gemeinsam leben und die es in grundlegender Weise zu verändern gilt, wenn Comenius pädagogischer Imperativ „alle alles ganz zu lehren" tatsächlich zum normativen Kern werden soll.

Hier kommt die Subjektfrage ins Spiel. Gibt der pädagogische Prozess das Subjekt auf oder nicht? Oder besser: Setzt der pädagogische Prozess das Subjekt voraus? Und weiter: Welches Subjekt haben PädagogInnen vor sich und auf welches zielen ihre Anstrengungen ab? Die Kompetenz- und Handlungsorientierung läuft Gefahr, aus SchülerInnen in letzter Instanz eine Reaktionseinheit zu machen: die Bereitschaftsmaschine, ein Bündel von Reflexen auf die Situation. Subjektwerdung – wenn sie denn das Ziel von Schule und Bildung ist – ist mehr und ganz anderes als das. Sie bringt die Fähigkeit zu handeln mit sich, die die Möglichkeit zur Veränderung mit einschließt; Geschichte zu machen und meine Isolierung als individualisiertes Atom aufzubrechen, weil mein Handlungshorizont, die Welt und mit und in ihr die anderen, ja sogar das mir Fremde mit umfasst, weil ich eben nicht nur für mich allein handle. Und Gleichheit, die (noch) nicht realisiert ist, wird im Dialog gesetzt.

196 Ebd.

Wenn der Dialog konstitutiv ist, ergibt sich daraus eine ihm entsprechende LehrerInnenrolle. LehrerInnen *müssen* zum Lehrer-Schüler werden! Und diese Veränderung ist fundamental wichtig für das Lernen selbst. Dies wird sowohl von Gramsci und Freire, als auch von Jacques Rancière betont. Mit Bezug auf den Lehrer Joseph Jacotot, der von 1818 an mit einem neuen Lehren und Lernen experimentierte und verblüffende Erfahrungen gemacht hatte, behauptet Rancière die Möglichkeit des „unwissenden Lehrmeisters", der nicht notwendig das wissen muss, was er unterrichtet, sondern dessen Aufgabe vor allen Dingen darin besteht, zu zeigen, dass die SchülerInnen können, dass sie durch ihre ihnen eigene Aufmerksamkeit können. Dies kommt einer Verschiebung der Aufgabe von LehrerInnen gleich, die nicht mehr erklären, was dann nachzuvollziehen ist. Diese Verschiebung ist mit der grundlegenden Erfahrung intellektueller Emanzipation verknüpft: selbst denken, selbst erkennen, selbst handeln zu können. Gerade weil ich als LehrerIn *nicht* besser weiß als die SchülerInnen, können sie diese Erfahrung aus dem Selbst-Lernen, aus der Gleichheit machen.

Neoliberale Bildung konterkariert das. Hier wissen die LehrerInnen noch mehr als die der Bankiersmethode bzw. des Nürnberger Trichters. Sie kennen nicht nur die Inhalte, die weitergegeben werden müssen, sondern auch die Lernwege, besprechen die Bahnen, ja legen sie in Anforderungssituationen und Lernumgebungen fest, viel fester als je zuvor. Zugleich werden diese Festlegungen immer unsichtbarer. Im Schatten des Paradigmenwechsels haben sich Wochenpläne, Metapläne und präzise Verfahrensweisen ausgebreitet. Schule wird so zum überraschungsfreien Raum.

Demgegenüber weiß der unwissende Lehrmeister nur, das macht im Kern seine Emanzipation aus, dass die Schülerin kann. Er weiß um die Gleichheit zwischen sich und ihr, die sich im Dialog manifestiert. Die Behauptung der Ungleichheit produziert „Gleichheit" als Angleichung. Nur die Behauptung der Gleichheit ermöglicht in der Gleichheit Verschiedenheit.

4.2.4 Lehrerinnen und Lehrer

Also ist der Dialog mehr als eine humane Beigabe zum Erziehungsprozess, mehr als das Ernstnehmen der SchülerInnen. Der Dialog ist notwendige Voraussetzung für Erkenntnis. Darin unterscheidet sich seine Bedeutung von dem, was für eine kompetenzorientierte Vorstellung von Bildung als Ausbildung gilt. Es ist klar, dass in diesem Zusammenhang Lehrerinnen und Lehrer nicht abgeschafft werden dürfen.[197] Doch ist dies kein Plädoyer für die Ausgestaltung einer konservativen Lehrerpersönlichkeit, wie sie der Philologenverband fordern könnte, oder für eine neue LehrerInnenorientierung im Anschluss an Hattie. Wahrscheinlich ist Vorsicht geboten beim Beharren auf LehrerInnen, um nicht aus irgendeiner Richtung vereinnahmt zu werden. Entsprechend mag es in einem diesem Text über Schule und Bildung ungewöhnlich erscheinen, eine Person ins Zentrum der Überlegungen zu rücken, die stark zu machen immer ein Anliegen der Konservativen war: den Lehrer bzw. die Lehrerin.

In der Ausbildung lernt man, dass die Lehrerpersönlichkeit entscheidend ist für den guten Unterricht. Auf sie komme zwar nicht alles, aber das meiste an. Methoden sind zunächst zweitrangig (was z.B. die Hattie-Studie behauptet). Und dann bemerkt man im Verlauf der Ausbildung, dass die LehrerInnen-Persönlichkeit gar nicht mehr diesen zentralen Platz einnimmt. Es geht um Methoden und all das Drumherum, das angeblich zweitrangig ist. Für die LehrerIn-Werdenden tut sich hier eine schwer zu verstehende Diskrepanz auf.

Und doch lässt sich die Diskrepanz auflösen. Denn die Ausbildung funktioniert in Bezug auf die LehrerInpersönlichkeit anders. Sie stellt ein Bild zur Verfügung, das sich von der traditionellen Vorstellung diametral unterscheidet: „Vom Wissensvermittler zum Lernbegleiter", so der Titel eines weit verbreiteten Handbuches[198], das dieses neue Rollenverständnis dem Lehramtsanwärter

197 Hierzu: AK RelilehrerInnen, Klarer Kopf und großes Herz, in: dies., Religionsunterricht unter freiem Himmel, 14-17.

198 Eschelmüller, Lerncoaching, wird oft in der LehrerInnenausbildung empfohlen. „Mit Lerncoaching wird ein spezifisches Rollenverhalten von Lehrern mit entsprechenden Instrumenten und Vorgehensweisen umschrieben. Es soll die Lern- und Verstehensprozesse bei Schülern optimieren und fördern. Lerncoaching meint damit gleichzeitig Lernprozesscoaching." (Ebd. 8).

praxisnah vermitteln will. Das typische LehrerInnenbild wird aufgeweicht und suggeriert SchülerInnennähe. Dass sich die Ausbildung damit auf die Spur begibt, die im neoliberalen Weltbild vorgezeichnet wird, wird selten hinterfragt. Der Selbstunternehmer hat die Instanz des Beraters an seiner Seite. Dieses Modell lässt sich problemlos auf *die* Schule übertragen, für die die Humankapitalbildung im Vordergrund steht. Eine Schule, die sowohl traditionell-autoritäre Vorstellungen zurückweist, als auch den neuen und „fortschrittlichen" LehrerInnentypus, wird auf Lehrerinnen und Lehrer nicht verzichten können. 1978 weist Paulo Freire in einem Interview auf einen wichtigen Punkt hin:

> „Jene Subjekte, die erkennen können und erkennen möchten, sind der Lehrer auf der einen Seite und der Schüler auf der anderen. D. h., daß es immer auch einen Lehrer gibt. Dadurch vermeiden wir auch Übertreibungen wie z. B. die, die wir in der Selbst-Erziehung finden. Die gesamte Erziehung auf die Selbst-Erziehung zu reduzieren bedeutet, total die Person des Lehrers im Erziehungsprozeß, im Erkenntnisprozeß zu negieren. Für mich aber ist der Lehrer als einer von den Subjekten, die zu erkennen vermögen, unerläßlich für die pädagogische Praxis."[199]

Damit erteilt Freire bestimmten pädagogischen Konzepten eine grundlegende Absage und tut dies gewissermaßen vorausschauend: Er kritisiert zukünftige neoliberale Erziehungsmodelle an zwei für sie zentralen Punkten.

Erziehung wird nicht auf Selbst-Erziehung reduziert, die für kompetenz- und handlungsorientierte Ansätze in den Vordergrund geschoben wird. Für diese ist die Verinnerlichung des lebenslangen Lernens ein notwendiger Schritt hin zur Verwirklichung des Menschentypus, der im Idealfall in der Schule gelernt hat, diese Subjektivierungsform als sein Humankapital zu verwirklichen. Das aber, was mit so schönen Begriffen wie „Selbstorganisation" etc. geschmückt wird, macht Menschen nicht zu autonomen Menschen, sondern muss als Farce zurückgewiesen werden. Selbsterziehung wird zur Verinnerlichung heteronomer Anforderungen bis zur Unkenntlichkeit. Bei Freire stehen LehrerInnen nicht für die Verhinderung von Autonomie, sondern für die Voraussetzung bzw. Ermöglichung von Autonomie. Dies gilt allerdings nur dann, wenn LehrerInnen das geworden sind, was den Lehrer-Schüler kennzeichnet: sich selbst im Dialog mit den Schüler-LehrerInnen als lernend zu verstehen.

---

199 Freire, Der Lehrer ist Politiker und Künstler, 43f.

Der Fokus auf Selbsterziehung verhindert eine Außenorientierung, die sich in der Notwendigkeit eines Erkenntnisobjektes zeigt, das mehr ist als Träger einer Kompetenz- und Verhaltensschulung, das also konstitutiv für den Dialog ist. Das Erkenntnisobjekt vermittelt zwischen LehrerInnen und SchülerInnen und verhindert durch diese Vermittlungsfunktion sowohl die autoritären LehrerInnen, die das Wissen als durch sie gewussten Inhalt weitergeben und auf diese Weise Autonomie untergraben, als auch die auf Prozesssteuerung hin orientierten LernberaterInnen, die Methoden in den Vordergrund rücken und sich durch die Steuerung dem Dialog entziehen. Beide bringen die gemeinsame Welt zum Verschwinden. Für die autonome Erkenntnis der SchülerInnen könnte gerade der Dialog mit dem nicht-allwissenden „Lehrmeister", wie ihn Rancière vor Augen hat, ein Ausgangspunkt sein. Die zentrale Frage ist dann nicht die nach dem individuellen Lernweg, die der prozessbegleitende Lernberater stellen würde, sondern: Was hast du über die Welt und unsere gemeinsamen Möglichkeiten, in ihr zu handeln, erkannt? Allerdings setzt diese Frage LehrerInnen voraus, die den Status quo in Frage stellen und die Notwendigkeit grundlegender Veränderungen, die sich aus dem „Zustand der Welt" ergeben, anerkennen und als etwas mit ihrer pädagogischen Praxis zu Vermittelndes ansehen, mehr als das: als für ihre pädagogische Arbeit konstitutiv erachten.

Vielleicht sollten wir an dieser Stelle gerade von Rancière lernen. Seine Behauptung der Notwendigkeit eines „unwissenden Lehrmeisters" ist kein Plädoyer für ungebildete und „dumme" LehrerInnen, aber eines für die grundlegende Gleichheit im Lehren und Lernen (ja, die grundlegende Gleichheit aller Menschen), die der Ausgangspunkt des Dialoges ist und der Ausgangspunkt für ein Lernen, das emanzipiert oder zumindest einen Horizont der Emanzipation aufspannt. In diesem Lehren und Lernen verlässt der Lehrer die Ebene des Erklärens und ermöglicht den Raum des Verstehens zu betreten. Er kann den Schüler nicht emanzipiert machen, aber er weiß um ihrer beider Gleichheit, die SchülerInnen durch ihre Erfahrungen – vor allem in der Schule – verborgen ist. Das unterscheidet sie beide und macht die Verantwortung von LehrerInnen aus.

So viel zumindest kann von Rancières Nachdenken über emanzipierende LehrerInnen gelernt werden: Der Weg der Schule wird strukturiert durch das Prinzip des Erklärens, das das Prinzip der Verdummung ist und das es auf den Kopf zu stellen gilt:

> „Man muss die Logik des Erklärsystems umdrehen. Die Erklärung ist nicht nötig, um einer Verständnisunfähigkeit abzuhelfen. Diese *Unfähigkeit* ist im Gegenteil die strukturierende Fiktion der erklärenden Auffassung der Welt. Der Erklärende braucht den Unfähigen, nicht umgekehrt. Er ist es, der den Unfähigen als solchen schafft. Jemandem etwas erklären heißt, ihm zuerst zu beweisen, dass er nicht von sich aus verstehen kann. Bevor die Erklärung ein Akt der Pädagogen ist, ist sie der Mythos der Pädagogik, das Gleichnis der Welt, die in Wissende und Unwissende geteilt ist, in reife Geister und unreife Geister, fähige und unfähige, intelligente und dumme."[200]

Rancière, immer entlang an dem „unwissenden Lehrmeister" Joseph Jacotot, versucht deutlich werden zu lassen, wie sehr das Prinzip der Ungleichheit, der Differenz zwischen Fähigkeit und Unfähigkeit das Feld der Pädagogik und damit das Selbstverständnis der LehrerInnen strukturiert und wie sehr diese unhinterfragte Grundannahme die „Verdummung" reproduziert. Von Jacotot lernt Rancière, dass LehrerInnen die Logik des Erklärsystems verlassen können, dass sie selbst nicht die Wissenden sein müssen, die dem Unwissenden durch die permanente Reproduktion der Differenz die Gabe des Wissens bringen. Ein emanzipierendes Lernen muss zumindest immer wieder den Versuch unternehmen, diese Logik hinter sich zu lassen. Es setzt auf die Gleichheit der Intelligenz – eine Provokation für alle Schlauen – und fordert damit die Gleichheit in einer Gesellschaft, die ganz offensichtlich in zunehmender Weise Ungleichheit reproduziert und neue Ungleichheit hervorbringt. Emanzipation muss also mehr denn je zur tragenden Säule von Unterricht werden und fordert LehrerInnen heraus, die zunächst zur Kenntnis nehmen müssen, dass Schule den entscheidenden Beitrag zur Reproduktion der Gesellschaft, wie sie denn ist, leistet. Und damit geraten sie in Widersprüche, die nur schwer zu ertragen sind. Aber der unwissende Lehrmeister oder der Lehrer-Schüler sind eine Möglichkeit.

> „Wer lehrt, ohne zu emanzipieren, verdummt. Und wer emanzipiert, hat sich nicht darum zu kümmern, was der Emanzipierte lernen muss. Er wird lernen, was er will, nichts vielleicht. Er wird wissen, was er lernen kann, dass er lernen kann, weil dieselbe Intelligenz in allen Produktionen der menschlichen Kunstfertigkeit am Werk ist, er wird wissen, dass ein Mensch immer die Rede eines anderen Menschen verstehen kann."[201]

---

200 Rancière, Der unwissende Lehrmeister, 16f.

201 Ebd. 28f.

So lange LehrerInnen in einer Schule arbeiten, werden sie mit der Notwendigkeit der gesellschaftlichen Reproduktion konfrontiert sein, die nicht nur darin besteht, den gesamtgesellschaftlichen Produktionsprozess mit dafür notwendigem Wissen und benötigten Fähigkeiten oder, wie man mittlerweile sagt, Kompetenzen zu versorgen. Diese Reproduktion ist auch immer die Reproduktion der herrschenden Ungleichheit. Aber Lehrerinnen und Lehrer sind zugleich mehr als das: „Die Möglichkeit ist nicht die Wirklichkeit, doch auch sie ist eine Wirklichkeit".[202] Gäben sie ihren emanzipatorischen Anspruch auf, so gäben sie letztlich alles auf, was ihren Beruf oder ihre Berufung ausmacht.

4.2.5 Methoden

Im Jahre 1818 hatte Joseph Jacotot aus einer Situation heraus, die man als zufällig bezeichnen könnte, den „universellen Unterricht" entdeckt. Er hatte die Aufgabe, StudentInnen in Löwen zu unterrichten, sprach aber kein Niederländisch – sie kein Französisch. Zu Hilfe kam ihm eine zweisprachige Ausgabe des Telemach, mittels dessen es ihm gelang, seine StudentInnen Französisch zu lehren, obwohl er kein Niederländisch konnte. Er stellte fest, dass er lehren konnte, ohne zu erklären, ohne also auf die Differenz des Wissens zurückzugreifen, auf die Ungleichheit, aus der sich die erklärende Verdummung speist.[203]

Mit der Gleichheit von Lehrenden und Lernenden drehte er den Spieß um und behauptete nicht, dass *dieses* zu lernen ist und dass *jenes* zu lernen ist, sondern proklamierte: Alles ist in allem! Eine Provokation für die konservativen LehrerInnen, die einen Bildungskanon vor Augen haben und genau wissen, was vermittelt werden muss, aber auch für die fortschrittlichen, für die Inhalte vernachlässigbar sind. Sie benötigen Inhalte lediglich als „Transportmittel" für den Erwerb der Kompetenzen. Dass alles in allem ist, verweist darauf, dass es eine Vielzahl von Zugängen zur Welt und ihrer Erkenntnis gibt, ohne dass die Erkenntnis oder das Verstehen der Welt selbst preisgegeben würde.[204]

---

202 Gramsci, Erziehung und Bildung, 96.

203 Vgl. Ranciere, Der unwissende Lehrmeister, 11-29.

204 Darüber hinaus erinnert es an den Erkenntnisweg, den Marx im ersten Band des „Kapital" eingeschlagen hat, indem er mit der Analyse der Ware als der Elementarform

„Alles ist in allem!", betont einen wichtigen Aspekt des Comenius bzw. weist einen Weg, wie möglicherweise alle alles ganz zu lehren möglich wird. Wenn „alles" für jede Schule, jede Universität zu viel ist (wie anders wäre es denkbar!), dann kann nur gelten, dass es einen Zugang zu allem geben muss, der über die didaktische Reduktion, die das Standardprogramm der LehramtsanwärterInnen ist, hinausweist. Bei Jacotot, wie Rancière ihn versteht, liegt dieser Zugang darin, dass ausgehend von der behaupteten Gleichheit der Ausgangspunkt für ein emanzipierendes Lernen prinzipiell in allem gegeben sein kann. Damit bleibt das Lernen immer an die gegebene Situation in einer gemeinsamen Welt angebunden.

In der Pädagogik Paulo Freires ist dies in seiner Alphabetisierungsarbeit deutlich geworden. Im Zentrum dieser Arbeit steht das Lesen-und-Schreiben-Lernen und steht dort zugleich nicht, weil für Freire Sprache nicht Mittel zum Zwecke der Funktionsfähigkeit innerhalb der gegebenen Gesellschaft ist, sondern weil sich in der gewonnenen Sprachfähigkeit die grundlegend gegebene Gleichheit zeigt. Anders formuliert: Sprachlernen und emanzipierendes Lernen sind unlösbar miteineinander verbunden. Nicht die Emanzipation ist ein zusätzlich Übergestülptes, sondern die Reduktion auf ein Sprachlernverfahren ist die Kastration eines emanzipierenden Lernens.[205]

„Interessant, dass es solche Ansätze gibt!", denken sich die Fortschrittlichen. Nicht gut für diejenigen, die darin die Erosion der Autorität erblicken, die Preisgabe dessen, was unsere Gesellschaft zusammenhält, eine konservative Vorstellung von Bildung, die nicht aufgegeben werden darf. Aber dieses Problem existiert für die neoliberal-fortschrittliche Bildung kaum. Für sie ist gut, was sich bewährt, was funktioniert („Viabilität" nennen sie es) und nicht, was aus etwaigen prinzipiellen oder kulturkonservativen Gründen erhalten bleiben muss. Schon zu Zeiten von Jacotot gab es die „Fortschrittlichen", die keine Schwierigkeiten damit hatten anzuerkennen, dass sein „universeller Unterricht" funktioniert. Sie haben ihn beobachtet, ausprobiert und evaluiert. Fortschritt-

---

der kapitalistischen Produktionsweise beginnt.

205 Vgl. Freire, Erziehung als Praxis der Freiheit. Hier entwickelt Freire anschaulich Theorie und Praxis der Alphabetisierung. Gerade aus einer emanzipatorischen Perspektive gewinnt der Ansatz Freires im Angesicht der Migrationsbewegungen auch hinsichtlich des Spracherwerbs eine neue Aktualität!

liche Pädagogen haben kein Problem damit, etwas Neues einzuführen. Sie machen daraus: eine Methode!

In gewisser Weise erlebt man in der Schule ein Auf und Ab von Methoden, aber prinzipiell wird die Didaktik mit einer Methodik gekoppelt. Gälte dies auch für eine politische Didaktik? Für Rancière ist die Sache klar: Die Methode ist die Weise der Verdummung durch die Fortschrittlichen! Und sie ist es vor allem dann, wenn sie zu einem Verfahren wird, das in der Schule angewandt wird, um einen bestimmten Effekt zu erzielen. Und dieser Effekt, das zumindest befürchtet Rancière, ist kein Effekt der Emanzipation.

Nehmen wir ein schon genanntes Beispiel, das noch immer – auch wenn es wie jede Methodenmode abebbt – in der Fortbildungslandschaft für LehrerInnen anzutreffen ist: das schon oben genannte Kooperative Lernen. Zentrale „Methode" dieses Lernkonzeptes ist die „Think-Pair-Share-Methode"[206], für die es bislang nach einem Unterrichtsbesuch in der Regel Pluspunkte durch den Seminarleiter gab. Auch wenn den meisten diese „Methode" bekannt ist, hier noch mal in aller Klarheit: Es geht also um einen Dreischritt, der in einem von den SchülerInnen einzuhaltenden Verfahren festgelegt ist. Dabei sollen sie zunächst allein über eine Problematik/ein Thema/eine Fragestellung nachdenken, sich dann mit jemandem austauschen, um anschließend allen (der Klasse, einer größeren Gruppe) die Ergebnisse vorzustellen. Aber ist das nicht ein Weg, den wir (fast) immer gehen, wenn wir nachdenken und uns mit etwas auseinandersetzen? Was passiert mit SchülerInnen, wenn ihnen dieser Weg als eine „Methode" im Sinne eines Verfahrens vorgegeben wird? Was passiert mit ihrem Vertrauen in ihre intellektuelle Fähigkeit, wenn hier zu lernen ist: Ihr braucht Wege, die euch andere zeigen, damit ihr denken könnt! So, wie die rein inhaltsorientierte Wissensvermittlung den Weg des Lernens mit zu Wissendem gepflastert hat, wird Emanzipation auf diesem Weg mit Verfahrensweisen und damit mit Verhaltensschulung verstellt.

Mit dieser Art Methoden wird der selbst formulierte Anspruch der „fortschrittlichen" Pädagogik – in diesem Fall, eine Methodenkompetenz zu entwickeln – wohl kaum eingelöst. Wo der Unterricht eine Methodenvielfalt aufweist, kennen SchülerInnen vielleicht eine Reihe von Verfahrensweisen, für die

---

206 Green/Green, Kooperatives Lernen, 130.

es keinen Grund gibt, auf sie in einer außerschulischen Situation, in der eine Erkenntnis gebraucht wird, zurückzugreifen – es sei denn, sie arbeiten später in der Weiterbildungsbranche.

Deshalb ist es für den konkreten Unterricht und den darin stattfindenden Versuch eines emanzipierenden Lernens hilfreich, sich klarzumachen, was denn eigentlich eine Methode ist: sicherlich ein geregeltes und nicht chaotisches Vorgehen. Erinnern wir uns noch einmal an die Wortbedeutung. Hodos heißt nichts anderes als Weg und meta hinter, nach. Insofern lässt sich methodos als Nachgehen, als Weg zu etwas hin, auf ein Ziel hin übersetzen. Und das, woraufhin dieses Nachgehen zielt, kann gar nichts anderes sein als die Erkenntnis, das Verstehen von etwas. Somit wäre die „Methode" als die Einübung einer Verhaltens- bzw. Verfahrensweise zur Bewältigung einer Situation (genau das ist ja mit Kompetenz gemeint) die Karikatur dessen, worauf Methode eigentlich ausgerichtet sein muss: die Entwicklung einer eigenständigen Erkenntnisfähigkeit, die weit mehr ist als die Beantwortung der Frage: Was ist unter den gegebenen Rahmenbedingungen das, was die Situation von mir verlangt, was ich tun soll?

Paulo Freire widmet in seinem letzten Text der Frage nach den Methoden ein ganzes Kapitel: „Lehren erfordert präzise Methoden". In diesem Kapitel werden die LehramtsanwärterInnen auf der Suche nach einer Möglichkeit, die Bedürfnisse der Seminarleitung hinsichtlich des nächsten Unterrichtsbesuches zu befriedigen, vollständig enttäuscht: In dem Kapitel kommt nicht eine Methode vor, jedoch folgender Hinweis zu Beginn: „Der demokratische Erzieher kann sich bei der Ausübung seiner Lehrtätigkeit nicht der Pflicht entziehen, die kritische Fähigkeit der Schüler und Schülerinnen, ihre Neugierde und ihr Selbstbewusstsein zu fördern. Eine der Hauptaufgaben liegt darin, mit den Schülerinnen präzise Methoden zu entwickeln, wie sie sich den Objekten der Erkenntnis 'annähern' sollten."[207] Darauf also käme es an. Aus dieser Perspektive wird das Lehren zuallererst zur „Schaffung von Bedingungen …, unter denen kritisches Lernen möglich ist"[208]. Für Freire geht es zunächst um nichts anderes als um Erkenntnis. Schule ist selbstverständlich ein Ort der Erkenntnis und die Mög-

207 Freire, Pädagogik der Autonomie, 27.
208 Ebd.

lichkeit eines emanzipierenden Lehrens liegt genau darin. Das weiß eigentlich jede Lehrerin und jeder Lehrer. Nichts ist befreiender für SchülerInnen, als tatsächlich den Satz sagen zu können: Ich verstehe! Und wir wissen, wie selten dies in der Schule geschieht.

So, wie zu Beginn dieser Skizze einer politischen Didaktik unsere gemeinsame Welt als reales Erkenntnisobjekt und damit Inhalt von schulischer (und selbstverständlich auch anderer) Bildung ins Zentrum gestellt werden muss, verweist uns die Auseinandersetzung mit Methoden auf den Ergänzungspol dieses Ausgangspunktes, der darin besteht, wie Freire ganz einfach sagt, „auch das richtige Denken zu lehren."[209] Ohne das in handlungstheoretischen Ansätzen oft betonte Lernen durch Tun („learning bei doing") damit in Frage stellen zu wollen, muss doch seine Engführung deutlich gemacht werden. Betonen diese „fortschrittlichen" Ansätze Methoden als Möglichkeiten, über das Machen zu lernen, um die erlernten Kompetenzen in realen Anforderungssituationen erfolgreich anwenden zu können, so benötigt emanzipierendes Lernen eine grundlegende Verschiebung, die Freire folgendermaßen zum Ausdruck bringt: „Der richtig denkende Lehrer lässt seinen Schülern und Schülerinnen gegenüber durchschimmern, dass eine der Schönheiten unseres Daseins in und mit der Welt als geschichtliche Wesen die Möglichkeit ist, die Welt kennen zu lernen, indem man in ihr Geschehen eingreift."[210]

Das allerdings setzt LehrerInnen voraus, die diese Schönheit auch kennen.

---

209 Ebd. 28.
210 Ebd. 29.

Exkurs: Autonomie, Emanzipation, Solidarität

Autonomomie, Emanzipation, Solidarität sind doch nur Containerbegriffe. Sie werden beliebig gefüllt und haben wenig Relevanz. Fünfzig Jahre nach 1968 braucht eine pragmatische, kompetenz- und handlungsorientierte Bildung solche Begriffe nicht mehr! Ich stelle mir vor, den Satz spätestens an dieser Stelle zu hören. Tatsächlich hat es im Verlauf des Textes keine explizite Begründung für diese Begriffe gegeben.

1. Containerbegriffe sind es vor allem für diejenigen, für die sie losgelöst sind von den Kämpfen und Auseineinandersetzungen um Emanzipation, Autonomie und Solidarität, die uns durch die Geschichte bis heute begleiten. Damit ist nicht nur das gemeint, was außerhalb von Bildungsprozessen geschieht, sondern gerade das, was innerhalb stattfindet.

2. Autonomie ist ohne ein Verständnis von Heteronomie unmöglich. Dabei hat sich gezeigt, dass die Fremdbestimmung im Neoliberalismus neue Formen angenommen hat. Selbstbestimmung und Selbstorganisation, eigene Lernwege gehen, all die Versprechungen suggerieren ein hohes Maß an Autonomie. Aber sie sind, um den Begriff beim Wort zu nehmen, oftmals nur Verinnerlichungen fremder Gesetzmäßigkeiten. Das zu erkennen und zu unterscheiden, ist für Bildungsprozesse zentral. Nur aus dieser Differenz ließe sich Autonomie denken und erkämpfen.

3. Emanzipation bedeutet ganz ursprünglich die Entlassung aus väterlicher Gewalt bzw. die Freilassung des Sklaven. Im 18. Jahrhundert gibt es eine Bedeutungsverschiebung, insofern sie mit einer Aktivität verbunden wird: Emanzipation wird einem nicht passiv zuteil. Emanzipation muss an den Satz von Foucault anschließen: Nicht dermaßen regiert zu werden …! Hier können wir von Rancière lernen, dass die in Bildungsprozessen behauptete Ungleichheit ein wesentliches Instrument der Unfreiheit ist. Und wir kommen mit Freire nicht darum herum, den verstaubten Begriff der Unterdrückung als Gegenbegriff nicht fallenzulassen, auch dann nicht, wenn das mit ihm gegebene Bild des Unter-Drückens unpassend scheint. Freiheitsgewinne, die wir gemacht haben, sind nicht zu unterschätzen. Die in ihnen wohnenden Möglichkeiten der Unfreiheit, wie ich sie in Bezug auf Bildungsprozesse versucht habe herauszuarbeiten, auch nicht.

4. Wir leben nicht in einer solidarischen Gesellschaft, geschweige denn in einer solidarischen Welt. Auch denjenigen, die dem Begriff Solidarität vorwerfen würden, lediglich ein Container zu sein, würde es schwerfallen, dies zu bestreiten. Der Ausgangsbegriff solidus beinhaltet die Wortbedeutungen „fest, echt, unerschütterlich", aber auch „ganz". Damit ist er weit entfernt von jeglicher paternalistischen Hilfe. Dies verweist uns darauf, dass wir ihn weder fallen lassen, noch – was vielleicht weitaus problematischer wäre – umdeuten lassen sollten. Weil er notwendig auf ein Ganzes zielt, kann er in einer Bildung, die Comenius nicht vergessen will, nicht aufgegeben werden. Und dass Solidarität die Zärtlichkeit der Völker ist (Ernesto „Che" Guevara) – durchaus ein Bildungsziel –, ist nicht deshalb falsch, weil es manch einem pathetisch vorkommt oder Übersetzungshilfen braucht. Vielleicht hilft die poetische Dimension des Begriffs ja, ihn nicht in den Klauen der Versicherungswirtschaft untergehen zu lassen.

Ja, es stimmt! Auch die Begriffe müssen in ihrem Gebrauch weiterhin erkämpft werden!

4.3 … und das Ganze muss verändert werden!

„… dass Erziehung zwar nicht alles erreichen kann, aber doch Grundlegendes bewirkt."

War das nun praktisch genug? Resultieren aus dem bisherigen Text Handlungsanweisungen und konkrete Möglichkeiten für den Unterricht? Ausbildungen und Fortbildungen für LehrerInnen werden sehr häufig nach dem Kriterium der Brauchbarkeit für den unmittelbaren Unterrichtsalltag beurteilt. Wenn ich am nächsten Schultag etwas von dem Erfahrenen umsetzen kann, dann muss es doch eine gute Fortbildung gewesen sein! Dass etwas nicht nah genug am Schulalltag ist, ist ein Ausschlusskriterium, auch in der universitären Ausbildung.

Das, was Studierende und LehrerInnen vom Lernen über Schule und Unterricht erwarten, und das, was ihnen angeboten wird, könnte man als „neoliberalen Behaviorismus" bezeichnen: Wenn der Behaviorismus davon ausgeht, dass Lernen durch Einübung von Verhalten geschieht – was sicherlich auch stimmt –, dann entspricht das Lernen in Fortbildungen oftmals der Übernahme von Handlungsanweisungen als umzusetzende Möglichkeiten für den Unterricht. Das Machen am nächsten Tag – und damit das mögliche Verhalten – steht im Vordergrund. Wie im Behaviorismus gilt es, nicht Handlungen zu bedenken, sondern nun als Handlungsanweisungen und optimierte Lösungen zu internalisieren, und das Ausprobieren hat in der Fortbildung den höchsten Stellenwert. Kritik wird in diesem Zusammenhang reduziert auf einen „kritischen" Austausch über die Funktionalität bzw. Viabilität der jeweiligen Handlungsmöglichkeit, also des geübten Verhaltens. Diese Art und Weise über Unterricht nachzudenken und zu lernen, korrespondiert mit einem grausam verkürzten Begriff von Handlung bzw. Handlungsorientierung in den neuesten Lehrplänen (z.B. das Prinzip der vollständigen Handlung[211]).

Mit alledem hat politische Didaktik, wie sie hier vorgeschlagen wird, nicht viel zu tun. Und daraus könnte der Einwand entstehen: Das ist jetzt aber nicht praktisch genug!

Aber muss nicht zunächst der Versuchung widerstanden werden, den vorschnellen Satz zu sagen: So könnte man es anders machen. Denn der Unterricht, der aus einer politischen Didaktik entstehen könnte, wäre wahrscheinlich gar nicht so anders. Es würde LehrerInnenvorträge geben und Internetrecherchen, Gruppenarbeitsphasen, Tafelbilder und Klassenarbeiten, ja, sicher auch Noten.[212] Das Ziel wäre nicht die ganz andere Schule, das Leuchtturmprojekt.[213]

---

211 Das „Modell der vollständigen Handlung" ist ein Zyklus aufeinander folgender Handlungsschritte: informieren, planen, entscheiden, ausführen, kontrollieren, beurteilen. Es ist ein Konzept aus der Berufspädagogik, womit seine funktionalistische Verkürzung zu tun haben mag.

212 Natürlich hat eine emanzipierte emanzipierende Schule die Abschaffung der Noten, die wie wenig anderes für diese Leistungsgesellschaft stehen, zum Ziel. Allerdings haben die Versuche, aus der Kritik der Noten andere Bewertungssysteme zu entwickeln, oftmals nur einen anderen und sogar verschärfenden Charakter der Verinnerlichung der Leistungs- und Bewertungsgesellschaft. Vielleicht ist ein emanzipierender Umgang mit Noten deutlich hilfreicher.

213 Erfrischend und richtig bleibt die Kritik von Huisken: „Es ist der radikale Glaube [der Alternativschulen] an die eigentlich vorhandene Übereinstimmung von Kind und (vermeintlichem) Schulprogramm, der hier schulkritisch wird. Die aus diesem Geist geborene Kritik an den Instrumentarien und Inhalten der Regelschule fällt entsprechend verkehrt aus." (Erziehung im Kapitalismus, 438).

Das Ziel einer politischen Didaktik muss es sein, die Situation dieser Welt, ihre Gegebenheiten und Ungerechtigkeiten, ihre dramatischen Zerstörungen und Unmenschlichkeiten, den Status quo, wie er ist und wie er in die einzelnen Schulen und Klassen, ja bis in unsere SchülerInnen hinein wirkt, nicht hinzunehmen. Das setzt, bei allen Überlegungen, wie Schule und Unterricht sein könnten, voraus, all das Genannte nicht auszuschließen, weil es – in welcher Weise auch immer – Bildung und Lernen bedingt und weil es ja um etwas geht. Dabei ist es unwichtig, ob dies in einer Regelschule oder dem Reformprojekt geschieht. Manchmal mag es in der Regelschule sogar einfacher sein. Daraus ergeben sich auch konkrete Veränderungen im Unterricht, die aber eher Verschiebungen gleichen und nicht notwendig alles auf den Kopf stellen.

Diese Vorstellung mag banal oder naiv erscheinen. Sie ist es und sie ist es zugleich nicht, weil sie mit der Tatsache konfrontiert wird, dass Schule zunächst einmal die gegebenen Verhältnisse reproduziert und gar nicht anders kann, als dies zu tun. Wirklich naiv wäre es, das zu verleugnen. Genau diese Naivität findet man in ehrgeizigen Schulversuchen, die miteinander im Wettbewerb stehen und mit entsprechenden Preisen ausgelobt werden: Wir leben zwar in einer schlechten Welt, aber hier können wir alles anders machen!

Selbstverständlich reproduziert Schule die gesellschaftlichen Verhältnisse zunächst so, wie sie sind. Das ist ihre Aufgabe. Aber das ist kein Grund, Schule denjenigen zu überlassen, die die gegebenen gesellschaftlichen Verhältnisse *genau so* reproduzieren wollen. Denn Lernen, Schule, Bildung sind immer mehr als das, ja, sie „ernähren" sich geradezu von dem, was über sie hinaus weist: der Möglichkeit von Emanzipation, Autonomie und Solidarität. Dass Emanzipation mehr ist, als sich von etwas zu befreien, Autonomie mehr, als die eigenen Fähigkeiten an den richtigen Stellen zum Einsatz zu bringen, und Solidarität mehr als Wohltätigkeit für Menschen in Not, sollte klar geworden sein. Für das Alle-alles-ganz ist dieses „Mehr" konstitutiv!

„Die Möglichkeit ist nicht die Wirklichkeit, doch auch sie ist eine Wirklichkeit", hatte Gramsci gesagt. Dies gilt für alle Erziehungs- und Bildungsprozesse und ist in jedem Moment gegeben, in dem wir gemeinsam lernen: LehrerInnen mit SchülerInnen, deren Erkenntnisobjekt eine Welt ist, die nicht fertig ist, die nicht das Ende der Geschichte erreicht hat, wie uns und unseren SchülerInnen vorgegaukelt werden soll. In dieser unfertigen Welt können wir wissen, „dass Erziehung zwar nicht alles erreichen kann, aber doch Grundlegendes bewirkt."[214] Paulo Freire betonte, wie wichtig für LehrerInnen eine realistische Einschätzung ihrer Möglichkeiten ist, nicht um sie einzuschränken, sondern eher, um die von Gramsci hervorgehobene Möglichkeitswirklichkeit zu sehen und zum Dreh- und Angelpunkt der pädagogischen Aufgabe zu machen. „Wenn die Erziehung auch nicht der einzige Schlüssel zu sozialen Veränderungen ist, so ist sie auch nicht einfach eine Übertragung der herrschenden Ideologie. Ich will damit sagen, dass die Erziehung nicht eine unbezwingbare Kraft im Dienste der Gesellschaftsveränderung ist, so gerne ich das hätte; sie ist aber auch nicht eine Fortführung des *Status quo*, selbst wenn die Herrschenden es verordnen."[215]

Diese Äußerung Freires ist nicht misszuverstehen als Aufforderung zu einem andauernden Reformprozess, in dem es gälte, Stück für Stück die Dinge ein kleines bisschen besser zu machen. Mit dieser Vorstellung wurde schon immer versucht, die Möglichkeit und Notwendigkeit einer grundlegenden Veränderung zu unterlaufen. Zudem hat sich unsere Beschleunigungsgesellschaft auch in der Bildung eine Dauerreform verordnet, mit der jede Gesellschaftsveränderung außer Kraft gesetzt werden kann: Alles wird anders und nichts ändert sich wirklich.

Was Bildungsprozesse angeht, wäre es vielmehr an der Zeit, innezuhalten und aus diesem „Innehalten" heraus die Bedingungen und Verhältnisse von Bildung gerade nicht als unverrückbar gegeben anzunehmen. Denn: „Konstitutionslogisch sind Menschen ... darauf angewiesen, um vernünftig zu werden, Bedingungen der Entstehung von Vernunft, d.h. vernünftige Verhältnisse vorzufinden."[216] Auch in einer neoliberalen Bildung finden wir „Verhältnisse" vor, oftmals verpackt in systemische Ansätze. Aber diese dienen dazu, darauf ist schon mehrfach hingewiesen worden, Verfahrensweisen zu entwickeln, die eine bessere Zuordnung zu dem grundlegenden System ermöglichen. Durch sie richtet sich der Blick nie auf das Ganze im Sinne einer geschichtlich-gesellschaftlichen Gegebenheit, sondern jeweils immer nur auf die nächsthöhere

---

214 Freire, Pädagogik der Autonomie, 103.
215 Ebd.
216 Jantzen, Das Ganze muß verändert werden, 174.

Ordnung und daraus zurück auf das Subjekt. In der Schule wäre das zum Beispiel die Organisationsebene. In diesem Kontext bleiben systemische Ansätze individualisierend.[217] Dieser Punkt ist wichtig, um zu verstehen, welche eröffnenden Möglichkeiten im Gegensatz dazu in Zusammenhängen gegeben sind, die Menschen nicht individualisieren. Deshalb wäre also noch einmal zu klären, was denn in Prozessen wie systemischer Beratung, Coaching oder Supervision geschieht, die so massiv in der Schule Einzug gehalten haben.

Wenn ich eine Person anspreche, etwas zu ihr sage und damit eine Möglichkeit benenne, dann kann diese Person sie ergreifen – oder auch nicht. Sie kann nicht über ihre tatsächlichen Möglichkeiten hinaus, aber sie hat einen Handlungsspielraum. Wenn in einer Supervision Sichtweisen auf gegebene Zusammenhänge besprochen werden, dann kann eine betroffene Person sagen: Ja, so habe ich das noch nicht gesehen! Eine andere Sichtweise ist tatsächlich eine Art von Erkenntnis, aber systemische Instrumente „deckeln" diese. Typisch hierfür ist folgende Formulierung: „An den großen Zusammenhängen lässt sich wenig ändern, die Strukturen unseres Gesundheitssystems [unseres Schulsystems, Sozialhilfesystems, Rentensystems, diese Begriffe könnten beliebig ausgetauscht werden] geben einen festen Rahmen vor, aber es gibt viele Möglichkeiten, wo sich ansetzen lässt."[218] So verhindern sie eine entindividualisierende Erkenntnis und dadurch ein politisches Handeln, dessen Bezugspunkt die Gesellschaft als Ganzes wäre.

---

217 An dieser Stelle ließe sich zeigen, inwiefern systemische Beratungsangebote in einen Zusammenhang zu stellen sind mit der Systemtheorie von Luhmann. Nicht zufällig sind es gerade die Systemtheoretiker, denen es umstandslos mit dem Hinweis auf Komplexität gelingt, eine Systemkritik arrogant zurückzuweisen. So Armin Nassehi in seinem Beitrag für die „Zeit": „Man kann sich gar nicht vorstellen, dass Menschen bei Trost nicht genauso denken. Man kann sich gar nicht vorstellen, dass es komplexe Wechselwirkungsprozesse gibt, die man nicht einfach durch normative Forderungen einfangen kann. ‚Kapitalismuskritik' und ‚Kapitalismus abschaffen' sind lediglich Chiffren, leere Signifikanten für das Unbehagen an einer Welt, deren Wirkkräfte nicht einfach durch Einsicht und ohne hohe Kosten aufeinander bezogen werden können." („Eine Linke braucht es nicht mehr", 13.07.2017, http://www.zeit.de/kultur/2017-07/g20-linke-gewalt-kapitalismuskritik-globalisierung-essay/komplettansicht, entnommen am 11.01.2018).

218 Der Satz ist typisch für das, was hier mit „deckeln" gemeint ist; so formuliert von Barbara Messer (Trainerin, Speakerin, Beraterin), Gekonnt kooperieren, in: Altenpflege 7. 2014.

Halten wir zunächst fest: Es gibt Erkenntnis, und die Frage, wie sie wirkt und was sie bewirkt, ist zentral. Vielleicht ließe sich sagen, dass es einen spezifischen Bereich des Lernens gibt. Dieser ist der eigentlich „wundersame“, „wunderbare“, in dem entscheidende Dinge passieren. Hilfreich könnten hier die Überlegungen von Lew Semjonowitsch Vygotskij sein. Der sowjetische Psychologe Vygotskij hat in den dreißiger Jahren des 20. Jahrhunderts das Konzept der „Zone der nächsten Entwicklung“ ausgearbeitet, das gut den Bereich des Lernens kennzeichnet und von einer individualisierenden Einengung befreit. „Diese Zone der nächsten Entwicklung verbindet psychische Prozesse (der in ihr Tätigen) und soziale Prozesse, die in ihr als kulturelle und historische Erfahrung von Anfang an, auf allen Entwicklungsniveaus präsent sind.“[219] In diesen Prozessen bilden Menschen ihre Persönlichkeit, nicht losgelöst von dem, was als Welt – kulturelle und historische Erfahrung – präsent ist.

> „Vygotskijs Ausarbeitung der Zone der nächsten Entwicklung macht deutlich, daß diese der für jeden Menschen unumgängliche Raum der Herausbildung der eigenen Persönlichkeit ist. Indem der Mensch ›an sich‹ zum Menschen ›für andere‹ wird, wird er durch deren Reaktion Mensch, Persönlichkeit ›für sich‹. Die Zone der nächsten Entwicklung ist demnach eine soziale Sphäre wechselseitiger Übergänge zwischen Subjekt(en) und Objekt“[220].

Und zugleich ist sie ein *„Feld der Anerkennung*“[221]. Vygotskij öffnet für die individuellen Lern- und Veränderungsprozesse eine gesellschaftliche Dimension und hält sie für bedeutsam. Er formuliert Rahmenbedingungen, in denen allein das Überraschende des Lernens möglich wird, auch in der Schule. Hier kann die Erfahrung von Lernen gemacht werden. In der Regel freuen sich LehrerInnen darüber, dass eine Schülerin eine Aufgabe rechnen kann, die sie vorher noch nicht rechnen konnte. Sie sagt dann den Satz: Das habe ich gelernt. Aber was passiert an den entscheidenden Stellen? Und wie passiert das? Wie laufen

---

219 Jantzen, Vygotskij und das Problem der elementaren Einheit der psychischen Prozesse.

220 Ebd.

221 Ebd. Insofern das Wort für Vygotskij die Einheit von Denken und Sprechen ist, lässt sich, das betont auch Jantzen, eine deutliche Nähe zu Freire erahnen. Er hat die hier angesprochenen Aspekte in seiner befreienden Pädagogik, die Spracherwerbsprozesse in einen sozialen und historischen Kontext einordnet und mit ihm vermittelt, ausgearbeitet.

tatsächliche Veränderungsprozesse bei Menschen ab? Auch das Lernen beim Rechnen von Aufgaben ist ein solcher Veränderungsprozess. Oder das Erlernen einer Fremdsprache. Das Entscheidende ist also etwas, das nur schwer benannt werden kann. Offensichtlich gibt es hier einen Bereich, der fragil und wenig durchschaubar ist (auch wenn es viele Forschungsansätze gibt und Scharen von Gehirnforschern den Pädagogen unter die Arme greifen wollen).

Wichtig aber ist, dass diesem Bereich etwas zugetraut wird. Alle individualisierenden Ansätze tun dies tatsächlich, dann aber begrenzen sie. Ansätze, die Geschichte und Gesellschaft als eine entscheidende Größe für unser Handeln begreifen, sind ins Hintertreffen geraten. Ihnen wird nichts zugetraut. Sie werden schnell mit dem Adjektiv „komplex" versehen und sind damit als schwer durchschaubar ad acta gelegt. Da macht der Blick auf das Konkrete, auf den jeweils Einzelnen weniger Mühe. Im Gegensatz dazu gehen aus der Auseinandersetzung mit dem Ganzen Sätze hervor, wie Adorno sie formuliert hat: „Das Ganze ist das Unwahre." Was sollen bzw. können LehrerInnen damit in der Schule anfangen?

Die zentrale Frage und ein Schlüssel zu dem Problem, das hat auch der Marxist Gramsci so gesehen, ist noch immer: Was ist der Mensch? Damit befindet er sich in der Nähe zu Vygotskij. Diese Frage gilt es tatsächlich zu beantworten. Sie schwingt in allen pädagogischen Ansätzen mit, auch wenn sie nicht explizit ausgesprochen wird.

Die bürgerlich-idealistische Bildung setzt in dieser Frage ein Menschenbild voraus, das es zu erreichen gilt, als ein Ideal, ein Ziel, auf das hin Maßnahmen zu ergreifen, Kategorien zu entwickeln und Kriterien zu benennen sind, die eine Bewertung des Erreichten ermöglichen. Gramsci scheut sich nicht, die Frage nach dem Menschen einer bürgerlich-idealistischen Betrachtungsweise zu entreißen. Ein individualisierendes Ideal (das in einer humanistischen Bildung ganz anders aussieht als im Kontext aktueller Reformbemühungen) ist für ihn nicht mehr möglich, weil der Mensch selbst sich dieser individualisierenden Betrachtungsweise entzieht. Der Mensch ist immer schon das „Ensemble der gesellschaftlichen Verhältnisse", er muss sich immer schon als in diesen praktisch tätig begreifen. Worauf es ankommt ist, die daraus resultierenden Wechselwirkungen zu verstehen, gerade auch für die Pädagogik. „Sich eine Persönlichkeit bilden heißt dann, wenn die eigene Individualität das Ensemble dieser

Verhältnisse ist, ein Bewusstsein dieser Verhältnisse gewinnen, die eigene Persönlichkeit verändern heißt das Ensemble dieser Verhältnisse verändern."[222] Was für den klassischen Liberalismus, aber auch für das neoliberale Menschenbild den Sündenfall darstellt, verweist auf die Möglichkeit, den individualisierenden Käfig zu sprengen und genau dadurch eine Möglichkeitswirklichkeit zu eröffnen. Natürlich stimmt es, dass ich (das Ich-Individuum) nicht einfach die Verhältnisse verändern kann. Aber das ist auch so, weil dieses Ich-Individuum in seiner monadischen Traurigkeit weder die gesellschaftlichen Verhältnisse erkennt, die seine Traurigkeit bedingen, noch die Möglichkeiten sieht, seine Begrenzungen in einer Auseinandersetzung um diese Verhältnisse und die in dieser Auseinandersetzung gegebenen Gemeinschaft mit anderen zu überwinden. Denn das Wort Solidarität ist für die hermetische Monade ein Fremdwort. Wenn systemisch denken bedeutet zu realisieren, dass es unterschiedliche Perspektiven gibt, dann ist das eine Binsenweisheit (die nicht vernachlässigt werden muss), die aber letztendlich einem individualisierenden Handeln verhaftet bleibt. Dies gilt es aufzusprengen, auch in der Schule!

Vor allem konstruktivistische Ansätze, die mit systemischen Ansätzen im pädagogischen Alltag verschwimmen, betonen den Blick auf Perspektiven und halten sie für zentral für Bildungsprozesse. Daraus ergibt sich, dass es wichtig ist, Perspektiven als Sichtweisen zu verändern. Damit aber verändern sich lediglich subjektive Wahrnehmungen. Eine drastische Variante wäre folgende (und sie erinnert in der Tat an das Eingangsbeispiel der kollegialen Fallberatung): Ich fühle mich in einem bestimmten systemischen Zusammenhang benachteiligt. Diese Benachteiligung kann dadurch aufgelöst werden, dass sie behoben wird (zum Beispiel indem ich mehr Geld verdiene) oder dadurch, dass die verschiedenen Perspektiven der unterschiedlichen Teilnehmer von mir wahrgenommen werden, was dann zu einer veränderten Sichtweise auf mein Gefühl der Benachteiligung führen könnte. Die Benachteiligung selbst wird so gerade nicht zu einem Tatbestand, weil sie auf eine Perspektivwahrnehmung reduziert wird. Bei diesem Ansatz haben immer die Sieger den Vorteil. Neid, der aus einer Benachteiligung resultieren könnte, würde dann polemisch als Wahrnehmungsproblem diffamiert. Systemische Ansätze sind auch in der Schule ein

222 Gramsci, Erziehung und Bildung, 116.

Trick, das Ganze doch nicht verändern zu müssen. Im Lukasevangelium[223] gibt es eine bemerkenswerte Stelle, aus der etwas zu lernen wäre. Wenn die Übernahme von Perspektiven eine ethisch bedeutsame Wirkung haben soll, dann benötigt sie eine ethische Fundierung, aus der heraus eine Wertung erfolgen kann. Diese Fundierung aber ist nur möglich, wenn das Ganze als maßgebender Horizont angesehen und in das Denken und Handeln einbezogen wird.

Ein „Vorsteher“ (vielleicht einer Synagoge) möchte von Jesus wissen, was er denn tun könne, um das ewige Leben zu erlangen. Das heißt, er möchte Handlungsanweisungen. Und er möchte sie deshalb, weil er mit diesen Handlungsanweisungen gleichzeitig Kriterien an die Hand bekäme, die es ihm ermöglichen würden, sein Handeln im Nachhinein zu evaluieren. Zunächst versucht er Jesus zu vereinnahmen, worauf dieser nicht hereinfällt, so dass der Versuch dem Vorsteher selbst zur Falle wird. „Guter Meister“, so spricht er Jesus an. Jesus weist diese Anrede zurück, vielleicht, weil er nicht so eitel ist, aber das spielt an dieser Stelle keine Rolle. Entscheidend ist, dass ihm das Attribut „gut“ nicht zukommt. Und zwar, weil nur Gott gut ist. „Niemand ist gut, außer Gott, dem Einen.“ Auf diese Hinzufügung kommt es nun an. Diesseits aller theologischen Deutungen steht Gott hier für ein Ganzes, das „Eine“. Dieses ist durch spezifische Handlungsanweisungen (Regeln, Vorschriften) nicht einzuholen. Durch sie wird das Entscheidende gerade nicht getan: das Handeln auf das Eine oder das Ganze zu beziehen. Indem Jesus sagt: Niemand ist gut, eröffnet er auch den Spielraum für unterschiedliche Perspektiven, die er aber zugleich auf etwas hin orientiert: auf Gott, das Eine, den größtmöglichen Zusammenhang, der zu denken ist. Das ist insofern interessant, als systemische Ansätze solch eine Orientierung in der Regel nicht haben, weil sie zu einer Art erkenntnistheoretischem Widerspruch führen würde. (Dies wird mit Verweis auf Kersten Reich im Folgenden noch einmal deutlich werden.) Der Vorsteher würde gern auf diese Orientierung verzichten. Leichter wäre es für ihn, wenn ihm die Möglichkeit von Verhaltensweisen anheimgestellt würde, weil diese den entscheidenden Punkt in seinem Leben nicht berühren würden. Seine Ausgangsfrage stellt er nicht einfach nur so, sondern was ihn plagt, ist sein Reichtum. Jesus nimmt ihm die Möglichkeit, gut zu sein, und er nimmt sie ihm, weil Gott, der

223 Im Lukasevangelium Kap. 18, Vers 18-29; parallel dazu Mk, Mt.

Eine oder – völlig untheologisch – eine Ethik, die sich auf das Ganze bezieht, die unterschiedlichen Perspektiven, die sich zum Beispiel in Armut und Reichtum zeigen, gerade nicht orientierungslos nebeneinander stehenlassen kann. Vielmehr führt sie zu einer Orientierung, für die auch die Losung des Comenius, „alle alles ganz", gelten könnte und die zu einer Veränderung drängen würde.[224]

Was systemische Ansätze attraktiv machen mag, ist der vermeintliche Handlungsspielraum, der entsteht. Das Lernen, das hier möglich ist, hat seinen Bezugspunkt in dem Hinweis auf und in der Erkenntnis von Vielfalt – aber nicht in der Erkenntnis des „Einen" oder, präziser formuliert, in der Erkenntnis und dem Verstehen der Verhältnisse, in denen wir leben, ihren Bedingtheiten und Bezügen. Systemische Ansätze machen aus der „traurigen Monade" lediglich eine interagierende traurige Monade, indem sie den Blick auf das Ich durch die Hereinnahme anderer im System vorhandener Perspektiven vervielfältigen. In letzter Instanz reproduzieren sie das neoliberale Dogma der Alternativlosigkeit, womit andere, bessere, gerechtere, humanere Verhältnisse gerade durch die Fokussierung auf den Einzelnen in einem systemischen Zusammenhang zurückgewiesen werden. Denn die „neue, systemische Sichtweise ... hat pädagogisch betrachtet ... entscheidende Vorteile"[225] und sie „zwingt uns, auf uns selbst zu schauen, d.h. wenn ich an problematischen Situationen etwas ändern will, dann kann ich zuerst einmal nur bei mir anfangen und davon ausgehend die Interaktion ändern. Mache ich mir das Spiel bewusst und reflektiere ich meine Rolle dabei, dann bin ich auch in der Lage, neue Verhaltensweisen auszuprobieren und das bisherige Spiel zu unterbrechen."[226] Wie der Synagogenvorsteher zielt Reich auf Verhaltensweisen ab. An dieser Stelle zeigt sich erneut der „erkenntnistheoretische Widerspruch": Weil die systemische Sichtweise dazu „zwingt, auf uns selbst zu schauen", verunmöglicht sie zugleich, diesen Zwang zu durchbrechen und würde an jeder Stelle das „Ich" auf sich selbst

224 Sicher nicht zufällig war das „Omnia sunt communia" – alles gehört allen – das Credo Thomas Müntzers, des radikalen Predigers und Kämpfers für soziale Gerechtigkeit in der Reformation. Genauso wenig zufällig war Müntzer die Bildung des einfachen Volkes ein zentrales Moment seines revolutionären Einsatzes und in gewisser Weise eine Vorwegnahme der Losung des Comenius. Vielleicht nicht weniger zufällig taucht das „Alles allen" erneut auf bei den Protesten gegen den G20-Gipfel im Juli 2017 in Hamburg.

225 Reich, Systemisch-konstruktivistische Pädagogik, 33

226 A.a.O. 34

zurückwerfen. Das Individuum wird zum Gefangenen des Systems und seine Handlungsmöglichkeiten werden auf die Erweiterung seines Verhaltensrepertoires reduziert. Die grundlegende Frage ist eben nicht: Was kann ich dir tun? (Diese Frage impliziert eine Öffnung auf die Gesellschaft hin), sondern: Was kann ich mir tun? Dabei taucht sie in verschiedenen Spielarten auf, von: Was kann ich mir Gutes tun? über: Wie kann ich mich selbstverwirklichen? bis hin zu: Wie muss ich mich optimieren, um den heteronomen Anforderungen gerecht zu werden? So findet sie sich wieder in neoliberaler „Sozialpolitik": Fördern und Fordern – ein geflügeltes Wort, auch in der Schule. In diesem Satz spiegelt sich die gnadenlose Reduktion auf das vereinzelte Subjekt als ultima ratio einer letztendlich mitleidlosen Vernunft. Emanzipation und Autonomie tauchen hier nicht mehr auf. Insofern stellt der systemisch-konstruktivistische Ansatz einen Versuch dar, das problematische Ganze unsichtbar (werden) zu lassen, statt es zu verändern, könnte somit als klassische Herrschaftsideologie bezeichnet werden.

Genau die gilt es aufzubrechen und Spielräume zu schaffen für ein an Emanzipation, Autonomie und Solidarität orientiertes Leben und Lernen. Schule muss dafür da sein, solche Lernprozesse anzustoßen und zu ermöglichen. Wenn wir das ernst nehmen, stoßen wir tatsächlich immer wieder auf die Schwierigkeiten mit dem nicht fassbaren Ganzen, das ausgeblendet wird. Der Bremer Sonderpädagoge Wolfgang Jantzen sagt, indem er Brecht zitiert, scheinbar naiv: „Das Ganze muss verändert werden." Irritiert fragende Augen sind vorprogrammiert, die Augen derjenigen, die in der Schule behaupten, dass sehr wohl kleine Verbesserungen möglich sind, und die mit dieser Behauptung auf die Summe hoffen, die sich aus diesen kleinen Schritten ergibt.

Die kleinen Schritte sind nicht das Problem. Vielmehr ist es die Beurteilung und Bewertung dieser kleinen Schritte. Wenn die kleine Lisa lernt, einen bestimmten Aufgabentyp zu rechnen und das dann in ihrem Lerntagebuch notiert, um es für das Abschlussportfolio aufzuarbeiten, dann hat sie Unterschiedliches gelernt. Der Satz: Aber das ist doch erstmal gut!, scheint mehr als berechtigt zu sein. Sie kann dann einen neuen Aufgabentyp rechnen und sie erklimmt einen weiteren Schritt auf der stetigen Leiter der Selbstoptimierung. Sie weiß ein bisschen besser, was zu tun ist, um klarzukommen und um die Erwartungen zu bedienen, aber sie kann nicht wissen, in welchem Zusammenhang dieses Lernen steht. Die LehrerInnen aber müssen es wissen, wenn ihre pädagogische Arbeit über das Zurechtkommen und die Verwertung hinauskommen soll. Und sie müssen den schwierigen Schritt machen, nach einzelnen Schritten zu suchen, die in sich den Keim von Emanzipation, Autonomie und Solidarität tragen. Das wäre unmöglich, wenn die Welt, mit der es die SchülerInnen in der Schule zu tun bekommen, nicht auch die Welt ihrer LehrerInnen wäre.

Die auf diese gemeinsame Welt bezogenen einzelnen Schritte lassen sich nicht im Vorhinein mit Hilfe von praktisch-didaktischen Methoden festlegen. Aber sie sind möglich. Und sie sind nur möglich, wo und wenn die Perspektive auf das Ganze in die jeweils einzelnen Schritte einbezogen wird. Sie werden konstituiert durch den Blick auf ein Ganzes, das eben gerade nicht gut ist, aber allein nur sehr gut sein könnte. Und es gibt eine Hilfe, eine Orientierung: Dieses Ganze muss von dem her gedacht werden, was nicht vorkommt, was ausgeschlossen ist, was stört und unserer Solidarität bedarf, auch in der Schule. Diese Perspektive ist zutiefst vernünftig. Sie ist geprägt von einer leidempfindlichen Vernunft und ist genau darum politisch.[227] Diese Vernunft muss nicht mehr nach der Praxis fragen, weil in ihr eine solidarische Praxis angelegt ist, die für sie konstitutiv ist und der sie sich nicht entziehen kann. Würde sie sich entziehen, so hätte sie damit auch ihre Leidempfindlichkeit aufgegeben. Solch eine Vernunft behauptet nicht zu wissen, wie es geht, aber sie sagt keinesfalls den Satz: An den großen Zusammenhängen lässt sich nichts ändern. Diese Vernunft, um die es der Bildung gehen muss, ist nicht einfach da, ja, sie ist durch die in diesem Text so genannte „neoliberale Schule“ zutiefst und dauerhaft bedroht.

Mit dem Verweis auf Comenius kann an eine entgegengesetzte, ganz andere Bildungstradition angeschlossen werden. Comenius war nicht nur Pädagoge, sondern auch Bischof der böhmischen Brüdergemeinde, „einer der spätmittelalterlichen, an universaler Brüderlichkeit orientierten radikaldemokratischen christlichen Bewegungen“[228]. Alle alles ganz zu lehren, diese Formel hat sowohl eine pädagogisch-praktische Bedeutung als auch einen utopischen Über-

---

227 Dies immer wieder deutlich gemacht zu haben, ist das große Verdienst von Johann Baptist Metz und der neuen Politischen Theologie.

228 Helmut Peukert, Identität in Solidarität, 83

schuss. Sie impliziert eine Vernunft der Emanzipation, der Autonomie und der Solidarität ohne jeglichen Ausschluss. In ihr sah Comenius, wie Peukert es formuliert hat, die Voraussetzung dafür, „den Krieg aller gegen alle zu beenden"[229]. Und man kann sagen, dass diese Vernunft für Comenius in dem gründet und mündet, was in einer messianisch-befreienden Tradition Jesus von Nazaret das Reich Gottes genannt hat, weder eine Jenseitskonstruktion noch ein indviduallisierendes Traumgespinst. Es ist nur denkbar als eine wirkliche Alternative zu all dem, was den Menschen „ein erniedrigtes, ein geknechtetes, ein verlassenes, ein verächtliches Wesen"[230] sein lässt. Auf dem Weg zu diesem neuen Ganzen aber gilt es, all diese Verhältnisse grundlegend zu verändern.

Auf einem solchen Weg sind auch Fähigkeiten gefragt, Kompetenzen, die nicht aufzugeben sind. Die Kritik an einer neoliberal durchdrungenen Kompetenzorientierung darf nicht dazu führen, den Kompetenzbegriff selbst und die damit verbundenen notwendigen Fähigkeiten zur Veränderung der gegebenen Verhältnisse aufzugeben.[231] Auf einer Tagung für ReligionslehrerInnen im Bistum Münster – „Wanted – leistungsorientiert, flexibel, utopiefrei"[232] – hat Kuno Füssel in einem Vortrag Basiskompetenzen benannt, die für eine Veränderung dieser Verhältnisse unabdingbar sind: die Fähigkeit unermüdlich zu fragen, Gut und Böse zu unterscheiden, zu trauern und die Fähigkeit zum Mitleid. In ihnen spiegelt sich der befreiungstheologische Dreischritt von Sehen, Urteilen und Handeln wider, der in seiner Klarheit und Einfachheit grundlegend sein kann für eine Kompetenzorientierung, die zu einer umfassenden, subjektkonstituie-

---

229 Ebd. 84

230 Der Vollständigkeit halber hier der ganze Wortlaut des Marx'schen kategorischen Imperativs: „Die Kritik der Religion endet mit der Lehre, daß der *Mensch das höchste Wesen für den Menschen* sei, also mit dem *kategorischen Imperativ, alle Verhältnisse umzuwerfen*, in denen der Mensch ein erniedrigtes, ein geknechtetes, ein verlassenes, ein verächtliches Wesen ist." (Marx, MEW 1, 385).

231 Fast könnte man von einer Ironie der Geschichte sprechen, dass auch ein neoliberaler Kompetenzbegriff an Noam Chomsky und seine Unterscheidung von Kompetenz und Performanz anschließt. Chomsky war Zeit seines Lebens ein unbequemer Intellektueller, Anarchist und radikaler Kritiker eines mittlerweile neoliberal gewordenen Kapitalismus. So zum Beispiel in: Profit over People.

232 Religionsunterricht zwischen Markt, Schulpolitik und christlicher Hoffnung, Jahrestagung für katholische Religionslehrer/-innen an Berufskollegs im Bistum Münster, 14.-15. November 2013, Rheine.

renden und gesellschaftsverändernden humanen Bildung führen könnte. Dabei steht die Fähigkeit zu trauern am Übergang zwischen dem Urteil und dem Handeln, das selbst im Mitleid wurzeln muss und genau darin auf das außerhalb meiner selbst Liegende bezogen ist. Vielleicht müssen die Subjekte dieser Veränderung auch kompetent und flexibel sein, angepasst sicherlich nicht. Der Beitrag einer in diesem Sinne zu entwickelnden *politischen* Didaktik – auch unter den gegebenen Verhältnissen und Bedingungen pädagogischer Arbeit – darf keinesfalls über-, sollte aber auch nicht unterschätzt werden.

Epilog

„Vor ungefähr zehn Jahren habe ich mich dafür entschieden, mich von der Hyperkomplexität der permanenten Reformvorschläge durch eine zweite Naivität zu befreien, d.h. durch das Vertrauen, dass in der konkreten Lehr- und Lernsituation selbst das Potenzial eines guten, oder doch zumindest akzeptablen Religionsunterrichts steckt."[233] Dieser Satz ist im Jahre 2009 geschrieben worden. Der Entschluss stammt offensichtlich aus dem Jahr 1999. Dieser wegweisende und schulalltagspraktische Vorschlag berührt sowohl den Situationsbegriff Freires als auch seine Vorstellung von einer problemformulierenden Methode. Und er gibt eine Antwort auf die Frage, was denn konkret – mit dem Blick auf eine politische Didaktik – zu tun wäre. Wenn Lehrer oder Lehrerinnen gefragt werden oder von sich aus, wie hier, Vorschläge machen, dann steht irgendwie auch immer ihr eigener Unterricht zur Debatte. Es stellt sich die Frage: Kriegst du das denn hin, was du hier vorschlägst? Universitätsmenschen, die selten oder nie in Schulklassen unterrichten, haben diese Schwierigkeiten nicht.

Das oben angeführte Zitat macht die Sache leichter. Es entlastet uns LehrerInnen und gibt dennoch eine umfassende Perspektive nicht auf. Es stellt unsere Arbeit in einen größeren politischen Zusammenhang und eröffnet einen konkreten Zugriff für den Alltag. Und es hat sich bewahrheitet. Es war offensichtlich sehr klug, noch in den 1990er Jahren einen Beschluss zu fassen, dessen Bezugspunkt eine Entwicklung war, die erst einige Jahre später vielen deutlicher geworden ist. Die Kompetenzdefinition von Weinert stand 2001 auf dem Plan und „Humankapital" wurde erst 2004 zum Unwort des Jahres. Sich vom Blendwerk neoliberaler Reformbegriffe nicht kirre machen zu lassen, ist eine politische Entscheidung, von der auch unsere SchülerInnen etwas haben. Sie werden es im Unterricht bemerken und die gemeinsame Arbeit wird dadurch leichter werden. Damit verbunden haben wir die Möglichkeit, manches nicht zu tun, vieles auszuprobieren, Auf- und Anforderungen gegen den Strich zu bürsten. Im Gegensatz zur Nürnberger-Trichter-Schule bieten die diversen und manchmal sich widersprechenden Vorschläge einer Kompetenz- und Handlungsorientierung immerhin auch Anknüpfungspunkte, mit denen in der Schule gear-

233 Füssel, „Ihr habt es nicht nötig..."

beitet werden kann. Wenn beispielsweise eine Situation gemäß Bildungsplan den Ausgangspunkt einer Lernhandlung zur Verfügung stellen soll, so kann – über die Intention des Bildungsplanes hinaus – diese Situation so geschrieben bzw. ausgestaltet werden, dass sie den SchülerInnen gerade nicht die Möglichkeit raubt, sie in einen größeren Kontext zu stellen und sie dadurch als veränderbar zu erkennen. Dazu brauchen wir manchmal Phantasie und gleichgesinnte KollegInnen. Aber diese Möglichkeit ist, wie Gramsci gesagt hat, eben auch eine Wirklichkeit.

Es gäbe sicher viele solcher Beispiele und wir brauchen auch Orte, uns darüber auszutauschen. Diese Orte mögen rar sein. Sie sind wohl nicht in den Leuchtturmprojekten zu finden, denen wir als Orientierungsmarken hinterherlaufen sollen. Vielleicht beginnen sie in manchen Randgesprächen, die unerwartet geschehen. Oder tauchen auf als Geschenke, kleine Ereignisse im Unterricht. Manchmal werden auch unsere SchülerInnen zu Verbündeten, indem sie uns zu unerwartetem Lernen führen. Ich glaube aber, dass wir uns all das nur erschließen können, wenn wir der politischen Dimension von Schule und Bildung einen theoretischen und dadurch vermittelt praktischen Raum eröffnen. Das eigene politische Engagement, nicht unbedingt in den ausgetretenen Pfaden, sondern an den Orten, an denen Emanzipation, Autonomie und Solidarität im gemeinsamen Denken und Handeln sichtbar werden, kann dafür hilfreich sein!

Nachtrag/Korrektiv

Dieser Text beginnt mit einem Satz von Jean-Luc Nancy, einer Aufforderung, etwas zu tun. Zumindest zum Schluss benötigt der in diesem Text so durchgängige Verweis auf das Ganze in seiner Bedeutung für ein pädagogisch-politisches Handeln, das die Verhältnisse nicht im Status quo belassen will, eine Art Korrektiv, einen Hinweis, der mir im Verlauf des Schreibens immer wieder durch den Kopf ging und mit dem Philosophen Nancy präzise formuliert werden kann, vielleicht als Warnung, als eine Art Nicht-Beruhigung und pädagogischen Stachel: „Genauso gibt es weder eine Form der Formen noch das Erreichen einer Ganzheit. Im Gegenteil, das Ganze bedarf eines Mehr als des Ganzen (bestünde es auch in der Leere oder Stille), ohne welches das Ganze implodierte.“[234] Damit wird die Aufforderung vom Beginn nicht entkräftet. Im Gegenteil.

Dank

Mein Dank gilt (wirklich) sehr vielen, vor allem den SchülerInnen-LehrerInnen, mit denen und durch die so viel zu lernen ist. Den KollegInnen, FreundInnen und meiner Familie für die vielen Gespräche, politischen Diskussionen und gemeinsamen Erkenntnisse der Zustände dieser Welt und der Möglichkeiten, in ihr zu handeln und sie zu verändern. Und den GefährtInnen im Arbeitskreis ReligionslehrerInnen des Instituts für Theologie und Politik in Münster. Unsere gemeinsame Kritik an neoliberaler Bildung und unsere gemeinsamen Versuche messianisch-widerständiger Alternativen möchte ich nicht missen. Mein Dank gilt auch denjenigen, die auf unterschiedliche Weisen mitgeholfen haben bei der Produktion dieses Buches.

234 Nancy, Begrenzte und unendliche Demokratie, S. 87.

Literatur

Adorno, Theodor W.: Minima Moralia, Gesammelte Schriften Band 4, Frankfurt am Main, 2003.

Adorno, Theodor W.: Theorie der Halbbildung, in: Gesammelte Schriften Band 8, Frankfurt am Main 2003, S. 93-128.

Adamczak, Bini: Beziehungsweise Revolution. 1917, 1968 und die kommende, Berlin 2017.

Anders, Günther: Die Antiquiertheit des Menschen Bd. 1. Über die Seele im Zeitalter der zweiten industriellen Revolution, München [3]2010.

Althusser, Louis: Ideologie und ideologische Staatsapparate, Hamburg 2010.

Arbeitskreis ReligionslehrerInnen im Institut für Theologie und Politik: Religionsunterricht unter freiem Himmel, Münster 2018.

Arendt, Hannah: Kultur und Politik, in: dies., Zwischen Vergangenheit und Zukunft, München, Luzern 1994, S. 277-304.

Augustinus, Bekenntnisse: München [8]1997.

Bage, Claudia und andere: Anstöße. Gesellschaftslehre mit Geschichte, Stuttgart 2012.

Beck, Ulrich: Risikogesellschaft. Auf dem Weg in eine andere Moderne, Frankfurt am Main 1996.

Becker, Gary S.: Der ökonomische Ansatz zur Erklärung menschlichen Verhaltens, Tübingen 1982.

Blankertz, Herwig: Theorien und Modelle der Didaktik, München [5]1971.

Boltanski, Luc/Chiapello, Ève: Der neue Geist des Kapitalismus, Konstanz 2003.

Bourdieu, Pierre et al.: Das Elend der Welt, Konstanz 2005.

Bourdieu, Pierre: Gegenfeuer, Konstanz 2004.

Bourdieu, Pierre: Wie die Kultur zum Bauern kommt. Über Bildung, Schule und Politik, Hamburg 2001.

Bröckling, Ulrich: Das unternehmerische Selbst. Soziologie einer Subjektivierungsform, Frankfurt am Main 2007.

Bröckling, Ulrich: Resilienz. Belastbar, flexibel, widerstandsfähig, in: ders., Gute Hirten führen sanft. Über Menschenregierungskünste. Frankfurt am Main 2017, S. 113-137.

Chomsky, Noam: Profit over People. Neoliberalismus und globale Weltordnung, Hamburg 2000.

Comenius, Johann Amos: Große Didaktik. Die vollständige Kunst, alle Menschen alles zu lehren, Stuttgart [9]2000.

Comenius, Johann Amos: Pampaedia – Allerziehung, Sankt Augustin [3]2001.

Dedering, Kathrin/Goecke, Martin/Rauh Melanie: Externe Schulentwicklungsberatung in Nordrhein-Westfalen – Grundinformationen, Universität Bielefeld, Fakultät für Erziehungswissenschaft AG4: Schulentwicklung und Schulforschung 2010.

Deleuze, Gilles: Postskriptum über die Kontrollgesellschaften, L'autre journal, Nr. 1, Mai 1990.

Ehrenberg, Alain: Das erschöpfte Selbst. Depression und Gesellschaft in der Gegenwart, Frankfurt am Main 2008.

Eschelmüller, Michele: Lerncoaching. Vom Wissensvermittler zum Lernbegleiter, Mühlheim an der Ruhr 2008.

Foucault, Michel: Die Geburt der Biopolitik. Geschichte der Gouvernementalität II, Frankfurt am Main 2006.

Foucault, Michel: Die „Gouvernementalität", in: ders.: Analytik der Macht, hrsg. von Daniel Defert und Francois Ewald, Frankfurt am Main 2005, S. 148-174.

Foucault, Michel: Die Maschen der Macht, ebenda S. 220-239.

Foucault, Michel: Die Ordnung der Dinge. Eine Archäologie der Humanwissenschaften, Frankfurt am Main 1974.

Foucault, Michel: Dispositive der Macht. Michel Foucault über Sexualität, Wissen und Wahrheit, Berlin 1978.

Foucault, Michel: Subjekt und Macht, in: ders., Ästhetik der Existenz. Schriften zur Lebenskunst, hrsg. von Daniel Defert und Francois Ewald, Frankfurt am Main 2007, S. 81-104.

Foucault, Michel: Überwachen und Strafen. Die Geburt des Gefängnisses, Frankfurt am Main 1994.

Foucault, Michel: Was ist Kritik. Berlin 1992.

Foucault, Michel/Chomsky, Noam/Elders Fons: Macht und Gerechtigkeit, Freiburg 2008.

Freire, Paulo: Eine Antwort, in: ders.: Bildung und Hoffnung, hrsg. von Schreiner, Peter/Mette, Norbert/Oesselmann, Dirk/Kinkelbur, Dieter, Münster, New York, München, Berlin 2007, S. 122-153.

Freire, Paulo: Erziehung als Praxis der Freiheit. Beispiele zur Pädagogik der Unterdrückten, Reinbek bei Hamburg 1977.

Freire, Paulo: Pädagogik der Autonomie. Notwendiges Wissen für die Bildungsarbeit, Münster, New York, München, Berlin 2008.

Freire, Paulo: Pädagogik der Unterdrückten. Bildung als Praxis der Freiheit, Reinbek bei Hamburg 1973.

Freire, Paulo: Der Lehrer ist Politiker und Künstler. Neue Texte zu befreiender Bildungsarbeit, Reinbek bei Hamburg, 1981.

Friedman, Milton: Capitalism and Freedom, Chicago, London 2002.

Friedrich, Sebastian: Lexikon der Leistungsgesellschaft. Wie der Neoliberalismus unseren Alltag prägt, Münster 2016.

Funke, Kira: Paulo Freire. Werk, Wirkung und Aktualität, Münster, New York, München, Berlin 2010.

Füssel, Kuno: „Ihr habt es nicht nötig, euch vor Arschlöchern niederzuknien!", in: Katechetische Blätter 134 (2009), S. 180-184.

Füssel, Kuno: Was Bildung ist … die Wahrnehmungsfähigkeit für das Leiden des fremden Anderen zu stärken. Gegen die Blindheit des Marktes und die Sklaverei der Sachzwänge. Über Neoliberalismus, politische Theologie und berufliche Bildung, Imprimatur 1/2004 (http://saardok.sulb.uni-saarland.de/jspview/archive/frei/9eacb2be-fc1e-4285-825a-5f3130c4e603/0/www.phil.uni-sb.de/projekte/imprimatur/2004/imp040107.html).

Gelhard, Andreas: Kritik der Kompetenz, Zürich 2011.

Gramsci, Antonio: Erziehung und Bildung. Gramsci-Reader, hrsg. von Andreas Merkens, Hamburg 2004.

Green, Norm/Green, Kathy: Kooperatives Lernen im Klassenraum und im Kollegium. Das Trainingsbuch, Seelze-Velber ^{2}2006.

Harvey, David: Kleine Geschichte des Neoliberalismus, Zürich 2007.

Hinkelammert, Franz J.: Der Schrei des Subjekts. Vom Welttheater des Johannesevangeliums zu den Hundejahren der Globalisierung, Luzern 2001.

Hellgermann, Andreas: In der Falle der Individualisierung, Katechetische Blätter 4/13, S. 288-292.

Hellgermann, Andreas: Selbstermächtigung oder Unterwerfung. Selbstdesign in Zeiten des Neoliberalismus, in: ForumPublikation hrsg. vom Forum für Entwerfen e.V.: ich und mein wir. Wer oder was gestaltet meine Identität?, Ulm 2018.

Hellgermann, Andreas: Vom Design zur Sache. Eine fundamentaltheologische Untersuchung unseres Umgangs mit den Dingen, Münster 2006.

Hirtt, Nico: Im Schatten der Unternehmerlobby, http://www.skolo.org/de/2005/07/26/im-schatten-der-unternehmerlobby/ (15.03.2018).

Höhler, Sabine: Resilienz: Mensch, Umwelt, System. Eine Geschichte der Stressbewältigung von der Erholung zur Selbstoptimierung, in: Zeithistorische Forschungen/Studies in Contemporary History, Online-Ausgabe, 11 (2014), H. 3, URL: http://www.zeithistorische-forschungen.de/3-2014/id=5141, Druckausgabe: S. 425-443.

Horx, Mathias: Das Megatrend-Prinzip: Wie die Welt von morgen entsteht, München 2011.

Huisken, Freerk: Erziehung im Kapitalismus. Von den Grundlügen der Pädagogik und dem unbestreitbaren Nutzen der bürgerlichen Lehranstalten, Hamburg 2016.

von Humboldt, Wilhelm: Bildung und Sprache. Eine Auswahl aus seinen Schriften, Paderborn 1959.

Illich, Ivan: Entschulung der Gesellschaft. Entwurf eines demokratischen Bildungssystems, Reinbek bei Hamburg 1973.

Jank, Werner/Meyer, Hilbert: Didaktische Modelle, Berlin ^{3}1994.

Jantzen, Wolfgang: Das Ganz muß verändert werden. Zum Verhältnis von Behinderung, Ethik und Gewalt, Edition Marhold Berlin (ohne Jahresangabe).

Jantzen, Wolfgang: Vygotskij und das Problem der elementaren Einheit der psychischen Prozesse, in: W. Jantzen (Hrsg.): Jeder Mensch kann lernen – Perspektiven einer kulturhistorischen (Behinderten-)Pädagogik. Neuwied, Berlin: 2001, 221-243. Dieser und viele andere sind zu finden auf der Internetseite von Wolfgang Jantzen: http://www.basaglia.de/Artikel/Vygotsky-Zelle.htm.

Kaiser Petra: Bourdieus Gegenfeuer, in: UTOPIE kreativ, H. 211 (Mai 2008), S. 408-423.

Keeley, Brian: OECD Insights: Humankapital. Wie Wissen unser Leben bestimmt, OECD Publishing 2008.

Klas, Gerhard: Die Mikrofinanz-Industrie. Die große Illusion oder das Geschäft mit der Armut, Berlin/Hamburg 2011.

Klieme, Eckard: Was sind Kompetenzen und wie lassen sie sich messen?, in: Pädagogik 6/04, S. 10-13.

Marx, Karl: Das Kapital Bd. 1, in: MEW Bd. 23, Berlin 1972.

Marx, Karl: Zur Kritik der Hegelschen Rechtsphilosophie, in: MEW Bd. 1, Berlin 1976.

Marx, Karl/Engels, Friedrich: Das kommunistische Manifest, in: MEW Bd. 4, Berlin 1972.

medico international: Dossier Resilienz, https://www.medico.de/resilienz/ (18.03.18).

Nancy, Jean Luc: Was tun?, Zürich-Berlin 2017.

Nancy, Jean Luc: Begrenzte und unendliche Demokratie, in: Demokratie? Eine Debatte, Frankfurt am Main 2012, S. 72-89.

Nida-Rümelin, Julian: Philosophie einer humanen Bildung. Hamburg 2013.

Nicht, Jörg/Müller, Thomas: Kompetenzen als Humankapital, in: Initial – Berliner Debatte, Februar 2010 https://www.linksnet.de/artikel/25340 (28.03.2013).

Papst Franziskus: Ansprache von Papst Franziskus, Messegelände „Expo Feria", Santa Cruz de la Sierra (Bolivien), 09.07.2015. http://w2.vatican.va/content/francesco/de/speeches/2015/july/documents/papa-francesco_20150709_bolivia-movimenti-popolari.html (11.11.2017).

Peukert, Helmut: Identität in Solidarität, in: ders.: Bildung in gesellschaftlicher Transformation, Paderborn 2015, S. 83-99.

Peukert, Helmut: Die Frage nach Allgemeinbildung als Frage nach dem Verhältnis von Bildung und Vernunft, in: ders.: Bildung in gesellschaftlicher Transformation, Paderborn 2015, S. 117-129.

Plehwe, Dieter/Walpen, Bernhard: Wissenschaftliche und wissenschaftspolitische Produktionsweisen im Neoliberalismus, in: PROKLA Zeitschrift für kritische Sozialwissenschaft, Heft 115, 1999 Nr. 2, S. 203-235.

Precht, Richard David: Anna, die Schule und der liebe Gott. Der Verrat des Bildungssystems an unseren Kindern, München 2013.

Ranciere, Jacques: Das Unvernehmen. Politik und Philosophie, Frankfurt am Main 2002.

Ranciere, Jacques: Der unwissende Lehrmeister. Fünf Lektionen über die intellektuelle Emanzipation, Wien ²2009.

Rätz, Werner/Lüdtke, Horst: Sozialstaat oder: Globale Soziale Rechte?, Hamburg 2009.

Reich, Kersten: Konstruktivistische Didaktik. Lehr- und Studienbuch mit Methodenpool, Weinheim und Basel ⁴2008.

Reich, Kersten: Systemisch-konstruktivistische Pädagogik. Einführung in die Grundlagen einer interaktionistisch-konstruktivistischen Pädagogik, Weinheim und Basel 62010.

Riedl, Alfred: Grundlagen der Didaktik, Stuttgart 2004.

Roth, Karl Heinz: Griechenland: Was tun? Eine Flugschrift, Hamburg 2012.

Schmidt-Karakatsanis, Renate: Ich mach dich neoliberal. Im Wahn pädagogischer Konzepte, München 2016.

Schreiner, Patrick: Unterwerfung als Freiheit. Leben im Neoliberalismus, Köln 2015.

Schreiner, Patrick: Warum Menschen sowas mitmachen: Achtzehn Sichtweisen auf das Leben im Neoliberalismus, Köln 2017.

Sloane, Peter F. E.: Situationen gestalten. Von der Planung des Lehrens zur Ermöglichung des Lernens, Mark Schwaben ²1999.

Steinkamp, Hermann: Die sanfte Macht der Hirten. Die Bedeutung Michel Foucaults für die Praktische Theologie, Mainz 1999.

Sternfeld, Nora: Das pädagogische Unverhältnis. Lehren und lernen bei Rancière, Gramsci und Foucault, Wien 2009.

Stützle, Ingo: Austerität als politisches Projekt. Von der monetären Integration Europas zur Eurokrise, Münster ²2014.

Unsichtbares Komitee: An unsere Freunde, Hamburg 2015.

Uribe, Carina López: Pädagogisches Wissen in Zeiten des Neoliberalismus. Zum politischen Modernisierungsdiskurs mexikanischer Bildungsprogramme, Gießen 2015.

Veerkamp, Ton: Die Welt anders. Politische Geschichte der Großen Erzählung, Berlin/Hamburg 2012.

von Hayek, August: Die Verfassung der Freiheit. Gesammelte Schriften Bd. 3, Tübingen ³1991.

Ziener, Gerhard/Kessler, Mathias: Kompetenzorientiert unterrichten – mit Methode: Methoden entdecken, verändern, erfinden, Seelze 2012.

Zizek, Slavoj: Die Tücke des Subjekts, Frankfurt am Main 2001.

Europäische Union: Verträge, Empfehlungen und Beschlüsse; im Amtsblatt der Europäischen Union bzw. auf der Seite des Europäischen Parlaments (chronologisch)

Vertrag über die Europäische Union, unterzeichnet zu Maastricht am 7. Februar 1992, Amtsblatt der Europäischen Gemeinschaften, Mitteilungen und Bekanntmachungen, C 191/1-112, Juli 1992.

EUROPÄISCHER RAT 23. und 24. März 2000 LISSABON, SCHLUSSFOLGERUNGEN DES VORSITZES (http://www.europarl.europa.eu/summits/lis1_de.htm, 14.02.2018).

EMPFEHLUNG DES EUROPÄISCHEN PARLAMENTS UND DES RATES vom 18. Dezember 2006 zu Schlüsselkompetenzen für lebensbegleitendes Lernen (2006/962/EG), L 394/10-18.

Schlussfolgerungen des Rates vom 12. Mai 2009 zu einem strategischen Rahmen für die europäische Zusammenarbeit auf dem Gebiet der allgemeinen und beruflichen Bildung („ET 2020"), (2009/C 119/02), C 119/2-10.

EMPFEHLUNG DES RATES vom 20. Dezember 2012 zur Validierung nichtformalen und informellen Lernens (2012/C 398/01), C 398/1-5.

Europäische Kommission: Der europäische Qualifikationsrahmen für lebenslanges Lernen, 2008, PDF (https://ec.europa.eu/ploteus/sites/eac-eqf/files/brochexp_de.pdf).

Lehrpläne, Bildungspläne, Handreichungen ...

Bildungspläne und Handreichungen des Landes NRW lassen sich finden auf: https://www.qua-lis.nrw.de/, Bildungspläne des Landes Baden-Württemberg auf: http://www.bildungsplaene-bw.de/,Lde/Startseite.

Das im Text verwendete Material (In NRW herausgegeben vom Ministerium für Schule und Weiterbildung bzw. Bildung ab 2017).

Bildungsplan zur Erprobung für die zweijährigen Bildungsgänge der Berufsfachschule, die zu beruflichen Kenntnissen, Fähigkeiten und Fertigkeiten und zum schulischen Teil der Fachhochschulreife führen (Bildungsgänge der Anlage C APO-BK) Fachbereich: Wirtschaft und Verwaltung, Düsseldorf 2013 und Fachbereich Technik/Naturwissenschaften, Düsseldorf 2014, Fächer Deutsch/Kommunikation und Katholische Religionslehre.

Bildungsplan für die zweijährigen Bildungsgänge der Berufsfachschule, die berufliche Kenntnissen, Fähigkeiten und Fertigkeiten sowie den schulischen Teil der Fachhochschulreife vermitteln (Bildungsgänge der Anlage C APO-BK) Fachbereich: Wirtschaft und Verwaltung und Fachbereich Technik/Naturwissenschaften, Fächer Deutsch/ Kommunikation und Katholische Religionslehre, Düsseldorf 2018.

Kernlehrplan für die Hauptschule, Deutsch, Düsseldorf 2011.

Kompetenzorientierung – Eine veränderte Sichtweise auf das Lehren und Lernen in der Grundschule, Handreichung, Düsseldorf 2008.

Rahmenvorgabe Verbraucherbildung in Schule in der Primarstufe und Sekundarstufe I in Nordrhein-Westfalen, Düsseldorf 2017.

Bildungsplan des Gymnasiums 2016, Gemeinschaftskunde, Baden-Württemberg, Ministerium für Kultus, Jugend und Sport, Stuttgart 2016.

Edition ITP-Kompass

Bücher zur Befreiungstheologie aus dem Institut für Theologie und Politik

Benedikt Kern

Radikal Welt verändern
Papst Franziskus und die Sozialen Bewegungen

Auf den Welttreffen der Sozialen Bewegungen mit Papst Franziskus ging es um grundsätzliche Veränderungen der globalen Verhältnisse. Diese Allianz ist eine Konkretion des Reformprogramms einer Kirche der Armen, die parteilich zum „erlösenden Wandel" beiträgt. Worin liegen hier die Chancen und Begrenzungen?
Edition-ITP-Kompass Bd. 24, Münster 2018, 248 S.

Norbert Arntz/Philipp Geitzhaus/Julia Lis (Hg.)

Erinnern und Erneuern
Provokation aus den Katakomben

Das Buch knüpft an den Katakombenpakt von 1965 an und schreibt ihn weiter. 40 Bischöfe verpflichteten sich vor über 50 Jahren auf das Programm einer armen und politisch engagierten Kirche. Angesichts von Globalisierung, Flucht und Armut birgt dieser Pakt heute eine ungeahnte Relevanz für die Kirche des 21. Jahrhunderts.
Edition-ITP-Kompass Bd. 22, Münster 2018, 292 S.

Michael Ramminger und Franz Segbers (Hg.)

„Alle Verhältnisse umzuwerfen… und die Mächtigen vom Thron zu stürzen.“
Das gemeinsame Erbe von Christen und Marx

Mit diesem Buch soll daran erinnert werden, dass Karl Marx’ Einsichten wichtige Voraussetzung von praktischer Kritik waren und sind – gerade auch für ChristInnen. Die AutorInnen verweisen anlässlich des 200. Geburtstages von Marx aus theologischer Perspektive auf ein gemeinsames Erbe.
VSA und Edition-ITP-Kompass, Hamburg/Münster 2018, 248 S.

Arbeitskreis ReligionslehrerInnen im ITP (Hg.)

Religionsunterricht unter freiem Himmel
Anstöße zur Kritik des neoliberalen Götzendienst in der Schule

Seit dem Jahr 2000 hat der AK ReligionslehrerInnen den Durchmarsch der neoliberalen Bildungspolitik in Wort und Tat kritisch begleitet. Die Artikel reflektieren aus befreiungstheologischer und pädagogischer Sicht die Theorie des kompetenz-orientierten Unterrichts und setzen Alternativen dagegen.
Edition-ITP-Kompass Bd. 23, Münster 2018, 120 S.

Weitere Veröffentlichungen unter
www.itpol.de
Bestellungen an: buecher@itpol.de oder Institut für Theologie und Politik (ITP), Friedrich-Ebert-Str. 7, 48153 Münster.

Institut für Theologie und Politik

Das Institut für Theologie und Politik (ITP) ist unabhängig, aber parteilich. Befreiungstheologie ist unser Ansatzpunkt, um Gesellschaft zu begreifen, Herrschaftsverhältnisse in Frage zu stellen und solidarische Alternativen zu entwickeln. Seit 1993 ist der Träger des ITP ein als gemeinnützig und wissenschaftlich anerkannter Förderverein.
Das ITP ist ein Multiplikator befreiungstheologischer Theorie und Praxis unter aktuellen globalen gesellschaftlichen Bedingungen und Schnittstelle zwischen Kirche und Sozialen Bewegungen.
Es geht darum, neue Machtverhältnisse zu schaffen, und zwar von unten her. Ein Wandel der Verhältnisse geschieht aber nicht von allein, sondern braucht Reflexion, Organisation, Beratung und Begleitung.
Wir wollen uns gemeinsam mit allen auf den Weg zu einer anderen Kirche und Gesellschaft machen, die dem Reich Gottes näher kommt, als das, was heute als alternativlos gilt.
Das ITP wird getragen von einem gemeinnützigen Förderverein. Dies bringt inhaltliche Unabhängigkeit, aber auch ökonomische Unsicherheit mit sich. Arbeit wird vor allem durch ehrenamtliches Engagement der MitarbeiterInnen geleistet. Finanziert wird das ITP vor allen Dingen durch Spenden.

Weitere Informationen unter www.itpol.de

AK ReligionslehrerInnen

Im Arbeitskreis sind LehrerInnen aktiv, die gemeinsam den Religionsunterricht aus befreiungstheologischer Perspektive reflektieren. Hier werden sowohl schulpolitische Themen allgemein diskutiert als auch Unterrichtsreihen gestaltet. Ein Arbeitsschwerpunkt ist das neoliberale Subjekt und die Kritik neoliberaler Bildung.
Zweimal im Jahr gibt es ein Treffen im Institut für Theologie und Politik (ITP) in Münster sowie weitere Workshops und Vorträge.